THEO SCHOENAKER

Das Leben selbst gestalten

Theo Schoenaker

Das Leben selbst gestalten

Mut zur Unvollkommenheit

RDI Verlag
46397 Bocholt

Bibliografische Information der Deutschen Bibliothek
Die Deutsche Bibliothek verzeichnet diese Publikation in der Deutschen Nationalbibliografie; detaillierte bibliografische Daten sind im Internet über http://dnb.ddb.de abrufbar.

Originalausgabe
1. Aufl. 2006
3. überarbeitete Auflage 2011

Druck und Bindung: Fuldaer Verlagsanstalt www.fva.de
Satz und Herstellung: Julitta Schoenaker

ISBN 978-3-932708-48-0

Inhalt

Teil I Menschenkenntnis – Selbsterkenntnis

Teil I Menschenkenntnis - Selbsterkenntnis

1. Darum geht es

1.1. Gestalten!

Grundgedanken

In den Grenzen von gut und böse, nützlich und nutzlos, Liebe und Angst, Frieden und Streit, können Sie Ihr Leben selbst gestalten. Das können Sie, denn Sie haben die Fähigkeit, das eine vom anderen zu unterscheiden. Darum. Und Sie machen es ja auch schon. Wer glaubt, er habe keine Macht, etwas zu ändern, der ist Opfer. Wer glaubt, er könne andere Menschen ändern, der wird zum Opfer und spielt sich zugleich als allmächtig auf. Solange man glaubt an: „Ich kann nicht“ ist man Opfer und hat sein Geburtsrecht „Gestalter des eigenen Lebens“ zu sein, verloren. Darum geht es!

Ich glaube,
dass es besser ist, optimistisch als pessimistisch zu sein;
dass es besser ist an sich selbst zu glauben, als seine Möglichkeiten anzuzweifeln;
dass es besser ist, positive als negative Selbstgespräche zu führen;
dass es besser ist, bei anderen die gute Absicht vorauszusetzen als misstrauisch zu sein;
dass es besser ist, sich unvermeidlichen Veränderungen anzupassen, als dagegen anzukämpfen;
dass es besser ist, kontaktfreudig als verschlossen zu sein;

dass es besser ist, zu sprechen, als sich zu verschließen;
dass es besser ist, sich selbst zu mögen, als sich abzulehnen.

Jeder ist seines eigenen (Un-)Glückes Schmied, d.h. Gestalter seines Lebens! Auf jeden Fall mehr als wir wissen, und mehr als wir wahrhaben wollen.
Die Aussage des Buchtitels „Das Leben selbst gestalten" lässt vermuten, dass er positiv gemeint ist und zur Aktivität aufruft. So ist es auch. Das Gestalten des Lebens erfordert eine Wachheit und Wachsamkeit, um so immer wieder kleine Entscheidungen auf das Ziel „Gestalten" hin auszurichten. So wird „Das Leben selbst gestalten" zu einer Treppe, auf der wir zu höherem Erleben von Selbstvertrauen, Mut, Autonomie und Gemeinschaftsgefühl aufsteigen. Jeder Schritt auf dieser Treppe gibt das gute Gefühl von Erfolg, Zufriedenheit und Nützlichkeit. Dieses Buch handelt von der bewussten und sozial sinnvollen Gestaltung des Lebens, mit dem Mut zur Unvollkommenheit.
Menschen stehen immer in Beziehung zu anderen Menschen. Wer sein Leben gestaltet, gestaltet die Beziehungen. Er zeigt Interesse, hat ein offenes Ohr, einen freundlichen Blick und eine freundliche Stimme. Er nimmt das Gute in der Absicht und im Handeln des anderen wahr und benennt es. Er macht Meinungsverschiedenheiten nicht so wichtig und verzeiht, wenn er verletzt wurde. Er handelt selbstverantwortlich und sucht die Nähe zu den Mitmenschen. Nichts hindert ihn daran, ehrlich zu sagen, was er denkt; respektvoll und weise. Und wenn ihn etwas hindert, setzt er sich damit auseinander. Er hat Geduld mit sich und den anderen. Er hat klare Ziele, die er beharrlich verfolgt und wenn nötig, ändert.

Das ist nicht schwer. Das kann man üben. Das kann man lernen. Viele sind diesen Weg mit solchen erstrebenswerten Qualitäten[1] schon erfolgreich gegangen.

---

[1] Siehe Schoenaker, Theo: Mut tut gut. Kapitel 4. Sinntal 2003

✎ Die erste dieser erstrebenswerten sozialen Qualitäten ist das Interesse für andere. Es drückt sich in Blickkontakt, in Fragen stellen, Zuhören, warten können, verstehen wollen aus.
Beobachten Sie sich in dieser Hinsicht für ein paar Tage im Umgang mit anderen Menschen. Ihr Interesse gibt den anderen das Gefühl, etwas wert zu sein.

Das Wachstumsbuch
Legen Sie sich eine Art Tagebuch zu, damit Sie Ihre Erfahrungen, die Sie mit den Übungen machen werden, festhalten. Ich nenne es „Wachstumsbuch", weil Sie, wenn Sie nach einigen Monaten zurückblättern, sehen werden, welche Entwicklungs- bzw. Wachstumsprozesse Sie durchgemacht haben.

1.2. Gestalter oder Opfer?

Es gibt das Positive und das Negative, das Konstruktive und das Destruktive. Das Negative, das Destruktive entwickelt sich oft unbewusst, unbemerkt und unbeabsichtigt durch mangelnde Wachsamkeit. Es ist, als ginge es von selbst ohne unser Zutun. Und doch: Gerade die Abwesenheit der Wachsamkeit, unsere Ängstlichkeit, unsere Passivität, unser Zögern sind unser persönlicher Beitrag in der Gestaltung der unerfreulichen Lebensqualität; auch wenn wir es nicht als von uns verursacht erleben. Ein Mann erzählt:
Ich war in meinem Krankenhauszimmer angekommen. Drei Untersuchungen hatte ich vor mir. Ich hatte schon gehört, wie hektisch es in einem Krankenhausbetrieb vor sich geht: „Die Krankenschwestern und Pfleger haben zu viel zu tun und sind unfreundlich launisch. Die Ärzte sind überlastet; daher kann man auch nicht mehr als ihre notwendige Arbeit verlangen. Personalmangel. Stell lieber keine Fragen." Viel

Erfahrung in dieser Welt hatte ich nicht. Ich wusste nur: „Ich werde nicht warten, sondern bei der ersten Gelegenheit die Beziehung – zu der/zu dem, wer auch immer rein kommen mag – gestalten.“ Ich stellte mir vor, wie das für eine Krankenschwester in ihrer Zeitnot sein muss, wenn ich mit einem abweisenden, ängstlichen Gesichtsausdruck im Bett liege. Soll sie mich erst aufmuntern und beruhigen? Soll sie die Beziehung gestalten? Angenommen sie muntert mich nicht auf, und entspricht genau dem Bild, das im Warteraum verbreitet wurde. Hat sie dann eine schlechte Beziehung gestaltet? Ist sie verantwortlich, wenn ich nachher die Bestätigung der üblen Nachrede bekomme? Oder ich, dadurch, dass ich nichts als einen abweisenden ängstlichen Gesichtsausdruck angeboten habe?
So kam Schwester Thea[1] rein: Ich sandte ihr einen freundlichen Blick und fragte, ob ich sie Schwester Thea oder Frau ... nennen soll. So ging ich auch mit allen anderen um, mit Freundlichkeit und Interesse. Ich hatte eine gute Zeit und sie hatten Zeit!

Wir sind an der Gestaltung der Beziehungsqualität immer beteiligt so oder so, bewusst oder unbewusst.
Dieses Buch fordert eine bewusste konstruktive Aktivität.

Als Gegensatz zum Gestalter, ist das Opfer zu sehen. Ist man nicht Gestalter ... wird man leicht zum – ungerecht behandelten – Opfer. Leicht, denn man muss nur warten, hinausschieben, zögern, sich dumm stellen, bis die anderen die Entscheidungen treffen. Dann landet man zielsicher in der Opferrolle. So einfach ist das. Wer meint, er müsse sich immer anpassen, der kommt auch dahin.

---

[1] Alle Namen, die in Fallbeispielen oder Erfahrungsgeschichten im gesamten Buch vorkommen, wurden geändert.

Wie erlebt sich das Opfer?

Ich bin das arme Opfer. Ich kann mich nicht bewegen. Meine Hände sind gebunden. Ich kann nichts tun. Ich habe keine Energie und keine Initiative. Ich bin blockiert, fühle mich wie gelähmt. Ich lasse geschehen. Ich bin Opfer.

ɞ

Man tut mit mir; ich lasse mit mir tun. Es tut weh. Ich leide. Es gibt mir das Gefühl, wertlos zu sein. Niemand kümmert sich um meine Gefühle. Warum soll ich Rücksicht nehmen? Wer nimmt Rücksicht auf mich? Ich wehre mich nicht. Ich bin Opfer.

ɞ

Manchmal bin ich wütend, manchmal ist mir zum Heulen. Warum passiert mir das? Das alles ist so ungerecht! Ich kann nichts dafür, – und kann nichts daran ändern. Ich fühle mich klein und machtlos. Meine Gedanken drehen sich im Kreis. Ich kann nichts tun, um meine Situation zu ändern. Während die anderen handeln, bin ich dazu verurteilt, bloß zu reagieren. Die anderen dirigieren mich. Ich stehe in einer Ecke, die ich hasse. Ich habe keinen Einfluss. Ich bin Opfer.

ɞ

Ich kann nicht denken, kann nicht entscheiden, weiß nicht, was ich will; die Zeit läuft, es wird für mich entschieden. Warum ändert er sich nicht? Ich bin Opfer.

ɞ

Es ist ein vertrautes Gefühl. Ich habe das schon oft erlebt. Immer auf mich. Es ist gemein. Es ist ungerecht. Habe ich Selbstmitleid oder fühle ich mich als etwas Besseres als der, der mir Unrecht tut? Oft denke ich mit Anton Tschechow: "Es ist besser Opfer zu sein, als Henker." Dann fühle ich mich wieder als etwas Besseres.

So ungefähr äußern sich Menschen, die sich als Opfer vorkommen. So erleben sie sich in der Opferrolle. Das ist echtes Leid. Wer aber außerhalb dieser Rolle und außerhalb der Si-

tuation steht, wer objektiver sehen und urteilen kann, der weiß, dass es nur in Ausnahmefällen wirklich stimmt.
Ja, ich könnte mich bewegen. Ich könnte etwas tun. Aber ich schweige aus Angst vor der Kritik. Ich entscheide nicht, aus Angst vor möglichen Fehlern. Ich wehre mich nicht, aus Angst vor weiteren Erniedrigungen. Ich lasse die Abwertung zu, weil ich glaube, nichts Besseres zu verdienen oder aus Angst, in der Auseinandersetzung zu verlieren. So bin ich Mitgestalter der Situation.
Wer sich das eingesteht, ist schon mit einem Fuß aus dem Opfergefängnis heraus. Der nächste Schritt in die Freiheit führt über irgendeine kleine Entscheidung in die Rolle des Gestalters. Nehmen Sie den Kopf hoch, strecken Sie das Rückgrat, denken Sie: „Ich bin nicht Opfer, ich kann auch anders." Senden Sie ein Lächeln in sich hinein oder nach außen. Gehen Sie auf andere zu, zeigen Sie, dass Sie sich interessieren und hören Sie zu. Denken Sie: „Mein Selbstwertgefühl kann mir niemand nehmen, solange ich es nicht zulasse." Rufen Sie jemanden an, schreiben Sie eine E-Mail. Machen Sie einen Termin aus. Tun Sie etwas freiwillig für einen anderen. Geben Sie etwas von Ihrer Zeit, Ihrer Ruhe einem anderen, dem mehr als Ihnen auferlegt wurde.
Machen Sie nicht all das auf einmal. Nur eine von solchen Verhaltensweisen aus vielen Möglichkeiten genügt schon, um wieder Anschluss an die eigene Lebensenergie zu finden. Jede bewusst durchgeführte Entscheidung befreit von der Routine des Denkens und Handelns.

Die Psychologie ist die Wissenschaft, die das, was alle schon wissen, so formuliert, dass niemand es mehr versteht.

2. Was ist der Mensch?

Grundgedanken

Die Menschen waren immer auf der Suche nach Antworten auf Fragen wie: Wer bin ich? Warum bin ich hier? Was ist meine Aufgabe? Warum bin ich so wie ich bin? Warum tue ich, was ich tue? Wer sind die anderen und wie kann ich mit ihnen umgehen? Wie finde ich Frieden?
Religionen und psychologische Schulen geben Antworten auf diese Fragen. Die Individualpsychologie ist eine dieser Schulen. Ihr Welt- und Menschenbild ist ein Geschenk an alle, die Antworten auf solche Fragen suchen. Ihre psychologischen und philosophischen Prinzipien sind verständlich. Man kann sie mit der eigenen Lebenserfahrung bestätigen. So bietet sie unserem Denken Struktur, unserer Seele Hoffnung, unserem Herzen Ruhe, unseren Händen klare Aufgaben. Sie tut dies durch **Menschenkenntnis, Selbsterkenntnis und konstruktive soziale Aktivität.**

Der Mensch ist ein Gemeinschaftswesen, ein soziales Wesen. Er hat keine andere Möglichkeit, sich zu entwickeln und zu leben als durch den Kontakt und die Zusammenarbeit mit anderen Menschen. Es sind die Erziehung, die Fürsorge, die Vorbilder anderer Menschen, die uns zu Menschen machen. Unser Erfolg, unser Glück, unsere Zufriedenheit, hängen davon ab, wie gut wir mit anderen Menschen umgehen können. Gelingt es uns, in befriedigenden Beziehungen zu leben, in der Partnerschaft, der Arbeit und der Gemeinschaft, dann le-

ben wir ein erfülltes Leben. Diese Sichtweise ist derart grundlegend, dass folgender Vergleich erlaubt ist:
Der Fisch ist ein Wasserwesen. Lebt er in gesundem Wasser, dann geht es ihm gut. Ist seine Welt – das Wasser – vergiftet, dann wird er krank. Fällt er aus seiner Wasserwelt, heraus und landet auf dem Trockenen, dann zeigt er Symptome, wie Zuckungen, Krämpfe, Atemnot, die er in gesundem Wasser nicht zeigt. Man könnte nun die Symptome studieren, beschreiben, behandeln, Medikamente dafür entwickeln… Es würde dem Fisch nicht helfen. Wasser, gesundes Wasser ist es, was er braucht für seine Gesundung.
Der Mensch als soziales Wesen braucht gesunde soziale Beziehungen und das Gefühl, dass er ein nützlicher Teil seiner sozialen Gemeinschaft ist. Lebt er in einer Partnerschaft, an einem Arbeitsplatz, in einer Gemeinschaft, wo er sich über längere Zeit ausgeschlossen, nicht zugehörig, nutzlos, „auf dem Trockenen" fühlt, dann wird er krank und es geht ihm der Sinn des Lebens verloren. Die Probleme der Menschen sind – auch wenn sie auf den ersten Blick nicht immer als solche erkennbar sind, – im weitesten Sinne soziale Probleme. Hilfe und Genesung können wir erwarten, wenn wir Wege finden, unsere sozialen Lebensaufgaben zufriedenstellend zu gestalten.

Kennen Sie Menschen, die zu einer guten Lebensatmosphäre beitragen?
Kennen Sie auch solche, die Ihrer Meinung nach das „Lebenswasser" vergiften?
Was glauben Sie, was andere diesbezüglich von Ihnen denken?

Leicht zu leben ohne Leichtsinn,
heiter zu sein ohne Ausgelassenheit,
Mut zu haben ohne Übermut,
das ist die Kunst des Lebens.
Theodor Fontane

3. Freud und Leid

– Die drei Lebensaufgaben –

Grundgedanken

Stellen Sie sich vor:
Wir sind gerade mit 50 Überlebenden nach einer Erdkatastrophe auf einem anderen erdähnlichen Planeten angekommen. Der Planet ist unbewohnt. Hier wollen wir leben. Wir setzen uns zusammen und beraten über unsere Möglichkeiten und Aufgaben. Bald kristallisieren sich drei Aufgaben heraus. Sie gelten für alle. Ohne Ausnahme!
Wir müssen arbeiten.
Wir müssen uns fortpflanzen.
Wir müssen miteinander in Frieden leben.
Wir haben es verstanden, setzen uns dafür ein und entwickeln Strafen für den Fall, dass jemand meint, er habe mit diesen Aufgaben nichts zu tun.

Wir haben für unser Leben – vorläufig – nur diese **Erde** zur Verfügung, wo wir mit **zwei Geschlechtern** und mit einer ständig zunehmenden Anzahl uns unbekannter **Menschen** leben. Mit diesen drei Tatsachen werden wir unausweichlich immer wieder konfrontiert, denn wir können nichts tun, um sie zu ändern. Unser Leben besteht aus unserer persönlichen Art des Umgangs mit diesen Tatsachen. Die typische, individuelle Art des Umgangs damit, macht den persönlichen Le-

bensstil, die Persönlichkeit, sichtbar. Es ist, als ob jedem von uns die Frage gestellt wird:
„Du Mensch, was willst du mit der Erde, mit deinem Leben als soziales Wesen und mit dem anderen Geschlecht machen?“ Die Antworten scheinen einfach zu sein:
„Wenn du überleben willst, musst du arbeiten mit den Ressourcen, die die Erde dir bietet, denn wir haben keine andere. Das geht nur in Zusammenarbeit mit den anderen.
Wenn du als Spezies überleben willst, musst du dich fortpflanzen, das geht nur in Zusammenarbeit mit dem anderen Geschlecht. Die Aborigines wussten seit jeher: Um ein Kind zu erziehen, bedarf es eines Dorfes.
Wenn du überleben willst, musst du mit den anderen auf dieser Erde eine Art des Umgangs finden, die es jedem ermöglicht, das Beste aus dem Zusammenleben zu machen. Das geht nur durch Zusammenarbeit und gegenseitige Unterstützung.“
Hiermit sind die drei Lebensaufgaben **Liebe, Arbeit, und Gemeinschaft**, so wie Adler sie gemeint hat, skizziert. Diese drei Aufgaben sind unser Job für jeden Tag. Sie sind, wie Adler sagt, **die unentrinnbaren Aufgaben des sozialen Lebens**, wofür jeder seine Antworten finden muss.
Die Lebensaufgaben sind aber auch die Felder unserer Lebensprobleme. Sie können in unserem Leben die Quellen von Glück und Unglück, Erfolg und Versagen, Sinn und Sinnlosigkeit sein. Unsere psychische Gesundheit ist abhängig von der erfolgreichen Lösung dieser Aufgaben durch Gemeinschaftsgefühl und Zusammenarbeit. Jeder steht ausgerüstet, mit seinem eigenen Lebensstil, Mut und Fähigkciten den Lebensaufgaben gegenüber. Der eine ist dafür besser ausgerüstet als der andere. Und so tut jeder im Rahmen seiner Möglichkeiten, was er kann. Der eine hat mehr zu lernen über Mut, Gemeinschaftsgefühl, Zusammenarbeit und andere individualpsychologische Themen, um sein Leben zu meistern

als ein anderer. Jeder findet seinem Lebensstil gemäß seine eigenen Antworten.
Es ist leicht zu verstehen, dass die Lebensaufgaben nicht nur Glück oder Unglück des Einzelnen bedeuten, sondern auch den Frieden auf Erden mitbestimmen. Wären alle Partnerschaften in Ordnung, würden alle Kinder zu gleichwertigen kooperativen Menschen erzogen, pflegten alle Menschen respektvolle Beziehungen zu ihren Eltern, würde jeder seine Arbeit mit Kreativität und dem Wunsch, seinen ganz persönlichen Beitrag zum Leben zu leisten, erfüllen, würde jeder vertrauenswürdig mit seinen Mitmenschen umgehen, sich selbst mögen und respektieren, darüber hinaus noch befriedigende Antworten auf die Frage nach dem Sinn des Lebens haben und danach leben, dann wäre der Frieden auf Erden nicht mehr weit.
Die Lebensaufgabe **Liebe** habe ich an erster Stelle gesetzt, obwohl Adler[1] sich nicht über eine Priorität ausgesprochen hat. Ich bevorzuge diese Reihenfolge. Bei der Lebensaufgabe Liebe geht es nicht vordergründig um ein Gefühl, sondern um eine Art des Umgangs miteinander, die dem anderen, in der Partnerschaft, in der Familie und in der Erziehung der Kinder ein Gefühl der Zugehörigkeit vermittelt und ihn in seinen Veranlagungen und Möglichkeiten fördert, so dass er das Beste aus sich machen kann. Die Lebensaufgabe Liebe im engeren Sinne der Partnerschaft, beinhaltet gleichwertig nebeneinander Themen wie: Verbindlichkeit, Zuneigung, Sexualität, Kommunikation, Zusammenarbeit und die Fähigkeit zu verzeihen[2].
Zufriedenstellend gelebt, ist sie eine mächtige Kraftquelle für die anderen Lebensaufgaben. Deshalb steht sie an erster Stelle.

---

[1] Prof. Dr. med. Alfred Adler (1870 -1937) ist der Begründer der Individualpsychologie. Sie ist die Grundlage dieses Buchers.
[2] Schoenaker, Theo: Die Kreative Partnerschaft. Sinntal 2001

✎ Schreiben Sie in Ihr Wachstumsbuch, was Sie gut an Ihrer Partnerschaft finden.
Überlegen Sie zusätzlich, was Sie gut an Ihrer Partnerin/Ihrem Partner finden.
Und notieren Sie, was Sie selbst an guten Qualitäten in die Partnerschaft einbringen.

✎ Stellen Sie sich folgende Frage: „Angenommen, ich wäre mutig und würde meine Partnerschaft wirklich verbessern wollen, Was würde ich dann tun?"
Schreiben Sie eine Woche lang täglich 5 Antworten in Ihr Wachstumsbuch. Riskieren Sie auch „unmögliche" Antworten.

Die Lebensaufgabe **Arbeit** bezieht sich auf jede Tätigkeit, die mit Verantwortung und Kontinuität verrichtet wird. Diese Definition meint sowohl den Auszubildenden als auch den Vorstandsvorsitzenden eines großen Imperiums, sowohl den/die Hausmann/Hausfrau als den, der das Geld ins Haus bringt aufgrund seiner Erwerbstätigkeit. Es gilt für den kleinen Selbstständigen, es gilt auch für den Menschen, der seine alten Eltern oder einen kranken Partner oder Kind pflegt. Alle sind als gleichwertig anzusehen.
Adler betont, dass die arme Erdkruste bearbeitet und die Arbeit verteilt werden muss. Es ist nicht für jeden klar, dass seine Tätigkeit etwas mit der Erdkruste zu tun hat, obwohl wir Erdenbewohner nichts anderes haben als die Erde. Alles, was wir sehen und anfassen können, kommt aus der Erde. In gewissem Sinn auch wir selbst. Der Mensch ist so angelegt, dass er am Ende der Kette - Mineral, Pflanze, Tier, Mensch - mit seinen Talenten, seiner Energie, seiner Kraft, seiner Intelligenz alles hat um mit dem, was aus seinen Händen kommt, einen Beitrag zur Qualitätsverbesserung des Ganzen zu leisten. Es sind nicht nur die großen, wie Mutter Theresa,

Napoleon, Gandhi, Einstein, Nelson Mandela, die als Einzelperson durch ihre Arbeit zur Entwicklung und Veränderung der Gesellschaft beigetragen haben; es ist auch jede/r einzelne Mutter oder Vater, die/der durch ihre/seine Arbeit im Haushalt und in der Erziehung der Kinder Weichen stellt für die Qualität der nächsten Generation. Jeder Mensch ist durch das, was er tut und ausstrahlt wichtig, und zur gleichen Zeit Modell für andere. Immer!

Man geht zwar nicht immer und überall so mit uns um, dass wir es in der Arbeit leicht und angenehm haben, aber je mehr wir selbst glauben und spüren, dass wir so wie wir sind, „gut genug" sind, können wir konstruktiv beitragen. Wenn wir dafür sorgen, dass wir auf der richtigen Seite der Trennungslinie stehen, die zwischen Aufbau einerseits und Resignation / Fatalismus andererseits verläuft, dann können wir beitragen oder verändern. Wo immer wir auch stehen. Sagen Sie nicht nein. Wir sind freier als wir wollen.

Schwierigkeiten gibt es im Zusammenhang mit der Arbeit genug. Sie hängen zusammen mit der Konjunktur, mit der Auftragslage, mit der Führung des Unternehmens, mit der Fähigkeit zur Zusammenarbeit, der eigenen und der der Kollegen, mit der Monotonie oder der Vielfalt der Aufgaben, mit Erneuerungen bzw. Modernisierungen, mit dem Druck von oben, mit der Atmosphäre, mit Verleumdungen oder übler Nachrede, aber in allen Fällen in erster Linie mit der persönlichen Einstellung zu dem, was wir als unsere Arbeitsaufgabe beschreiben. Es gibt viele Dinge, worauf wir keinen Einfluss haben, aber auf unsere persönliche Einstellung haben wir Einfluss. Wir haben die Fähigkeit, uns selbst aufzubauen und wir haben die Fähigkeit, den Dingen, womit wir in Berührung kommen, einen Wert zu verleihen. Und wir können uns für den Menschen neben uns interessieren. Über diesen Weg hat jeder Einfluss auf die Arbeitsatmosphäre.

Wo Sie Ihre Arbeit auch machen, Sie können andere und sich selbst inspirieren und Mut machen. Wer Frieden hat, kann Frieden vermitteln, wer Mut hat, kann Mut machen.

✎ Schreiben Sie in Ihr Wachstumsbuch, was Sie gut an Ihrer täglichen Arbeit finden.
Überlegen Sie zusätzlich, was Sie gut an Ihren Kollegen und Vorgesetzten finden.
Und notieren Sie, was Sie selbst an guten Qualitäten für die Arbeit und die Arbeitsatmosphäre mitbringen.

✎ Stellen Sie sich folgende Frage: „Angenommen, ich wäre mutig und würde meine Situation am Arbeitsplatz wirklich verbessern wollen, Was würde ich dann tun?"
Schreiben Sie eine Woche lang täglich 5 Antworten in Ihr Wachstumsbuch. Riskieren Sie auch „unmögliche" Antworten.

Die Lebensaufgabe **Gemeinschaft** stellt die Frage nach der Beziehung vom Ich zum Du im weitesten Sinne, und wie sehr der Einzelne in der Ich-Du-Beziehung den Kontakt mit anderen fördert oder behindert. Da die Menschen nicht in der Lage sind, ohne gegenseitige Verbundenheit zu leben, sind Anteilnahme, Zusammenarbeit, Hilfsbereitschaft und die Bereitschaft zu teilen, die Grundlagen der menschlichen Gesellschaft. Diese Verhaltensweisen sind, in allen drei Lebensaufgaben und deren Teilaspekten, die Bedingungen zum Fortschritt. Ein respektvoller, ermutigender Umgang mit unseren Mitmenschen fördert schließlich auch unsere Selbstachtung und unseren inneren Frieden.
Siehe zu diesem Thema auch Kapitel 5, das Gemeinschaftsgefühl.

✎ Kennen Sie Menschen, die sich im Umgang mit anderen Menschen so verhalten, dass es angenehm ist, mit ihnen zusammen zu sein. Erkennen Sie, woran das liegt?

3.1. Weitere Lebensaufgaben

Individualpsychologen haben nach Adler öfters Versuche unternommen, auch andere Tätigkeiten als Lebensaufgaben zu beschreiben[1], unter anderem: Der Umgang mit sich selbst, die Spiritualität oder das geistige Leben, Erziehung, Freizeit und soziales Engagement. In früheren Veröffentlichungen[2] habe auch ich mich in Anlehnung an Dreikurs und Mosak zu zwei weiteren Lebensaufgaben bekannt: „Der Umgang mit sich selbst“ und „Die Beziehung zum Kosmos“. In späteren Jahren habe ich mich gefragt, ob es für das soziale Wesen Mensch eine Lebensaufgabe „Umgang mit sich selbst“ überhaupt geben kann. Folgende Textstelle von Alfred Adler hat mir weitergeholfen. Er stellt die Frage: „Gibt es nicht unter uns manche, die vor allem lernen sollten, ihre eigenen Interessen zu wahren und ihre eigene Persönlichkeit zu stärken?“ und beantwortet die Frage so: „Diese Betrachtungsweise ist, wie ich glaube ganz falsch und das Problem, das sie aufwirft ein Scheinproblem. Wenn ein Mensch gemäß dem Sinn, den er dem Leben gibt, etwas leisten will und wenn alle seine Bestrebungen auf dieses Ziel gerichtet sind, muss er sich natürlich in die beste Form für die Leistung bringen. Er wird sich seinem Ziel anpassen, sich im Gemeinschaftsgefühl üben und durch die Tätigkeit zur Könnerschaft heranreifen.

---

[1] Dreikurs, R. / Mosak, H. H.: The fourth life task. In: Individual Psychologist. Mosak, H. H. / Dreikurs, R.: The fifth Life Task. In: The Individual Psychologist. Pew, M.L. und Pew, W. L.: Adlerian marriage counseling in The Journal of Individual psychology.

[2] Schoenaker, Theo: Die kreative Partnerschaft. Sinntal 2003. S. 16 und Sich als Eltern gut fühlen. Sinntal 1997. S. 49 ff.

... Wenn wir glauben, wir müssten unsere Persönlichkeit im Leeren entwickeln, ohne das Ziel schöpferische Leistung für andere, werden wir höchstens herrschsüchtig und unerträglich."[1]

Ein guter Umgang mit sich selbst ist eine den anderen drei Lebensaufgaben untergeordnete Angelegenheit. Wir sollten sie nicht zu einer eigenen Lebensaufgabe erheben. Ein guter Umgang mit sich selbst wird zur Erfüllung jeder einzelnen Lebensaufgabe benötigt und dort gelebt. Wer die Lebensaufgaben ernst nimmt, wird so mit sich selbst umgehen, dass er im Leben gut zurecht kommt. So ist der Umgang mit sich selbst als Mittel zum Zweck und nie als Zweck an sich anzusehen. Er fragt nach der Selbstakzeptanz (Können Sie sich selbst so wie Sie sind als gut genug annehmen? Können Sie sich Ihre Fehler verzeihen?), nach dem Umgang mit Essen und Trinken, mit Ruhe und Bewegung, nach der Fähigkeit, Musestunden als Erholung zu genießen und psychohygienisch zu denken. Ein guter Umgang mit sich selbst ist ein wichtiges Thema, das unsere volle Aufmerksamkeit braucht, insbesondere für den, der sein Leben selbst gestalten will. Eine eigene Lebensaufgabe ist der Umgang mit sich selbst nicht.

Die **„Beziehung zum Kosmos“**, „die Spiritualität“ oder das „religiöse Leben“ von Mosak und Dreikurs als Lebensaufgabe beschrieben, sucht Antworten auf Sinnfragen: Wozu lebe ich? Woher komme ich? Was ist nach meinem Tod, und was ist der Sinn meines Lebens?

Das Thema ist nicht für jeden relevant. Viele leben ohne sich darüber Gedanken zu machen und kommen auch zurecht. Viele leben als hilfreiche Mitmenschen mit einer humanistischen Lebenseinstellung. Für Alfred Adler drückt sich die Religiosität der Menschen im Umgang mit anderen Menschen aus, und wird somit in den drei Lebensaufgaben ge-

---

[1] Adler, Alfred: Wozu leben wir. 1931/1994. S. 18

lebt. Würde sie dort nicht sichtbar werden, dann hätte sie wenig Sinn.
Angenommen, es gäbe einen Gott, so wie es die Menschheit durch alle Kulturen hin angenommen hat. Angenommen, dieser Gott wäre der Schöpfer der Menschheit, den wir als Geschöpfe nicht kennen können, sowie kein Geschöpf den Schöpfer – z.B. ein Gemälde den Maler – kennen kann. Angenommen, alle Religionen der Welt hätten ihren Ursprung in dieser Göttlichkeit, und die Werte, die für das Überleben und für die Qualitätsverbesserung der Menschheit notwendig sind, wären göttlichen Ursprungs, und wären uns durch Seine Vertreter auf Erden (Krishna, Moses, Buddha, Christus, Mohammed, Bahá'u'lláh und andere) gebracht worden. Angenommen, es gäbe wirklich ein ewiges Leben nach diesem Leben, so wie die Offenbarungsreligionen sagen, und angenommen die Qualität des zukünftigen Lebens wäre abhängig von der rechten Lebensweise hier auf Erden, dann wäre das Pflegen einer Beziehung zu Gott und das Leben nach seinen Geboten, die höchste Lebensaufgabe, die es für Menschen geben könnte. Dies wäre dann die Aufgabe, die alle anderen überragt, umfasst, durchdringt und Inhalt gibt. Weil ich glaube, dass das so ist, gehe ich von 4 Lebensaufgaben aus. Die Menschheit würde ohne die Orientierung, die aus den Religionen kommt, in den drei Adler'schen Lebensaufgaben kompasslos dastehen.

Bildliche Darstellung der 4 Lebensaufgaben:

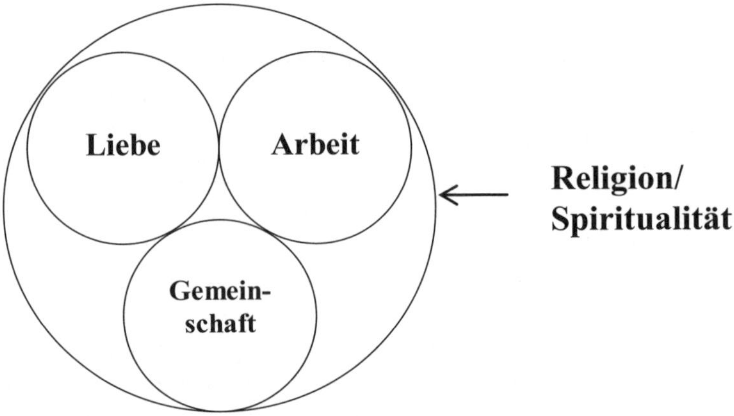

Wenn Sie diese vier Lebensaufgaben für sich auf einer Skala von 1 bis 10 benoten würden (10 ist die beste Note), wie würde das aussehen? Zu welcher Erkenntnis kommen Sie?

4. Die Notwendigkeit der sozialen Akzeptanz

Grundgedanken

Der Mensch ist ein soziales Wesen. Sein tiefstes Bedürfnis ist es, sich innerhalb einer klar definierbaren Gruppe akzeptiert zu fühlen. Wir nennen dieses Gefühl „Zugehörigkeitsgefühl“. Fühlt er sich zugehörig, erlebt er sich als gleichwertigen Partner, hat Selbstvertrauen und sein Streben richtet sich darauf, zum Wohle der Gemeinschaft beizutragen. Wenn er sich nicht akzeptiert, nicht zugehörig fühlt, hat er Schwierigkeiten, konstruktiv beizutragen und seine Lebensaufgaben befriedigend zu lösen.

Wir Menschen sind nicht geboren, um in Krieg, Armut und Angst zu leben. Wir können in Frieden leben. Der Mensch ist ein soziales Wesen. Das Wichtigste, was er braucht um sein Potential einzusetzen, ist das Gefühl, dass er akzeptiert und gebraucht wird und mit anderen verbunden ist. Wir nennen es das soziale Zugehörigkeitsgefühl. Wenn es uns verloren geht, erleben wir die anderen in der Entfernung und wir fühlen uns wie entfremdet und unglücklich. Mit dem Gefühl der Zugehörigkeit erleben wir uns selbst als gleichwertige Partner, wertvoll und bedeutungsvoll und wissen, dass es gut ist, dass es uns gibt. Wir erleben andere als unterstützend und als eine Einladung, beizutragen. Wenn wir uns in der Partnerschaft zugehörig fühlen, können wir lieben und das Beste geben, was wir sind und haben. Am Arbeitsplatz und in der Gemeinschaft sind wir kreativ und kooperativ.
Für dieses Gefühl des Integriertseins, des Bejahtwerdens, was wir Menschen so sehr brauchen, sind wir bereit, alles zu tun. Das Wohlbefinden, das Menschen in Gruppen oder Cli-

quen – mit guten oder fragwürdigen Zielen – haben, ist das Zugehörigkeitsgefühl. Fühlen wir uns zugehörig, dann glauben wir an uns und unsere Möglichkeiten. Zweifeln wir aber an unserem Wert, dann können wir uns nicht mehr zugehörig fühlen. Die Zusammenarbeit ist gefährdet. Dann sind wir ängstlich oder unsicher auf uns selbst zurückgeworfen.

4.1. Ergebnisse einer Umfrage

1996 begann ich mit einer Untersuchung[1]. Inzwischen hatte ich die Gelegenheit, etwa 1000 Personen unterschiedlichen Alters aus den verschiedensten Berufsgruppen Fragen über ihr Zugehörigkeitsgefühl zu stellen. Die Ergebnisse wurden von Kolleginnen und Kollegen in eigenen Gruppen mehrfach bestätigt. Die meistvorkommenden Antworten lauten zusammengefasst:

Wenn ich mich ***nicht zugehörig fühle:***

Bin ich angespannt; fühle mich traurig, ängstlich, aggressiv, mutlos, dumm, allein.
Ich denke: was habe ich wieder falsch gemacht; mir ist alles egal; lass mich bloß in Ruhe.
Ich ziehe mich zurück; rede kaum; habe keine eigenen Ideen; bin gereizt, schlecht gelaunt und kritisiere andere Leute. Ich will hier weg. Es ist mir egal, wie es anderen geht. Denen ist es auch egal, ob ich da bin.
Ich erlebe die andern als abweisend, lästig, gemein, fremd und als weit weg.

---

[1] Siehe auch: Schoenaker, Theo und Julitta und Platt, John: Die Kunst als Familie zu leben. Freiburg 2000

Wenn Partner, Kinder, Mitarbeiter diesen Eindruck machen oder sich so verhalten, dann wissen Sie, was sie brauchen: Stärkung des Zugehörigkeitsgefühls.

*Wenn ich **mich als zugehörig**, als Teil des Ganzen erlebe, fühle ich mich:*
Fit, belastbar und aktiv. Ich fühle mich glücklich, wissbegierig und voller Tatendrang. Ich bin froh, da zu sein, ich glaube: „Ich bin offensichtlich okay und werde gebraucht." Ich bin hilfsbereit, kann mich gut konzentrieren, habe Interesse für andere und bin humorvoll. Ich erlebe die anderen als liebenswert, sympathisch und entgegenkommend.
Wir erkennen in diesen Aussagen, dass das Zugehörigkeitsgefühl zu Aktivität und Interesse führt. Wer sich akzeptiert fühlt, findet in dem betreffenden System den Antrieb zu mutigem Verhalten zum Wohle der Gemeinschaft. Das nannte Adler „Gemeinschaftsgefühl". Da das Zugehörigkeitsgefühl ein aktives Gemeinschaftsgefühl begünstigt, stelle ich erst das Zugehörigkeitsgefühl vor.

✎ Wie ist das bei Ihnen? Wie fühlen Sie sich, wenn Sie sich nicht akzeptiert fühlen und wie fühlen Sie sich, wenn Sie sich akzeptiert fühlen?

4.2. Die Wirkung des Zugehörigkeitsgefühls

Menschen wollen dazugehören. So erklärt sich die Freude an gemeinsamen Unternehmungen wie beispielsweise im Vereinsleben, und auch die Freude der Großeltern, wenn sie auf die Enkelkinder aufpassen können. So erklärt sich aber auch die Bereitschaft von Jugendlichen, sich tätowieren zu lassen, den Kopf kahl zu scheren, den ersten Alkohol, die ersten Drogen zu sich zu nehmen, oder einer Sekte anzugehören. Das Gefühl der Zugehörigkeit zu dieser klar umschriebenen Gruppe ist für sie wichtiger als der Frieden mit den Eltern,

wenn sie sich zu Hause nicht akzeptiert fühlen. Unter demselben Aspekt ist das Verhalten von Mitgliedern von Sekten und terroristischen Gruppierungen zu verstehen. Auch der Terrorist fühlt sich zugehörig zu seiner Gruppe und ist bereit, sich im Sinne der Spielregel zu verhalten.
Manch einer fühlt sich nicht unbedingt zugehörig zu konkret erkennbaren Personen, sondern zu einer Idee, die ihn mit Menschen verbindet, die diese Idee stützen, vertreten, verfechten, auch wenn er keine dieser Menschen kennt. Er weiß sich eingebunden und fühlt sich akzeptiert in dem gemeinsamen Einsatz.
So ist unser soziales Wohlbefinden, stärker als wir wahrhaben wollen, abhängig von dem Verhalten anderer uns gegenüber und davon, ob wir glauben, dass sie uns akzeptieren, und ob sie eine gute oder schlechte Meinung über uns haben. Sich akzeptiert fühlen, weckt Spontaneität, Kreativität und Risikobereitschaft. Der Wunsch, beizutragen, wird stärker als die Angst vor Kritik. Wenn wir wissen, dass wir von anderen grundsätzlich akzeptiert werden, dass wir nicht fallen gelassen werden, machen wir mögliche Fehler für uns selbst nicht so wichtig. Wir können besser improvisieren und wir haben Mut zur Unvollkommenheit. Das ist in der Partnerschaft nicht anders als am Arbeitsplatz und für das Kind nicht anders als für den Erwachsenen. Wir haben dann unser Wertgefühl und fühlen uns eingebettet.
Für die Kindererziehung ist es von großer Bedeutung, dass das Kind sich zu seinen Erziehern zugehörig fühlt. Dann kann es die Sicherheit, dass es geborgen und akzeptiert ist, in seinen Lebensstil integrieren. So legt es die Grundlage für die Entwicklung zu einem nützlichen, kooperativen, selbstbewussten, mutigen Mitmenschen. Solche Menschen werden auch bei Schwierigkeiten im erwachsenen Leben ihr Zugehörigkeitsgefühl nicht leicht verlieren. Sie sind wie „Stehaufmännchen". Der Mensch ist so angelegt, dass er aktiv sein und sozial konstruktiv beitragen will. So kann er gemeinsam

mit anderen zum Fortschritt der Gesellschaft und zum Frieden beitragen. Jedes Kind will das. Die Vorbilder geben die Richtung vor. Es will da hin kommen, wo die Großen sind. Es will lernen und beitragen. Das ist ein Grundbedürfnis.

4.3. Die Abwesenheit des Zugehörigkeitsgefühls

Wenn das Gefühl der Zugehörigkeit verloren geht, haben Menschen nicht mehr den Wunsch, mitzuarbeiten und beizutragen. Die einen werden passiv, ichbezogen. Die anderen machen sich durch störende Verhaltensweisen bemerkbar. Sie versuchen sich zu behaupten, durch Kämpfen ihre Bedeutung zu spüren und durch eine blockierende Haltung den Fortgang von Entwicklungen zu behindern. Über diesen Weg versuchen sie unbewusst ihre Bedeutung und ihren Platz zu finden. Sie streben mit negativem Verhalten ein Gefühl der Zugehörigkeit an, weil sie glauben, es über konstruktive Wege nicht erreichen zu können.
Manchen Menschen geht das Zugehörigkeitsgefühl in allen Lebensaufgaben verloren. Sie haben keinen Partner oder sind in der Partnerschaft chronisch unzufrieden; sie haben keine Arbeit oder können sich in der täglichen Arbeit nicht entfalten. Wenn sie auch keine Freunde haben, drängt sich die Frage nach dem Sinn des Lebens auf. Gedanken an Selbsttötung liegen nahe. Die 4. Lebensaufgabe „Die Religion / Sprititualität" kann dann eine Zeitlang den Sinn erhalten und selbstschädigende Verhaltensweisen verhindern.
Kinder, die in ihrem Leben wenig Liebe, Geborgenheit und Sicherheit erlebten, konnten kein starkes Gefühl der Zugehörigkeit entwickeln. Sie fühlen sich auch als Erwachsene selten zugehörig, weil sie ein gewisses Misstrauen und den Glauben, nicht akzeptiert zu werden aus der Kindheit mitbringen. Obwohl sie Schwierigkeiten haben mit dem Vertrauen zum Leben und zu den Menschen, finden viele dieser

Personen im erwachsenen Alter trotzdem ihren Weg im Leben. Sie fühlen sich am sichersten, wenn sie alles kontrollieren, überblicken, im Griff haben können.
Sie schaffen Ordnung und System. Es gibt viele Aufgaben, wofür man diese Qualitäten braucht. Oft finden sie ihre Erfüllung in der Nähe zu den Tieren und in der Natur. Dort fühlen sie sich eher zugehörig.

4.4. Ist das Zugehörigkeitsgefühl durchweg als positiv zu betrachten?

Das Zugehörigkeitsgefühl kann eine gefährliche Kraft sein, wenn es sich gegen andere richtet. Es gibt Familien, in denen sich die Mitglieder innerhalb der Familie akzeptieren und sich zugehörig fühlen und in diesem Bündnis gegen andere Familien kämpfen. So kämpfen Rassen gegen Rassen, Religionen gegen Religionen, Nationen gegen Nationen. Es fehlt dabei nicht am Gefühl der Zugehörigkeit zur eigenen Gruppe. Es fehlt an der Akzeptanz des anderen außerhalb dieser Gruppe.
Deswegen ist das individualpsychologische Ziel der Kindererziehung, das Kind so wenig wie möglich mit Vorurteilen dem anderen Geschlecht, anderen Nationen, anderen Religionen, anderen Rassen gegenüber auszustatten und es so zu einem mutigen Weltbürger zu erziehen. Kriege entstehen dort, wo das Zugehörigkeitsgefühl nicht weiter reicht als für den eigenen begrenzten Lebensraum. Die anderen werden zu Gegnern.

✎ Erkennen Sie in der nationalen oder internationalen politischen Landschaft die Gefahren, die das Zugehörigkeitsgefühl zu einer ethnischen Gruppe, einer religiösen oder politischen Richtung in sich bergen kann?

Steht Ihr eigenes Zugehörigkeitsgefühl einer Zusammenarbeit mit anderen Gruppen oder Gemeinschaften im Wege?

4.5. Beitragen zum Zugehörigkeitsgefühl des anderen

Wenn das Zugehörigkeitsgefühl so entscheidend ist für Glück und Unglück bis hin zur Sinnlosigkeit und Suizid, was ist dann nötig, um das Zugehörigkeitsgefühl zu wecken?
Meine Umfragegruppe zeigt die Richtung mit den Antworten auf die Frage: *Was können andere tun, wenn Sie sich nicht zugehörig fühlen?*
Auf mich zukommen; lächeln; eine einladende Geste machen; einen freundlichen Blick senden; mich einbeziehen; sich mir zuwenden. Einen Handschlag, oder wenn es passen würde, eine Hand auf meine Schulter; mit mir sprechen; meine Leistungen oder Fortschritte anerkennen; meine Ideen ernst nehmen; mir zuhören; mich bei meinem Namen nennen; Fragen stellen; ein bisschen Humor. Mit mir zusammen etwas machen; Zeit haben.
Das ist für jeden von uns ein Beitragskatalog zum „Leben selbst gestalten." Es scheinen Kleinigkeiten zu sein, aber sie sind genau das, was Menschen von „außen" (außerhalb der Gruppe) nach „innen" holen kann. Sie erleben durch diese Signale: „Ich bin offensichtlich der Mühe wert, positiv wahrgenommen zu werden; ich gehöre dazu; ich habe hier meinen Platz. Ich werde akzeptiert."
Ich hoffe, dass das Verständnis für diese Zusammenhänge Vertreter aus medizinischen, psychologischen und pädagogischen Berufen dazu führt, neben Symptombehandlung - bei psychosomatischen Störungen oder Störverhalten bei Kindern, Jugendlichen und Erwachsenen - auch das mögliche Fehlen von Zugehörigkeitsgefühl zu untersuchen. Sie können

von ihren Behandlungsansätzen, welcher Art auch, nicht viel erwarten, wenn beim Patienten zu Hause das Zugehörigkeitsgefühl fehlt.

✎ Wer in Ihrem Familien- oder Bekanntenkreis fällt Ihnen ein, der sich vermutlich nicht zugehörig fühlt. Können Sie da mit obigen Ideen etwas tun?

4.6. Das eigene Zugehörigkeitsgefühl

Es ist ein wichtiges Thema. Es erklärt uns, warum wir uns gut oder schlecht fühlen; warum wir gute Zeiten erlebten, warum wir schlechte Zeiten hatten, auch wenn wir sonst alles hatten. Es ist eines der niederdrückendsten Gefühle, sich als nicht dazugehörig zu empfinden.

✎ Erinnern Sie sich an eine Phase in Ihrem Leben, in der es Ihnen schlecht ging, obwohl Sie nicht wirklich krank waren? Erkennen Sie, dass Sie sich damals nicht zugehörig gefühlt haben?
Erinnern Sie sich an eine Zeit, in der Sie durchweg glücklich waren? Fühlten Sie sich da akzeptiert, so wie Sie sind? Wollen Sie dabei einen Moment verweilen?

Trotzdem, auch dieses Gefühl kann man wie alle Gefühle wichtiger oder weniger wichtig machen. Wer sich nicht akzeptiert fühlt, hat eine Entwicklungschance vor sich. Er kann sich fragen: Was trage ich selbst dazu bei? Und was kann ich selbst zur Verbesserung der Beziehungen beitragen? Das Zugehörigkeitsgefühl kann man zwar gleichsetzen mit Akzeptanz durch andere, aber es ist ja auch - auf jeden Fall teilweise - das Ergebnis der eigenen Entscheidung, dazugehören zu **wollen** und der Bereitschaft, dafür das Richtige zu tun.
Das Zugehörigkeitsgefühl ist, weil wir ja auch unsere Selbstzweifel haben, nicht konstant. Mal fühlen wir uns akzeptiert

und integriert, so dass uns alles wie selbstverständlich vorkommt und wir uns selbst vergessen. Das ist ein Idealzustand. Dann können wir sein, wie wir sind. Ein andermal ist es uns mulmig zumute. Wir zweifeln an unserem Platz und kreisen um uns selbst. Das Zugehörigkeitsgefühl ist eine schwankende Befindlichkeit.
Durch die Beschäftigung mit diesem Thema kommt man unvermeidlich auf einen anderen individualpsychologischen Begriff, nämlich das Gemeinschaftsgefühl.
Das Gemeinschaftsgefühl ist weniger ein Gefühl als ein tätiges Leben im Bewusstsein, Teil der Menschengemeinschaft zu sein. Ein Leben als Mit-Mensch. Mit einem guten Zugehörigkeitsgefühl fällt es uns leicht, aber auch ohne, sind wir zur Mitmenschlichkeit aufgerufen.

Der maßgebende Zug in der Veranlagung des Menschen ist also das Gemeinschaftsgefühl.
Marc Aurel

5. Alles, was weniger ist als das Ganze, ist zu wenig!

– Das Gemeinschaftsgefühl –

Grundgedanken

Gäbe es mehr Gemeinschaftsgefühl, dann:
hätten wir weniger Angst;
wären wir nicht einsam;
wären wir rücksichtsvoller, höflicher;
wären wir einfühlsamer, toleranter, geduldiger;
würde kein Müll an Autobahnen neben den Müllbehältern liegen;
hätten wir mehr Bewusstheit für soziale Zusammenhänge, die über unser persönliches Leben hinausgehen;
gäbe es Glaube, Hoffnung, Liebe und Gerechtigkeit;
würden wir verständnisvoller miteinander reden;
gäbe es weniger Wut;
gäbe es weniger oben und unten;
gäbe es weniger Extreme von arm und reich;
gäbe es mehr Gleichwertigkeit;
würden wir mehr Zusammenarbeit riskieren;
würde die Würde des Menschen geachtet werden.

Wie Sie sehen, ist das Gemeinschaftsgefühl ein großes Thema, das vom achtlos weggeworfenen Müll, über die Gleichwertigkeit aller Menschen bis hin zum Frieden auf Erden reicht. Der Mensch ist so veranlagt, dass er zum Wohle der anderen Menschen wirken kann. Diese Veranlagung muss entwickelt werden, am besten in der Kindheit. Dann kann es

im Erwachsenenalter wirken wie der „aufrechte Gang und das Atmen“ (Adler). Es ist aber nie zu spät, anzufangen, sich für die Mitmenschen und die größeren Zusammenhänge des gesellschaftlichen Lebens zu interessieren. In der Praxis bedeutet das, dass man sich fragt: Was hat das, was ich tue für Konsequenzen für andere? Ob das nun der unter dem Tisch geklebte Kaugummi ist, oder ob ich auf einer Straße, wo eine Fahrtgeschwindigkeit von 30 km vorgeschrieben ist, 80 fahre, oder ob ich mit schlechter Laune lebe. Immer hat das, was ich tue in letzter Konsequenz auch Bedeutung für andere. Wenn ein Kind unerwartet über die Straße läuft, kann ich bei 30 rechtzeitig bremsen. Bei 80 nicht. Meine schlechte Laune beeinflusst andere Menschen und mein Verhalten generell hat Modellcharakter zum Positiven oder zum Negativen.
Der Mensch ist ein soziales Wesen und der Einzelne lebt als Teil der Menschengemeinschaft. Je mehr wir miteinander umgehen, desto mehr entwickeln wir ein Bewusstsein für die gegenseitige Abhängigkeit. Und auch dafür, dass wir in diesem sozialen Geflecht nur nützlich sein können, wenn wir auch gut für uns selbst sorgen.

5.1. Der Begriff Gemeinschaftsgefühl

Der Begriff Gemeinschaftsgefühl steht zentral in der Lebensbetrachtung der Individualpsychologie. Er wurde während des ersten Weltkrieges von Adler folgendermaßen formuliert zum Ausdruck gebracht: „Das einzige, was die Welt heute braucht, ist Gemeinschaftsgefühl.“ Der Begriff war seiner Zeit nicht allgemein bekannt wie heute und wurde von seinen Schülern und Anhängern auch nicht allgemein begrüßt. Einige meinten, dieser Begriff klinge zu sehr nach: liebe deinen Nächsten und gehöre eher in den Bereich der Religion als in den Bereich der Wissenschaft. Andere gaben zum Ausdruck, dass es diesen Begriff sogar in der Philosophie nicht gäbe. Einige kündigten Adler die Gefolgschaft. Im Laufe der nachfolgenden Jahre hat Adler den Begriff „Gemeinschaftsgefühl" immer mehr mit Inhalt gefüllt. Auch ihm selbst fiel eine klare Definition schwer. Er schrieb: „Wenn wir sagen, es ist ein Gefühl, so sind wir sicherlich dazu berechtigt. Aber es ist mehr als das, es ist eine Lebensform, es ist eine ganz andere Lebensform als bei einem Menschen, den wir als antisozial bezeichnen. ... Ich bin nicht in der Lage, es ganz eindeutig zu definieren, aber ich habe bei einem englischen Autor eine Wendung gefunden, die klar zum Ausdruck bringt, was wir zu unserer Erklärung beitragen könnten: ***Mit den Augen eines anderen zu sehen, mit den Ohren eines anderen zu hören, mit dem Herzen eines anderen zu fühlen.*** Das scheint mir eine vorläufig zulässige Definition von dem zu sein, was wir Gemeinschaftsgefühl nennen."[1]

✎ Wenn Menschen sich zugehörig fühlen, wollen sie im Sinne des Gemeinschaftsgefühls beitragen.
Fühlen Sie sich als integrierter Teil einer größeren Gemeinschaft, wo Sie sich nützlich vorkommen und beitragen?

5.2. Das Wohl der größeren Gemeinschaft

Es geht bei Gemeinschaftsgefühl um das Verhalten des Einzelnen zu seiner Umgebung, zu seiner Familie, zu seinen Kollegen, aber auch um das Verhalten der Staaten und Nationen zueinander. Der Begriff „Gemeinschaftsgefühl" umfasst alle erstrebenswerten Eigenschaften und Verhaltensweisen, die Ausdruck von Mitmenschlichkeit und Zusammenarbeit sind. Interesse für die Interessen anderer; einen freundli-

[1] Ansbacher, H. L. und Ansbacher R. R.: Alfred Adlers Individualpsychologie. S. 142

chen und ermutigenden Umgang; gegenseitige Hilfe; Beratung; Selbstverantwortlichkeit; Wir-Bezogenheit; Optimismus; Empathie; Gleichwertigkeit; Gerechtigkeit; Gutes tun, auch ohne andere davon wissen zu lassen; Selbstvergessenheit in den Aufgaben des täglichen Lebens. Um nur einige zu nennen. Das alles wird getragen von der goldenen Regel, dem roten Faden durch alle Religionen, die im Kern lautet: „Was du nicht willst, das man dir tu', das füg auch keinem anderen zu."

Richtig ist, was richtig ist für die Gemeinschaft. Richtig kann nicht sein, was gegen das Wohl der größeren Gemeinschaft gerichtet ist. Handeln im Sinne des Gemeinschaftsgefühls entsteht automatisch, wenn wir uns nicht nur als Einzelwesen (als eine Insel), sondern als organischer Teil einer größeren Einheit betrachten. Wenn wir uns selbst betrachten als Teil der Partnerschaft, der Familie, der Gruppe, des Vereins, der Menschheit, dann wird unser Handeln nützlich sein für die anderen und für uns selbst. Wir wissen dann, dass Schädigung anderer, Selbstschädigung ist. So werden wir uns selbst entwickeln und sowohl auf das persönliche Wohl wie auch auf das Wohl der anderen bedacht sein.

Man kann in den einzelnen Situationen nicht immer mit Sicherheit wissen, welches Verhalten im Sinne des Gemeinschaftsgefühls richtig ist, aber je mehr wir mit dieser Frage leben, desto näher kommen wir der Wahrheit. Die Praxis heißt: An andere denken, weiter denken als die eigenen Belange. Die an den Tischen geklebten Kaugummis müssen wieder entfernt werden. Von wem? Ein achtlos weggeworfenes brennendes Streichholz kann einen Waldbrand verursachen. Hetztiraden gegen andere Nationen, Rassen oder Religionen können einen Weltbrand entfachen, verursacht von Menschen, die nicht weit genug über den eigenen Horizont an das Wohl der größeren Gemeinschaft und deren Zukunft denken.

5.3. Gemeinschaftsgefühl und Religion

Wenn wir diese Überlegungen bedenken, erkennen wir, dass hiermit auch die edelsten Ziele der großen Religionen erreicht werden. Das Thema Gemeinschaftsgefühl ist wohl das stärkste Bindeglied zwischen Religion und Individualpsychologie. Adler selbst sagt in diesem Zusammenhang: „Es hat immer Menschen gegeben, die diese Tatsache (die Notwendigkeit das Gemeinschaftsgefühl zu leben), begriffen haben, die wussten, dass der Sinn des Lebens darin besteht, am Ganzen der Menschheit Anteil zu nehmen, und die das Gemeinschaftsgefühl und die Liebe zu fördern versuchten. Diese Sorge für das Heil des Menschen finden wir bei allen Religionen. In allen großen geistigen Bewegungen der Welt bemühten sich Menschen, das Gemeinschaftsgefühl zu steigern, und die Religion ist eine der wichtigsten Bestrebungen in diesem Sinn. Religionen jedoch wurden oft falsch verstanden, und man kann sich schwer vorstellen, dass sie mehr tun können als bereits geschieht, wenn sie sich nicht viel nachdrücklicher um diese allgemeine Aufgabe bemühen.“[1]

Adler hat den wissenschaftlichen Begriff Gemeinschaftsgefühl mit „liebe deinen Nächsten“ gleichgesetzt. Der Begriff bezieht sich auf alle Menschen dieser Erde und ist nicht an Religionsgrenzen gebunden. So gesehen haben alle Offenbarungsreligionen das Leben nach den Inhalten des Gemeinschaftsgefühls gepredigt und eingefordert. Sie sind dabei wohl auch von einer menschlichen Veranlagung zur Gemeinschaft und Frieden ausgegangen. Wie konnten sie es sonst als Lebensform fordern. Mir persönlich gefällt die Idee, dass der Mensch nicht eine Insel, sondern immer Teil einer größeren Gemeinschaft ist, besser. Wer in diesem Bewusstsein lebt, erfüllt die Bedingung, die Nächstenliebe ermöglicht.

---

[1] Alfred Adler: Wozu leben wir. Fischer Taschenbuch Frankfurt 1931-1979. Seite 19

Wie Adler in obigem Zitat sagt, hat es neben den Religionsstiftern immer schon große Menschen gegeben, die diese Tatsache begriffen haben... . Er überlässt es uns, sie zu suchen.

5.4. Hugo de Groot

Mich hat Hugo de Groot (1583-1645) als eine dieser Lichtgestalten sehr beeindruckt. Unter dem Namen Hugo de Groot lernte ich ihn in der Grundschule kennen. International ist er eher unter dem latinisierten Namen Hugo Grotius bekannt.
Grotius war der erste von zwei Söhnen einer angesehenen Kaufmannsfamilie in der blühenden Handelsstadt Delft. Schon mit 15 Jahren hatte sein Ruhm die Landesgrenzen überschritten. Als er von dem französischen König Heinrich IV. empfangen wurde, nannte dieser ihn: le miracle des pays bas (das Wunder der Niederlanden). Grotius wurde bekannt als Jurist, Politiker, Gesandter, Dichter, Übersetzer, als großer Denker, Historiker und nicht zuletzt als Theologe. 1625 beendete er die Arbeit an seinem Werk „Vom Recht des Krieges und des Friedens". Anlass dazu gab der Dreißigjährige Krieg. Grotius wollte der mit dem Krieg verbundenen Verrohung und Willkür etwas entgegensetzen. Er wollte Rechtsregeln präsentieren, die für alle Religionen und Völker, ja, für alle Menschen dieser Welt gleichermaßen verbindlich sein sollten. Er ging davon aus, dass solche Rechtsregeln nicht erfunden werden mussten, sondern dass es dabei um Naturrecht geht, das es von allem Anfang an gibt und von jedem redlichen Menschen unabhängig von seiner Volks- oder Religionszugehörigkeit erkannt werden kann. Er geht von der Grundlage aus – und hier treffen sich Grotius und Adler wieder –, dass Gott dem Menschen den appetitus societatis, „die Liebe zur Gemeinschaft" eingeschaffen hat. Auf diesem natürlichen Streben des Menschen zu einem ge-

ordneten Zusammensein mit anderen gründe alles, was zwischen den einzelnen Menschen, aber auch zwischen den Staaten Geltung haben müsse. Er schreibt: „Der Mensch ist nicht bloß ein Lebewesen, sondern das höchste Lebewesen, und der Unterschied zu allen anderen lebenden Wesen ist weit größer als die Unterschiede zwischen den übrigen Gattungen. Dies beweisen viele dem menschlichen Geschlecht eigentümliche Tätigkeiten. Zu diesen gehört der gesellige Trieb zu einer ruhigen und nach dem Maß seiner Einsicht geordneten Gemeinschaft mit seinesgleichen... ." Er kommt dann auf das Verhalten von Tieren und Kindern zu sprechen und führt danach aus: „Wenn der Mensch aber in das reifere Alter getreten ist, und gelernt hat, sich in gleichen Fällen gleich zu benehmen, so verbindet er, wie man leicht bemerkt, mit einem starken geselligen Trieb, für den er allein vor allen Geschöpfen das besondere Mittel der Sprache besitzt, auch die Fähigkeit, allgemeine Regeln zu fassen und danach zu handeln. Alles, was hiermit zusammenhängt, hat der Mensch nicht mehr mit allen anderen Geschöpfen gemeinsam, sondern ist eine Eigenart der menschlichen Natur. Diese von uns hier nur roh bezeichnete der menschlichen Vernunft entsprechenden Sorge für die Gemeinschaft ist die Quelle dessen, was man recht eigentlich mit dem Namen Recht bezeichnet. Dazu gehört, dass man sich fremden Guts enthält und es ersetzt, wenn man etwas davon besitzt oder genommen hat, ferner die Verbindlichkeit, gegebene Versprechen zu erfüllen, der Ersatz des durch unsere Schuld veranlassten Schadens und die Wiedervergeltung unter den Menschen durch Strafe." Er führt auch aus, wann es erlaubt ist, einen Krieg zu führen, wie man mit Gefangenen umzugehen hat, wie Frieden zu schließen ist und dass es in einem Krieg nie einen rechtsfreien Raum gibt.

Hierauf will ich mich im Rahmen dieses Kapitels beschränken. Obwohl sein Werk von der katholischen Kirche sofort auf den Index gesetzt wurde, ist es trotzdem Ausgangspunkt für die Entwicklung des Völkerrechts geworden. Auf diese Veröffentlichung geht die erste Hagener Friedenskonferenz von 1899, die Charta der Vereinten Nationen 1945, der Internationale Gerichtshof in Den Haag und die Gedanken von Verbrechen gegen die Menschlichkeit zurück. Auch in den Nürnberger Prozessen 1945/49 hat man sich wiederholt auf Hugo Grotius abgestützt.

Howler-Affen helfen einem verwundeten Mitglied ihrer Gruppe. Mehrere Affen versammeln sich um das Opfer und tasten die Wunde mit den Fingern. Wenn das Opfer stark blutet, versuchen einige Affen die Wunde zu schließen, andere sammeln inzwischen Blätter, die sie erst kauen und dann als Verband benutzen.[1]

5.5. Gemeinschaftsgefühl, ein lebbares Konzept

Es geht bei der Individualpsychologie nicht um eine Lebensphilosophie, die mit Worten anfängt und mit Worten aufhört, sondern um lebbare Konzepte. Der Mensch ist ein Gemeinschaftswesen und das Gemeinschaftsgefühl ist das, was das Leben in der Familie, in der Kommune, im Staat und in der Welt als Ganzes ermöglicht. Hätten wir das Gemeinschaftsgefühl nicht, dann fehlte die Liebe, die Fürsorge und die Rücksicht und all das oben Beschriebene. Ohne das alles würden wir uns aus lauter Angst und Ich-Bezogenheit umbringen. Ich will damit sagen, dass das Gemeinschaftsgefühl so wie ich es hier beschrieben habe, nicht etwas grundlegend Neues ist. Es lebt unter uns, aber es muss bewusst weiter entwickelt werden, um die rasante Entwicklung hin zu einer neuen Weltordnung in Frieden, gestalten zu können.
Der Einzelne lebt sein Leben in den Lebensaufgaben, so wie ich sie in Kap. 2 beschrieben habe. Die in Kap.1 beschriebenen erstrebenswerten sozialen Qualitäten, wie Interesse für andere, zusammenarbeiten, freundlich und ermutigend sein

usw. bilden im Grunde eine Anleitung für die befriedigende und erfolgreiche, nützliche Lösung der Lebensaufgaben und die Entwicklung von Gemeinschaftsgefühl.
Ich möchte aber in der Betonung von ermutigenden Verhaltensweisen nicht missverstanden werden. Es geht um mehr als nur um Freundlichkeit, um nett sein, den anderen mögen, oder sympathisch finden, wie wichtig das alles auch ist. Wenn wir eine Eimerkette bilden, um ein Feuer zu löschen, ist es unerheblich, ob wir uns sympathisch finden oder nicht. Wir haben ohne Entschuldigung den Eimer anzunehmen und weiterzureichen, egal wie wir uns dabei fühlen. Das ist Gemeinschaftsgefühl: Zusammenarbeit, Verantwortungsgefühl, Hilfsbereitschaft, Mitgefühl und ein gemeinsames Ziel, das wichtiger ist als die Sympathie zum einzelnen Wasserträger.

Gemeinschaftsgefühl gelebt, führt zu überzeugenden Entwicklungen von Fähigkeiten, die Minderwertigkeitsgefühlen keinen Platz lassen. Deshalb wird in individualpsychologischen Trainings, Beratungen oder Therapien immer versucht, die Entwicklung des Gemeinschaftsgefühls zu fördern.
Überall, wo Sie mit Menschen zusammen sind, können Sie Gemeinschaftsgefühl üben. Das kleinste Übungsfeld ist die Partnerschaft. Die weiteren Felder ergeben sich von selbst: Die Familie, der Arbeitsplatz, das Kollegium, der Verein, die Menschen auf der Straße, die Nachbarschaft, die Kommune bis hin zur inneren Verbundenheit mit der Weltbevölkerung. Gemeinschaftsgefühl ist eine praktische Lebensart, die man sehen kann. Alfred Adler sagte sinngemäß: Das Maß an Gemeinschaftsgefühl erkennen Sie an der Art, wie jemand mit dem Kellner umgeht. Bei einer anderen Gelegenheit sagte er: Schau den Leuten nicht auf den Mund, schau ihnen auf die Hände.[1]

---

[1] Bottome, Phyllis: Prof. Alfred Adler. Amsterdam 1939

Die Lebensaufgaben stellen die Ecksteine des gesellschaftlichen Bauwerkes dar und die Bedeutung des Themas wird durch folgendes Zitat klar:
„Sind aber diese drei Fragen (die Lebensaufgaben) mit ihrer gemeinschaftlichen Basis des sozialen Interesses (= Gemeinschaftsgefühl) unausweichlich, dann ist es klar, dass sie nur von Menschen gelöst werden können, die ein zulängliches Maß von Gemeinschaftsgefühl ihr eigen nennen. Es ist leicht zu sagen, dass bis auf den heutigen Tag wohl die Eignung jedes Einzelnen zur Erlangung dieses Maßes vorhanden ist, aber die Evolution der Menschheit noch nicht genug fortgeschritten ist um Gemeinschaftsgefühl dem Menschen so weit einzuverleiben, dass es sich automatisch auswirkt, gleich atmen oder gleich dem aufrechten Gang. Es ist für mich keine Frage, dass in einer vielleicht sehr späten Zeit diese Stufe erreicht sein wird, falls die Menschheit nicht an dieser Entwicklung scheitert, wofür heute ein leichter Verdacht vorhanden ist."[1] Diese Worte schrieb Alfred Adler in den 30er Jahren.
Alfred Adler war im Ersten Weltkrieg Gesundheitsoffizier und er erlebte den ganzen Wahnsinn des Krieges wo er als Arzt all zu oft seine Unfähigkeit zu helfen und zu heilen erlebte. Man schrieb das Jahr 1916, als sich Adler zum ersten Mal – mitten im Krieg – mit seinen Schülern und Kollegen, die die intellektuelle Crème de la Crème von Wien bildeten, traf. Sie erwarteten von ihm, dass er neue Ideen brachte. Und so stellte einer seiner Schüler die Frage: „Nun Adler, was gibt's Neues?"[2] Adler war ruhiger geworden und er setzte sich in den Kreis, schaute jeden Einzelnen an und sagte: „Das Einzige, was die Welt heute braucht, ist Gemeinschaftsgefühl." Das war 1916. Hat die Welt es seitdem gebraucht? Und jetzt im Zeitalter der Globalisierung?

---

[1] Adler, Alfred: Der Sinn des Lebens. 1933
[2] Bottome, Phyllis: Prof. Alfred Adler. Amsterdam 1939. S. 134

✎ In welchem Lebensbereich könnten Sie mehr Gemeinschaftsgefühl üben? Und welche Qualitäten wollen Sie dafür einsetzen? Vielleicht Zusammenarbeit, Hilfsbereitschaft, Mitgefühl, Interesse zeigen, Verbindlichkeit?

5.6. Braucht die Welt das Gemeinschaftsgefühl heute?

Individualpsychologen sind Optimisten. Sie konzentrieren sich nicht unnötig auf negative Entwicklungen oder Untergangstendenzen in den Köpfen von anderen Menschen, aber sie blenden auch gefährliche Entwicklungen nicht aus. Sie motivieren sie eher, ihren Einsatz zu mehren.
Braucht die Welt jetzt Gemeinschaftsgefühl? Der Terroranschlag am 11. September 2001 stellt diese Frage mehr denn je in den Mittelpunkt. Die Gegensätze sozialer, religiöser und politischer Art haben sich seitdem verschärft. Nie war es uns so bewusst, wie klein die Welt ist und dass sie ohne Gemeinschaftsgefühl keine Zukunft hat. Adler sagte: „Die Welt braucht Gemeinschaftsgefühl.“ Nicht mehr Massenvernichtungswaffen, nein, Gemeinschaftsgefühl ... für die Welt. Alles, was weniger ist als das Ganze ist zu wenig. Wer die Zeitungen liest, weiß, was ich meine.
Wir verkennen die Gefahr, die in der Entwicklung von Macht, Arroganz, Egoismus liegt und in dem Bauen von Mauern zwischen „uns Guten“ und der Achse des Bösen, zwischen uns - den „Trägern der religiösen Wahrheit“- und den anderen.
Wir sehen die Abwesenheit des Gemeinschaftsgefühls zwischen Israelis und Palästinensern und in den Hunger leidenden Ländern Afrikas, wo Gesetzlosigkeit und Willkür herrschen, wo das Recht in Händen derer ist, die die Macht haben, anstatt dass die Macht in Händen der Menschen liegt,

deren Führer über einen demokratischen rechtmäßigen Weg gewählt wurden.
Wir sehen die unmenschliche Art, mit Flüchtlingen umzugehen. Wir kennen die Länder, wo man Gefahr läuft als Terrorist bezeichnet zu werden, wenn man anfängt, eigenständig zu denken. Das große Gefälle zwischen arm und reich, nicht nur in den Entwicklungsländern, sondern auch im Westen, die Landflucht, wodurch die Städte überfüllt werden, das sind alles Ergebnisse der Ungerechtigkeit. Ergebnisse des mangelnden Gemeinschaftsgefühls und der mangelnden Gleichwertigkeit. Das Gleiche gilt für die Ungerechtigkeit des Bildungsmangels in großen Teilen der Welt.
Die Gesetzlosigkeit und Willkür als klarer Gegensatz zum Gemeinschaftsgefühl, findet seinen schlimmsten Ausdruck in Versklavung von Frauen und Kindern und Männern, in der Verbrennung von Menschen bei lebendigem Leibe, in dem Recht, das Staaten sich rausnehmen, wenn sie Feinde ohne Gerichtsverfahren und Verurteilung liquidieren oder rechtsfreie Räume schaffen. Das sagt uns, dass das Gemeinschaftsgefühl noch sehr weit weg ist. Wir befinden uns in vielerlei Hinsicht auf einer primitiven Stufe, wo wir nicht den Weg finden, als zivilisierte Menschen mit einem gemeinsamen Ziel des Friedens zusammen zu sitzen und miteinander über die Möglichkeiten zu verhandeln, sondern diejenigen, die uns im Wege sind, einfach beseitigen, umbringen, vernichten. Wir begreifen die Erde noch nicht als ein Land und ihre Bewohner noch nicht als die Bürger dieses Landes.

5.7. Ein Orientierungsmodell

„Gemeinschaftsgefühl besagt vor allem ein Streben nach einer Gemeinschaftsform, die für ewig gedacht werden muss, wie sie etwa gedacht werden könnte, wenn die Menschheit das Ziel der Vollkommenheit erreicht hat. Es handelt sich niemals um eine gegenwärtige Gemeinschaft oder Gesellschaft, auch nicht um politische oder religiöse Formen, sondern das Ziel, das zur Vollkommenheit am besten geeignet ist, müsste ein Ziel sein, das die ideale Gemeinschaft der ganzen Menschheit bedeutet, die letzte Erfüllung der Evolution."[1] Was hat Adler gemeint? Auf der Suche nach einer vielleicht vorläufigen Antwort hat mich das Zukunftsmodell der Bahá'í-Religion[2] am meisten überzeugt. Hier sind ihre zwölf Grundsätze:

- Die gesamte Menschheit muss als eine Einheit betrachtet werden.
- Alle Menschen sollen ständig die Wahrheit erforschen.
- Alle Religionen haben eine gemeinsame Grundlage.
- Die Religion muss die Ursache der Einigkeit und Eintracht unter den Menschen sein.
- Die Religion muss mit Wissenschaft und Vernunft übereinstimmen.
- Mann und Frau haben gleiche Rechte.
- Vorurteile jeglicher Art müssen abgelegt werden.
- Der Weltfrieden muss verwirklicht werden.
- Beide Geschlechter sollen die beste geistige und sittliche Bildung und Erziehung erfahren.
- Die sozialen Fragen müssen gelöst werden.
- Es müssen eine Einheitssprache und eine Einheitsschrift neben der Muttersprache eingeführt werden.
- Es muss ein Weltschiedsgerichtshof eingesetzt werden.

Das sind erstrebenswerte Ziele. Es wäre günstig, wenn sie neben den Entwicklungen, die sowieso schon stattfinden, - wie Weltbank, Welthandel, Weltverkehrssystem und in Zukunft eine Weltwährung - einen Platz im Denken und Handeln der Völker bekommen würden. Die Vereinten Nationen sind schon ein Prototyp für zukünftige Entwicklungen. In ih-

---

[1] Adler, Alfred: Der Sinn des Lebens. 1933. S. 166
[2] www.bahai.de

rer Idealform vertreten sie die Belange der Weltgemeinschaft. Dass dieses Organ heute noch nicht funktioniert, liegt daran, dass die Vertreter der einzelnen Nationen nicht die Belange der Welt, sondern die Belange ihrer eigenen Nation im Auge haben.

5.8. Gemeinschaftsgefühl erfordert Mut

Gemeinschaftsgefühl will nicht zum bloßen Anpassen und Ja-sagen erziehen, es will auch erziehen zum Mut, nein zu sagen, wenn Entwicklungen in die falsche Richtung gehen. Auch auf die Gefahr hin, in einer Gruppe oder Gemeinschaft mal alleine dazustehen, kann man trotzdem lernen nein zu sagen, wenn man die Entwicklung nicht für richtig hält. Im Grunde geht es bei Gemeinschaftsgefühl um Sachlichkeit: Nicht die großen negativen Emotionen, womit man seiner Stimme Volumen gibt, seinen Argumenten Kraft verleiht und andere einschüchtert, spielen dabei eine Rolle, sondern Sachlichkeit, gesunder Menschenverstand, die Bereitschaft, beizutragen und die Argumente der anderen zu hören. Und es geht auch um Durchhalten. Es geht darum, angefangene Sachen zu Ende zu führen.
„Es besteht die berechtigte Erwartung, dass in viel späterer Zeit, wenn der Menschheit genug Zeit gelassen wird, die Kraft des Gemeinschaftsgefühls über alle äußeren Widerstände siegen wird. Dann wird der Mensch Gemeinschaftsgefühl äußern wie atmen. Bis dahin bleibt nun nichts anderes übrig, als diesen notwendigen Lauf der Dinge zu verstehen und zu lehren.“[1]
Das habe ich hier getan, und ich werde solange ich kann, über dieses Thema sprechen.

---

[1] Adler, Alfred: Der Sinn des Lebens. Fischer Taschenbuch Nr. 6179. S. 172

5.8.1. Und im Alter?

Wer sich für Zugehörigkeitsgefühl und Gemeinschaftsgefühl entschieden hat, wird immer ein Menschenfreund sein.

Im Alter wird zwar der Lebensbereich, der Wirkungskreis kleiner, aber das Interesse für andere und das Interesse für das was, in der Welt geschieht, wird man behalten, wenn man in jüngeren Jahren ein starkes Gemeinschaftsgefühl entwickelt hat. Religiöse Menschen werden sich – auch im Sinne des Gemeinschaftsgefühls – über dieses Leben hinaus mit verwandten Seelen in der geistigen Welt verbunden fühlen. Alt und einsam fühlt man sich, wenn man das Interesse für die Mitmenschen – hier und im weltweiten Maßstab – verliert und auf sich selbst zurückfällt.

Ein gutes Modell für Gemeinschaftsgefühl im Alter ist Professor Heinz Ansbacher, Vermont, USA. Er war ein Schüler und Freund Alfred Adlers und hat sein Werk systematisiert (siehe Literatur). Er wurde von seinen Studenten sehr geschätzt, weil er sich persönlich über das übliche Maß hinaus für jeden von ihnen interessierte und sie unterstützte. Mit 90 Jahren hielt er seinen letzten öffentlichen Vortrag. Er erzählte nebenbei, was er vorige Woche Neues über Sigmund Freud gelernt hätte. Professor Jack Huber, ein Schüler von ihm, sagte: „Er hat immer meine Post beantwortet bis er fast 100 war und nicht mehr konnte." Jetzt ist er über 100 und lebt zu Hause. Die Menschen lieben ihn, weil er sich immer aufrichtig für sie und ihre Kinder interessiert hat. Er hatte immer Zeit für sie. Er fühlt sich heute nach wie vor mit dem Weltgeschehen verbunden und fragt danach.[1]

---

[1] Das schrieb ich in der ersten Ausgabe dieses Buches 2006. Prof. Ansbacher starb im Alter von 102 Jahren.

5.9. Zusammenfassung

Gemeinschaftsgefühl ist zu sehen als das Bewusstsein des Einzelnen, zu der menschlichen Gemeinschaft - der Menschheit - zu gehören und die Bereitschaft, zum allgemeinen Wohl, jetzt und für die Zukunft, beizutragen. Es beinhaltet kognitive-, emotionale- und Verhaltenskomponenten. In dem Maße, wie das Gemeinschaftsgefühl zunimmt, nehmen Minderwertigkeitsgefühl und Entfremdung ab. Es ist dieses Konzept, das der Individualpsychologie ihren moralischen Inhalt gibt. Dadurch hat die Individualpsychologie eine besondere Stellung unter den Persönlichkeitstheorien.

5.10. Gemeinschaftsgefühl mal anders ausgedrückt

Lylian Smith, eine furchtlose Kämpferin für die Brüderlichkeit der Menschheit, hat sich **in poetischer Weise** ausgedrückt:

Diese ist die Sünde: Deine, meine, unsere:
Dass wir mehr Macht als Liebe haben
Mehr Wissen als Verständnis
Mehr Information über die Erde
als über die Menschen, die darauf leben.
Mehr Fähigkeiten nach weit entfernten Orten zu fliegen, als inne zu halten und in die verborgenen Stellen in unseren eigenen Herzen zu schauen.
Denn Freiheit ist ein schreckliches Wort, wenn es nicht Hand in Hand geht mit Verantwortung.
Und Demokratie könnte ein Gespenst auf Erden werden, es sei denn die Herzen der Menschen werden erwachsen.[1]

[1] The collected works of Lydia Sicher. Ft. Bragg, CA 95437. S. 82, 83. Übersetzung: Th. S.

Morrie Schwartz veranschaulicht das Gemeinschaftsgefühl in der folgenden **kleinen Geschichte**:
Da ist diese kleine Welle, eine männliche Welle, die im Ozean auf und ab hüpft und sich großartig amüsiert. Plötzlich merkt sie, dass sie auf die Küste zusteuert und dort zerschellen wird. Da ist sie in diesem großen weiten Ozean und sieht, dass Sie bald vernichtet werden wird. "Mein Gott" sagt sie, "was wird mit mir passieren?" und auf ihrem Gesicht zeigen sich Bitterkeit und Verzweiflung. Da kommt eine weibliche Welle daher. Sie hüpft auf und ab und amüsiert sich großartig. Die weibliche Welle fragt die männliche Welle: "Warum bist du deprimiert?" Die männliche Welle erwidert: "Du kapierst nicht. Du wirst an dieser Küste zerschellen, und dann wirst du nichts mehr sein." Darauf sagt die weibliche Welle: "Du kapierst nicht. Du bist keine Welle, du bist Teil des Ozeans."[1]

Stellen Sie sich vor, Sie würden sich folgenden Gedanken zu eigen machen:
„Ich bin ...(eigener Name). Ich gehöre zu dieser Erde, zu den Menschen und den Ereignissen dieser Zeit."
Es entsteht eine größere Perspektive. – Auswendig lernen?

[1] Schwartz, Morrie: Weißheit des Lebens. München 2001. S. 156

6. Die Informationskette

Meinungen bestimmen das Leben. Mehr als die Umstände oder die Fakten. Wenn wir glauben, dass etwas nicht so schlimm ist, dann ist es halt nicht so schlimm.

Es war einmal ein Hund in China. Auch Hunde haben durch Erfahrungen „Meinungen" gebildet. Dieser Hund meinte, alle Hunde seien gegen ihn. Deshalb geht er meistens einsam durch die Hundewelt. Wenn er mit anderen Hunden zusammen etwas unternimmt, fühlt er sich irgendwann schlecht behandelt und hat dann wieder einen Grund, seinen Weg alleine zu gehen. So steht er eines Tages vor dem Tempel der tausend Spiegel. Der letzte Besucher hat die Tür aufgelassen. Er schlüpft hinein und steht plötzlich vielen tausend Hunden gegenüber, die ihn alle misstrauisch und böse anschauen. Die Nackenhaare aller Hunde stehen hoch. Alle schauen ihn wütend an, fletschen ihre Zähne und bellen gefährlich. Schnell dreht er sich um und verlässt diesen gefährlichen Platz. Gerade als er um die Ecke verschwinden will, sieht er, wie eine kleine Pekinesin mit aufgerichtetem Kopf und Schwanz in den Tempel hineinhuscht, als wäre es für sie ein Treffpunkt alter Freundinnen. Er wartet ab bis auch sie wie ein geschlagener Hund herauskommen wird. Die Pekinesin hat aber eine ganz andere Meinung von sich und der Hundewelt. Sie meint, sie sei schön und von allen geliebt. So trifft sie auf viele strahlende, lächelnde, freundlich wedelnde Hunde, die ihr alle freudig zubellen. Nach einem kurzen Aufenthalt im Tempel, kommt sie gestärkt, mit strahlenden Augen und noch immer wedelnd aus dem Tempel heraus. Unser Freund, der dies beobachtet, fühlt sich bestätigt: „Das Leben ist ungerecht. Zu anderen Hunden ist man freundlich, aber mich verjagt man, wo ich nur auftauche."

So lebt jeder nach seiner eigenen Wahrheit aufgrund seiner Erfahrungen oder der Informationen, die er bekommen hat, und holt sich dafür immer wieder die Bestätigung.
Es gilt, folgende Informationskette zu beachten:

Information

↓

Kognitive Prozesse[1]

↓

Gefühle

↓

Verhalten

↓

Ergebnis / Folgen

Mit dieser Informationskette sind wir alle vertraut, auch wenn wir uns der einzelnen Stufen nicht immer bewusst sind. Wir wissen aber, dass man sich erst dann eine **Meinung** bilden kann, wenn man **Informationen** bekommen hat. Ob jemand nun sagt: „Ich bin der Meinung, dass es morgen regnen wird“ oder ob er sagt: „Ich bin der Meinung, dass in diesem oder jenem Land bald Frieden herrschen wird.“ In allen Fällen würde es uns interessieren, auf welchen Informationen diese Meinung beruht. Wenn Kinder erzogen werden mit der wiederholten Information: „Ich bin so wie ich bin in Ord-

---

[1] Dieses Fremdwort hat den Vorteil, dass es viele Begriffe in sich vereinigt, wie: Denken, Meinungsbildung, Einstellung, Haltung, Anschauung, Ahnung, Glauben, Erinnern. Wenn ich hier also bewusstes oder unbewusstes Denken meine, verwende ich als Grundbegriff das Wort Kognition.

nung und die anderen Kinder auch“, dann entwickelt es daraus eine gute Meinung über sich und andere Menschen und eine positive wohlwollende innere **Einstellung** oder **Haltung** anderen Menschen gegenüber.
So kennen wir nicht nur die wohlwollende, optimistische, akzeptierende Haltung, sondern auch die kritische, die arrogante, die überhebliche Haltung oder Einstellung. Dass **Gefühle** mit Meinungen zusammenhängen, ist uns nicht unbekannt. Wenn beispielsweise ein guter Freund, der verheiratet ist, uns offenbart, dass er eifersüchtig ist, fragen wir: „Meinst du dass sie dich betrügt?“ und setzen damit sofort das Gefühl in Bezug zu seiner **Meinung**. Sagt jemand: „Ich habe ein gutes Gefühl bei dieser Unternehmung“, fragen wir: „Warum?“ Wir wollen den Grund für sein Gefühl verstehen. Wir fragen nach seiner Meinung oder **Einstellung**.
Die Gefühle sind der Antrieb für unser **Verhalten**. Wir brauchen Gefühle der Angst, um aggressiv kämpfen oder flüchten zu können. Wir brauchen Gefühle des Glücks oder der Zufriedenheit, um andere Menschen strahlend willkommen zu heißen.
Wenn Menschen leiden, leiden sie weniger an ihrem Verhalten als an den **Ergebnissen** oder **Folgen** ihres Verhaltens. Wer Alkohol trinkt, leidet nicht im Moment des Trinkens, sondern an seinem Kater, oder an den Folgen im sozialen Umfeld. Wer spielt, leidet erst nachdem er mit den Folgen seines Verlustes konfrontiert wird, nicht im Moment der Spielbesessenheit. Im Verhalten kann eine große Befriedigung liegen. Wer leidet, ist eher bestrebt, die Folgen zu mildern, als sein Verhalten zu verändern.
Obige Informationskette macht uns Folgendes deutlich:
Will man die **Folgen** seines Verhaltens ändern, muss man sein **Verhalten** ändern. Will man sein Verhalten ändern, muss man seine **Gefühle** ändern. Will man seine Gefühle ändern, muss man seine **Einstellung** und seine **Meinungen**

ändern. Will man seine Meinung ändern, braucht man neue **Informationen**.
So wird es auch verständlich, warum gute Vorsätze, ein bestimmtes Verhalten ab jetzt zu ändern, oder ab morgen alles anders zu machen, nicht fruchten können. Aus demselben Grund soll man weder sich selbst, noch anderen Menschen, insbesondere nicht Kindern, ein Versprechen zur Verhaltensänderung abnehmen.
Der langersehnte Frieden in der Welt kann so gesehen nur entstehen, wenn die Menschen ihre Meinungen über sich, über andere Menschen und über das Leben ändern. Solange wir noch in Begriffen denken, womit wir Mauern bauen zwischen uns und anderen, wird es keinen Frieden geben. Mauern sind die Vorurteile, die wir uns durch unsere einseitigen oder beschränkten Informationsquellen gebildet haben. Für eine friedliche Zukunft brauchen wir neue Meinungen, neue Konzepte, die diese Vorurteile überwinden. Es geht dabei um die Gleichwertigkeit aller Menschen, um die Gleichwertigkeit aller Religionen, die Gleichwertigkeit aller Rassen und die Gleichwertigkeit der Nationen. Es geht auch um einen ermutigenden Umgang miteinander und eine Kindererziehung, die die Fehlerbezogenheit überwunden hat. Dann können Kinder aufwachsen mit einer guten Meinung über sich, über andere und über das Leben. Sie werden Gemeinschaftsgefühl leben.
Folgende Erinnerung einer älteren Dame führt uns die Bedeutung von Meinungen eindrücklich vor Augen:
Ich war etwa neun Jahre alt, als die Menschen, die bisher willkommene Kunden oder nette Nachbarn gewesen waren, zu Juden mit einem gelben Judenstern gemacht wurden. Synagogen wurden angezündet und Menschen wie Vieh transportiert. Nicht die Zeiten, hatten sich geändert, sondern die Meinungen in den Köpfen der Menschen; gut in Szene gesetzt von denen, die die Macht dazu hatten.

Verhalten kann man ändern, wenn man Meinungen, Einstellungen und dadurch Gefühle ändern kann.
Dieses Buch vermittelt Informationen, wodurch Sie sich Meinungen bilden können für eine schöpferische Einstellung sich und dem Leben gegenüber. Diese ermöglichen konstruktive Gefühle und konstruktive Verhaltensweisen

Patient: „Glauben Sie, dass ich mein Minderwertigkeitsgefühl überwinden kann?"
Psychiater: „Ach, wer bin ich schon, dass ich Ihnen das sagen könnte?"

7. Unsere Minderwertigkeitsgefühle

Grundgedanken

Das Kapitel heißt „unsere" Minderwertigkeitsgefühle, weil wir alle Minderwertigkeitsgefühle haben. Nicht immer. Mal mehr, mal weniger, mal durchgehend, mal hauptsächlich in einigen Situationen. Es ist für alle ein unangenehmes Erlebnis der Unzulänglichkeit oder der Unterlegenheit. Wie alle anderen Gefühle auch, kann es nur entstehen nach vorherigen kognitiven Prozessen oder anders gesagt, erst kommt das Denken, dann das Fühlen. Das Minderwertigkeitsgefühl entsteht durch unsere eigene Bewertung. Das Gefühl ist uns schon längst bewusst, bevor wir uns vergegenwärtigen, wenn überhaupt, was wir auf der gedanklichen oder kognitiven Ebene mit uns selbst gemacht haben.

Der Mensch ist ein soziales und ein wertendes Wesen. Das Minderwertigkeitsgefühl sagt, dass wir uns durch unsere Art der Selbstbewertung in eine Minusposition gebracht haben.

7.1. Die Selbstbewertung

Hinter dem unangenehmen Gefühl der Minderwertigkeit steht das Urteil „ich bin... ."
Ich bin:
nicht schnell genug
nicht stark genug

nicht intelligent genug
nicht fähig genug
nicht geschickt genug
nicht männlich genug
nicht schön genug
nicht weiblich genug
nicht erfolgreich genug
nicht genug vorbereitet
nicht gut genug usw.

Wir beobachten, werten und sagen uns selbst „Ich bin nicht gut genug." Wir meinen: „Nicht gut genug nach meiner eigenen Einschätzung im Vergleich zu anderen" oder „nicht gut genug im Vergleich zu meinen eigenen Wertmaßstäben." Der „Ich-bin-nicht-gut-genug Vergleich" trennt uns von den anderen Menschen; er nimmt uns das Gefühl der Zugehörigkeit und der Gleichwertigkeit. Er mindert das Gemeinschaftsgefühl. Er entmutigt.

Folgende Geschichte macht das deutlich:

Ich werde gebeten, in einem Ausschuss, der wichtige Entscheidungen im Bereich des Naturschutzes zu treffen hat, mitzuarbeiten. Durch eine Veröffentlichung von mir, wurde man auf meinen Namen aufmerksam, obwohl ich nur am Rande mit dem zu besprechenden Thema zu tun habe. Ich fühle mich durch die Einladung geehrt, bin bereit, mitzuarbeiten, und gehe zur ersten Ausschusssitzung. Schon nach den ersten 10 Minuten ist mir klar: „Ich sitze im falschen Film." Ich versuche das Beste aus der Situation zu machen, indem ich meinen Beitrag leiste, habe aber durch den Vergleich, den ich anstelle, im Sinne von „die sind viel breiter orientiert, intelligenter, besser geeignet als ich" schon längst mein Zugehörigkeitsgefühl verloren. Alte Gefühle aus meiner Grundschulzeit kommen hoch. Ich fühle mich dumm und werde zum Beobachter. Meine körperliche Spannung nimmt zu und ich bin froh, als die Sitzung zu Ende geht.

In der folgenden Nacht mache ich mir klar, dass ich für diese Aufgabe nicht geeignet bin, melde mich ab und schlage einen Kollegen vor, der nach meiner Einschätzung besser für diese Aufgabe geeignet ist.

Das Minderwertigkeitsgefühl sagt uns: Ich bin unten. Dieser Glaube, trennt uns von anderen Menschen; genauso wie der Glaube: „Ich bin mehr wert als andere“ uns von anderen und der Realität entfernt.

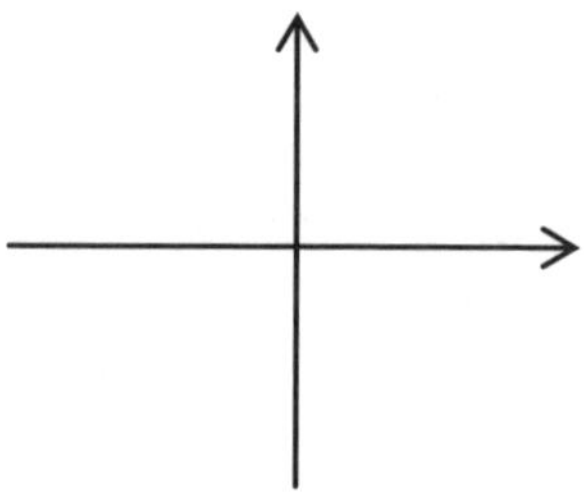

Oben und unten sind Begriffe, die von einer Mittellinie ausgehen. Dort auf dieser Horizontalen befinden sich die anderen Menschen, von denen ich mich durch meine eigene Bewertung entferne. Zugehörigkeitsgefühl und Zusammenarbeit sind nur auf der horizontalen Ebene der Gleichwertigkeit möglich. Minderwertigkeitsgefühle sind subjektiv und sagen nichts über unsere Wirklichkeit aus. Andere Menschen, die so gut sind wie Sie, sind damit voll zufrieden. Sie aber bewerten und fühlen sich minderwertig, auch dann noch, wenn andere Sie als erfolgreich betrachten würden.

7.2. Test zur Einschätzung des Minderwertigkeitsgefühls

Untersuchen Sie mal die hiervor beschriebene Thematik mit folgendem Hilfsmittel. Hier sind drei vertikale Linien[1]

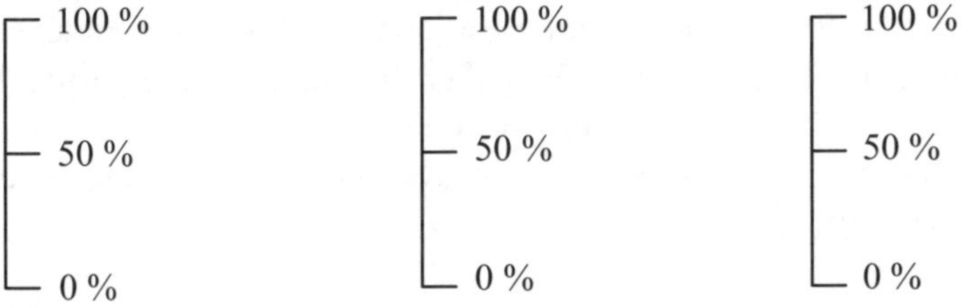

So bin ich im Vergleich zu anderen — So wäre ich gerne — So sehen mich die anderen

a. Tragen Sie auf der ersten Linie mit einer Prozentzahl ein, wie erfolgreich Sie sich in Ihrem Leben finden im Vergleich zu anderen Menschen so wie Sie; Menschen in ähnlichem Alter mit ähnlichen Aufgaben und Möglichkeiten.
b. Tragen Sie dann auf der zweiten Linie mit einer Zahl ein, wie erfolgreich Sie gerne sein möchten.
c. Tragen Sie auf der dritten Linie mit einer Zahl ein, wie Sie glauben, dass andere Leute in dieser Hinsicht über Sie denken.

Der Unterschied zwischen der ersten und der zweiten Linie sagt etwas aus über Ihr Minderwertigkeitsgefühl. Jetzt können Sie einige Überlegungen anstellen. Sagt z.B. die erste Linie 60 und die zweite Linie 90, dann können Sie sich fragen, ob Sie reale Möglichkeiten haben, besser zu werden um sich auf der ersten Linie der 90 anzunähern; oder ob Sie viel-

---

[1] Manaster G.J. / Corsini R.J.: Individual Psychology. F.E. Peacock 1982.

leicht Ihre Erwartungen (siehe Linie zwei), die ja die Quelle Ihrer Unzufriedenheit sind, herunterschrauben wollen. Sie können schließlich Ihr Bestes geben und sich dann entspannen und akzeptieren, dass die Dinge sind wie sie sind. Es genügt, wenn Sie Ihr Bestes geben, denn mehr können Sie sowieso nicht tun.
Auf der dritten Linie haben Sie ausgedrückt, wie andere Sie sehen. Es kann ja sein, dass das die realistischere Einschätzung ist. Darüber können Sie meditieren und vielleicht Ihre Selbsteinschätzung ändern. So können Sie auch den inneren Druck verringern.

So ist klar geworden, dass wir unsere Minderwertigkeitsgefühle nicht nur durch den Vergleich mit anderen erzeugen, sondern auch durch den Vergleich mit unseren Idealvorstellungen. Manch einer hat Idealvorstellungen die übermenschlich sind. Deshalb kommt er nicht zur Ruhe, steht unter dem Druck, immer noch besser sein zu müssen. Besser als er selbst. Besser als er je sein kann. So leidet er an der Diagnose: chronisch menschlich unvollkommen.

Wählen Sie eine Situation, in der Sie sich des öfteren minderwertig fühlen und bringen Sie diese auf den drei Linien unter. Was lernen Sie daraus?

7.3. Der Ursprung der Minderwertigkeitsgefühle

Wie ist es nun dazu gekommen? Wie entstehen Minderwertigkeitsgefühle?
Als wir noch kleine Kinder waren, müssen uns die Erwachsenen wohl als allmächtige, allwissende Riesen vorgekommen sein. Sie konnten alles und sie wussten alles. Die wenigsten von uns wurden mit Ermutigung erzogen, die wenigsten von uns haben in ihrer Kindheit die Sicherheit gewonnen, dass sie so wie sie sind, wertvoll, wichtig und lie-

benswert sind. Die meisten lernten zu glauben, dass sie nur unter bestimmten Bedingungen, die etwas mit Leistung und Wissen zu tun hatten, gut genug waren. Unsere Erziehung war auf Fehler bezogen. So waren wir uns bald unserer Fehler, Unfähigkeiten, Unwissenheit peinlich bewusst. Wir lernten, uns mit anderen zu vergleichen und beim Gut-Abschneiden uns gut oder besser zu fühlen und beim Schlecht-Abschneiden uns minderwertig, unfähig, inkompetent und klein vorzukommen. Mit diesen Minderwertigkeitsgefühlen wurden wir nicht geboren, sie wurden uns anerzogen. Da der Mensch als Erwachsener so mit sich umgeht wie die Eltern mit ihm umgegangen sind, halten wir selbst – durch den wertenden Vergleich mit anderen – unsere Minderwertigkeitsgefühle aufrecht und vertiefen sie. Es waren die Äußerungen unserer Erzieher im breitesten Sinne, die uns moralisch und in unserem Können herabsetzten. Es waren die Erfahrungen, abgelehnt zu werden, wenn wir nicht gut genug waren, die uns lernten gute Leistungen und gutes Wissen mit unserem Wert zu verbinden. Es war die Vernachlässigung, die wir vielleicht erlebten und die uns das Gefühl gab, so wie wir sind, nichts wert zu sein. Es war auch die Verwöhnung, die uns von gut meinenden fürsorglichen Eltern zuteil wurde, die uns nicht die Möglichkeit gab, unsere Stärken auszuprobieren, auch mal auf die Nase zu fallen und wieder aufzustehen, und uns auch mal selbst anzustrengen. Das alles wirkt entmutigend auf Kinder. Das Schlimmste, was einem Kind passieren kann, - meint Alfred Adler - ist, dass es verwöhnt wird.

Aber auch im erwachsenen Alter kann alles, was die Entfaltung hemmt, alles was entmutigend wirkt, zur Entwicklung oder zur Verstärkung von Minderwertigkeitsgefühlen führen. Wer sich als Person, als Mann oder Frau in seiner Art nicht akzeptiert fühlt, der kann sich auf Dauer nicht gleichwertig fühlen. Abrundend kann man sagen, dass alle Erfahrungen, die uns glauben lassen, minder, weniger, schlechter als andere zu sein, zur Entwicklung von Minderwertigkeitsgefühlen führen.

Mobbing am Arbeitsplatz ist ein gutes Beispiel dafür, wie Minderwertigkeitsgefühle entstehen können. Wer ständig kritisiert wird, nicht gebraucht wird, mit anderen verglichen wird und dabei negativ abschneidet, übersehen wird, Überlegenheit anderer erfahren muss, wer nicht einbezogen wird, wer in Anwesenheit anderer oder hinter seinem Rücken schlecht gemacht wird, der wird sich, wie stabil seine psychische Natur auch ist, auf Dauer minderwertig vorkommen. In der Partnerschaft und im Verhältnis der Staaten und Völker zueinander ist das nicht anders. Es geht uns der Mut verloren und wir lernen: „Ich bin so wie ich bin, nicht gut genug", bzw. „ich bin nur gut genug unter der Bedingung, dass..." Im weiteren Umgang mit uns selbst setzen wir dann normalerweise das fort, was andere mit uns gemacht haben. Wir vergleichen uns mit anderen, wir sind mit uns unzufrieden und kritisieren uns selbst, wir meinen, wir müssen besser sein als wir sind und hätten nur einen Grund zufrieden zu sein, wenn wir „ausgezeichnet" sind.

7.4. Das Gute an den Minderwertigkeitsgefühlen

Minderwertigkeitsgefühle haben auch etwas Gutes. Man kann sie als normal betrachten, denn sie gehören zu der menschlichen Natur. Adler sagt: „Menschsein heißt Minderwertigkeitsgefühle haben." Der Mensch ist das am mangelhaftesten ausgestattete Säugetier in der Schöpfung. Menschen haben keine natürlichen Schutz- und Verteidigungsmittel, die mit den anderen Säugetieren zu vergleichen wären. Sie können nicht besonders schnell laufen, sie können nicht fliegen, sie haben keinen Panzer, der sie schützt, sie haben keine Krallen und ihr Gebiss ist nicht geeignet, den lebenden Gegner in Stücke zu reißen. So blieb den Menschen

als Schutz keine andere Möglichkeit als der Zusammenschluss mit anderen. Zusammen sind wir stark. Der Zusammenschluss der Familien zu Sippen, zu einem Volk, das Bauen von Dörfern hinter einem Schutzwall, all das muss gesehen werden als ein Produkt der Minderwertigkeitsgefühle. So entstanden neue soziale Organisationen, bestehend aus immer mehr Einzelpersonen. Die Menschen entdeckten die Notwendigkeit von sozialen Spielregeln, die begründet waren in Ehre und Vertrauenswürdigkeit und in „was du nicht willst, das man dir tu', das füg' auch keinem andern zu."
Die Entwicklung von Kultur, Zivilisation, Technik und Wissenschaft sind das Ergebnis des mächtigen Antriebes des Minderwertigkeitsgefühls. Dieses Minderwertigkeitsgefühl nennen wir das biologische Minderwertigkeitsgefühl, das im Grunde gut ist, weil es Menschen zusammen gebracht und den Fortschritt des Menschen bestimmt hat.
Aber auch das soziale Minderwertigkeitsgefühl, das aus dem wertenden Vergleich mit anderen entsteht und uns Menschen eher auseinander bringt, kann zu Gutem führen. Es kann der Antrieb sein für Bemühungen, besser zu werden. Bei Kindern kann man beobachten, dass es sie antreibt, auch laufen lernen zu wollen, sprechen zu lernen, die Gewohnheiten der Erwachsenen zu üben. Menschen können nicht leben mit dem Gefühl unten zu sein, minderwertig zu sein. Deswegen werden Menschen, die sich in einer bestimmten Situation in Bezug auf die Aufgabe minderwertig oder unzulänglich fühlen, mehr lernen, mehr üben. Sie packen ihre Sache an, werden besser und verlieren ihr Minderwertigkeitsgefühl bis zur nächsten neuen Aufgabe.

✎ Haben Sie diese Erfahrung nicht auch schon gemacht? In welchen Situationen hatten Sie den Wunsch, besser zu werden und haben durch eigene Anstrengungen Ihre Minderwertigkeitsgefühle überwunden?

Neben den sozialen Minderwertigkeitsgefühlen gibt es aber auch wirkliche Minderwertigkeiten, wie angeborene oder erworbene Defizite. Der Wunsch, trotzdem „normal“ zu leben, kann zu bewundernswerten Leistungen führen. Ein Kind, das mit Kinderlähmung geboren wurde, kann ein Meister in Eiskunstlauf werden. Demosthenes, der offensichtlich gestottert haben soll, wurde ein berühmter Redner. Beethoven und Smetana haben bemerkenswert schöne Symphonien geschrieben, in der Zeit als sie in der Natur die Vögel schon nicht mehr singen hören konnten.

Es ist gut, dass wir uns anstrengen, besser zu werden und uns dann auch besser fühlen. Es ist aber nicht gut, unseren persönlichen Wert von dem Vergleich mit anderen abhängig zu machen. Wenn Sie nur mit sich zufrieden sind, wenn Sie hervorragend sind, werden Sie sich selten gut fühlen können. Der Hebel, der die Grundlage für Ihre persönliche Entwicklung sichert, lautet: Ich bin ich und so wie ich bin, bin ich gut genug.

7.5. Wie man leidet

Wer will schon als minderwertig dastehen? Wer will schon zugeben, dass er sich minderwertig fühlt? Das Gefühl der Minderwertigkeit nimmt uns das Gefühl der Zugehörigkeit und führt uns zu einem Gefühl des Isoliertseins und der Angst. „Angst ist eine der konkretesten Formen des Minderwertigkeitsgefühls.“[1] Es ist ein unangenehmes Gefühl, nicht so zu können, wie man möchte, nicht so zu sein, wie man sollte. Als Mutter nicht gut genug zu sein, als Ehemann nicht so zu sein, wie man sollte, als Schüler die Anforderungen des Lehrers oder des Schulsystems nicht erfüllen zu können, als Mitarbeiter nicht gut genug zu sein. Die Diskrepanz zwi-

[1] Adler, Alfred: Zwangsneurose. Int. z. Indiv.psychol. 9, 1931. S. 1-15

schen können und sollen führt zu Druck, zu Unruhe und Angst vor den Folgen. Angst vor Gesichtsverlust; Angst, ausgelacht zu werden; Angst, vor Versagen im Angesicht der eigenen Forderungen; Angst in der Konkurrenz zu verlieren und dann als der Unterlegene, der Verlierer dazustehen, gedemütigt zu werden oder abgelehnt zu werden. Man leidet an dieser Lebensangst, an der Angst vor dem Untergang. Es ist die Furcht vor der eigenen Ohnmacht im Angesicht der Macht des anderen, oder der eigenen Idealvorstellungen. So fühlt man sich unten. Aber wer will sich schon unten fühlen? Kein Mensch, kein Volk, keine Nation.

7.6. Die Bewegung von unten nach oben

Angetrieben durch das Minderwertigkeitsgefühl, bewegen wir uns also von unten nach oben. Manchmal in einer nützlichen und positiven Art, so dass das, was dabei herauskommt auch nützlich für andere ist. Sehr oft suchen wir Überlegenheit über andere.

Sicher ist: wer sich minderwertig fühlt, unterschätzt im allgemeinen die eigenen Fähigkeiten und überschätzt die Fähigkeiten und Möglichkeiten der anderen. Auch erkennen wir nicht die Minderwertigkeitsgefühle und Unsicherheiten unserer Mitmenschen. Wir nehmen sie wahr hinter ihrer Pose, ihrer Maske der gelernten Rolle der Sicherheit. Und wenn wir auf uns selbst schauen, schauen wir nicht auf den Eindruck, den wir nach außen machen, sondern wir schauen auf unsere Unsicherheit. Manche kommen da nicht vom Fleck. Sie zögern, sie können sich nicht entscheiden, haben keine klaren Ziele. Sie leben mit Schuldgefühlen und fühlen sich als Verlierer.

In dieser unterlegenen Position kann man aber nicht bleiben. So dauert es nicht lange, dann entstehen entweder konstruktive Anstrengungen um besser zu werden oder man zeigt sich beleidigt, macht dem anderen Vorwürfe, klagt den anderen an, ist aggressiv. Bei manchen schlägt das Minderwertigkeitsgefühl um in Hass und Neid. Wutanfälle und die Abwertung der anderen sind nie ein Ausdruck von Selbstwertgefühl. Ein Beispiel aus der Geschichte:

Es gab um 1890 herum, genauer von 1870-1939 einen hochbegabten holländischen Komponisten mit Namen Cornelis Dopper. Er war sehr produktiv, schrieb für alle Instrumente und wurde durch eine Arbeit für Orchester mit Namen Ciaconna Gotica bekannt. Er wurde geschätzt und gelobt von den großen Kollegen seiner Zeit wie Gustav Mahler, Camille Saint-Seans und Jean Sibelius. Eine seiner wichtigsten Förderer war Willem Mengelberg, der damals einer der besten Orchester der Welt, das Concertgebouworkest Amsterdam leitete. Einer der damals berühmten Kritiker wollte selbst Komponist werden und wandte sich an Mengelberg für Unterricht; dieser sagt ihm, er solle erst Nachhilfeunterricht bei Cornelius Dopper holen. Er fühlte sich dadurch so minderwertig, dass er seinen Einfluss einsetzte, um die Arbeiten von Dopper abzuwerten. Bei einer Première eines neuen Werkes von Dopper rief der Kritiker, bevor der Applaus einsetzen konnte, von dem Balkon herunter: „Langweilig.“ Die bislang positive Bewertung seiner Werke ließ danach stark nach. Dieser Prozess hat Dopper derart entmutigt, dass er nie mehr so gut komponierte wie vorher. Auch in der Literatur der Musikgeschichte findet er kaum Beachtung.

Menschen brauchen ein klares Lebenskonzept, das unabhängig von dem eigenen Lebensstil eine konstruktive Richtung für das Leben generell und für den Umgang mit Menschen insbesondere vorgibt. Es könnte das Konzept des Gemeinschaftsgefühls sein. Wenn das fehlt, scheint das Leben bedingt zu werden, durch das Auf und Ab von Unterlegenheit und Überlegenheit, von Minderwertigkeitsgefühlen und Machtstreben. Das scheint unserer biologischen Veranlagung zu entsprechen. „Wenn ich nicht untergehen will, muss ich gewinnen.“ Der Weg der konstruktiven Beratung, der Zusammenarbeit, des Akzeptierens, des Verzeihens, des Verstehenwollens, des Tolerierens scheinen dann keine Rolle zu spielen. Es mag einem Außenstehenden übertrieben vorkommen, aber Individualpsychologen belegen, dass sowohl das Störverhalten der Kinder als der Kampf der Nationen mit dem Thema der Minderwertigkeitsgefühle zu tun hat. Hier ist ein einfaches Beispiel aus dem täglichen Leben:

Ute ist Mitte 30. Sie wurde als Einzelkind mit Lob für Leistung und gute Noten erzogen. Sie sagt:

Meine Mutter hat mich erzogen, denn mein Vater war selten zu Hause. Für meine Mutter war ich nur gut genug, wenn ich besser war, sonst wurde ich abgelehnt. So stehe ich auch jetzt an meinem Arbeitsplatz. Ich glaube, ich bin eine gute Lehrerin. Seit einiger Zeit habe ich eine Kollegin, die mich ständig kritisiert und meine Ideen in Frage stellt.

Die grundsätzlichen Minderwertigkeitsgefühle aus Utes Kindheit sind neben einer so kritischen Kollegin sofort wieder da. Sie ist empfindlich und sehr verletzlich. Sie verteidigt und behauptet sich zwar und lässt sich nicht runterkriegen, aber trotzdem fühlt sie sich minderwertig. Es wurmt sie. Sie schimpft innerlich mit der Kollegin und sucht Fehler bei ihr. So fühlt sie sich dann wieder besser. Wir sehen, erst fühlt sie sich unten, jetzt macht sie in sich selbst die Kollegin runter und dann fühlt sie sich wieder oben.

Sabrina erzählt:

Nach einem langen Arbeitstag sitze ich am Abend zu Hause mit meinem Mann bei Tisch. Ich fühle mich schlecht durch die Geschehnisse des Tages. Ich schaue meinen Mann an und denke: “Ob der mich noch liebt?“ Ich erkenne in seinem Gesicht Unfreundlichkeit. Und auf Grund dieser getrübten Wahrnehmung denke ich: „Dem gehe ich lieber aus dem Wege.“ Ich verhalte mich mürrisch und lehne ihn innerlich ab. So fühle ich mich wieder oben. Er fragt: „Was hast du denn heute?" Wir sprechen aber nicht.

Ein weiteres Beispiel aus der Lebensaufgabe Liebe:

Sie fühlt sich in ihrer Ehe von ihm nicht beachtet, nicht respektiert. Er hat nur Arbeit im Kopf. Sie fühlt sich, weil abgelehnt, unten und lehnt seine Art der sexuellen Annäherung ab. Dadurch fühlt er sich abgelehnt und schlecht. Sie fühlt sich wieder oben. Bei der nächsten Gelegenheit beleidigt er sie in Anwesenheit anderer und fühlt sich wieder oben. Sie ist wieder unten.

7.6.1. Der „Wippeneffekt"

Es ist wie auf einer Wippe. Ist der eine unten, dauert es nicht lange, bis er etwas macht, wodurch die Rollen vertauscht sind. Auch das Werten und Schimpfen auf andere, auf die blöden Politiker, auf die Nachbarn, die Männer oder die Ärzte, die Moslems, die Kapitalisten, es ist immer dasselbe Thema. Wer sich unten fühlt, „muss" andere von dem vermeintlichen Sockel herunter holen. Was das für Krieg und Frieden bedeutet, kann man leicht verstehen. Kein Land, kein Volk kann es auf Dauer ertragen, abgewertet, ausgegrenzt zu werden oder sich minderwertig oder ohnmächtig im Angesicht der Macht des anderen zu fühlen und sich dessen Vorschriften zu beugen. Erniedrigt man einen Staat, versucht man, ihm seine Entscheidungsfreiheit zu nehmen, stigmatisiert man ihn als „Schurkenstaat" fühlen sich die Bürger dieses Landes ungerecht behandelt, rücken zusammen und haben jetzt einen gemeinsamen Gegner. Man kann darauf warten, bis der Gegenschlag kommt. Je mehr das Selbstbewusstsein von Nationen und Völkern beschädigt wurde, desto anfälliger sind sie für die negative Dynamik als Folge des Minderwertigkeitsgefühls.

Man kennt diesen Oben-unten-Mechanismus am Arbeitsplatz aber auch im Kampf von ethnischen Gruppen in der Geschichte der Deutschen, der Juden und überall, wo man genauer hinschauen will. Als die Deutschen unten waren, nach dem ersten Weltkrieg und nach dem ungerechten Vertrag von Versailles, waren sie anfällig dafür, einem großen Führer zu folgen, der ein großes Deutsches Reich versprach. Sie waren wieder oben. 1945 kam der Rückschlag, mit dem Gefühl der Ohnmacht und einem lang dauernden Gefühl der Minderwertigkeit, des nicht Gemocht-werdens, das sich u. a. noch nach Jahrzehnten ausdrückt im vorsichtigen Umgang mit Nationalstolz. Wir können beobachten, wie viel freier und selbstverständlicher andere Länder mit ihrer Nationalität, ihrer Nationalhymne und ihrer nationalen Flagge umgehen.

Die Juden wurden verfolgt, verletzt, gedemütigt, nicht akzeptiert, zu Minderwertigen gemacht, Jahrhunderte lang. Als Volk waren sie unten. Sie kennen das Gefühl der Ohnmacht, aber auch den Allmachtswahn. Sie eroberten „ihr eigenes Heiliges Land“, gründeten einen eigenen Staat, machten eine Wüste grün, gewannen einen Krieg in nur sechs Tagen. Das sind Höhenflüge für das verletzte Selbstwertgefühl, für das Minderwertigkeitsgefühl.

Es lässt einen glauben, besser, intelligenter, klüger als andere zu sein und alles alleine machen zu können. Ariel Scharon sagte nach dem Terroranschlag auf die Twin Towers in New York: “Wir können uns nur auf uns verlassen.” Er sieht die Welt als Feindesland. So löst jede Erfahrung der Verletzbarkeit, die das Gefühl des Untenseins vermittelt, Gewalt aus, um wieder das Gefühl der Macht zu erleben. In den USA, der einzigen „unverletzbaren“ Weltmacht, wissen nach den Demütigungen vom 11. September 2001 alle, was es heißt, oben, und was es heißt, unten zu sein. Auch die amerikanische Administration kennt offensichtlich noch keinen anderen Weg als aus dem Gefühl der Ohnmacht in Kampfhandlungen aufzusteigen, die wieder das Gefühl der Allmacht geben müssen.

Vertikale vs. horizontale Ebene[1]

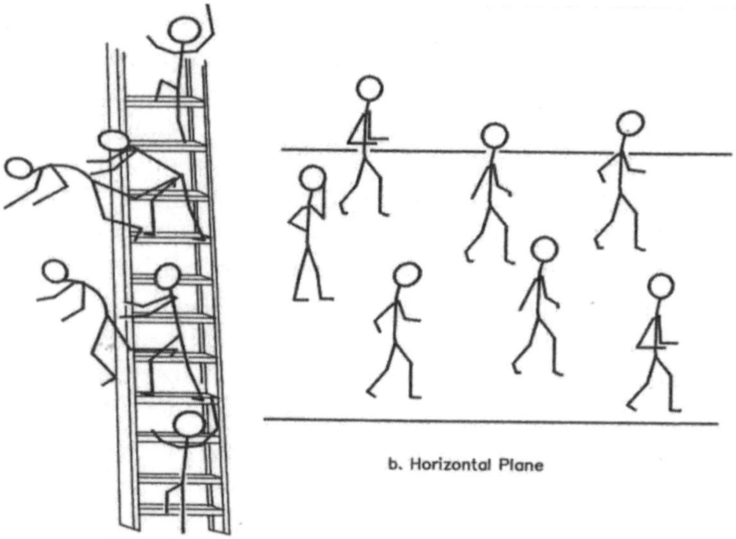

Die Wirkung dieser Dynamik von unten nach oben, ist überall erkennbar. Insbesondere in uns selbst, aber am besten in den anderen um uns herum. Was wir sehen in dem Bedürfnis, oben, besser, überlegen zu sein, variiert in seiner Wirkung von Lachen bis zur tiefen Traurigkeit.

✎ Haben Sie Geschwister, mit denen Sie diesen Wippeneffekt erlebt haben oder noch erleben? Fühlt sich einer von beiden als Gewinner?

Das Gefühl der Minderwertigkeit treibt auch die bedenklichen Blüten der üblen Nachrede und der Verleumdung. Es kann ein „gutes" Gefühl der Überlegenheit entstehen, wenn wir in der Abwesenheit anderer Menschen über deren Fehler und Schwächen reden. Wir sind gut. Der andere hat Makel.

[1] The collected works of Lydia Sicher. Ft. Bragg, CA 95437. S. 124

Es ist ein weit verbreitetes „salonfähiges" Übel. Wir alle machen die Erfahrung, dass nur das Dabeisein unsere Beziehung zu der abwesenden Person verändert, ob wir das wollen oder nicht. Bei der nächsten Begegnung stehen wir unter dem Einfluss der empfangenen üblen Informationen. Es ist für jeden, der über dieses Thema nachdenkt, einsichtig, dass üble Nachrede ein Gift ist, für jeden, der bemüht ist, bessere Verhältnisse zu schaffen.

✎ *Sie könnten sich eine Woche lang für dieses Thema sensibilisieren. Halten Sie den Mund, wenn Sie über Fehler und Schwächen anderer sprechen wollen und ziehen Sie sich, so elegant, wie es einigermaßen geht, aus solchen Gesprächen heraus.*

Ein noch stärkeres Gift ist die Verleumdung. Sie ist ein strafbares Vergehen. Unwahrheiten werden in die Welt gesetzt. Diese können Menschen nicht nur beruflich ruinieren, sie können sie auch in eine tiefe Krise der Entmutigung stürzen. Wer jemals selbst Opfer von Verleumdung wurde, weiß, wovon ich rede. Der Schaden ist kaum noch zu reparieren. Nur wenige können aus eigener Kraft die Gefühle der Minderwertigkeit, die die Folge der Verleumdung sein können, überwinden.

7.7. Wie wir uns aufwerten und andere abwerten

Begebenheiten und Geschichten aus dem Leben:

Junge, 6 Jahre sagt zum Spielkameraden: Mein Vater kann weiter spucken als deiner.

Ein Mann begegnet seinem Kollegen: „Wie geht's, Herr Bruno?" (Mit einem feinen Lächeln) „Nicht so gut, gell? Sie sehen so blass aus."

In der Psychiatrie: Der neue Patient kommt herein und spricht: „Ich bin Christus." Einige knien und küssen den Saum seines Gewandes. Ein anderer mit langem weißen Bart steht auf, legt ihm seine Hand auf die Schulter und spricht: „Setz dich mein Sohn."

☙

Zwei Jungens, der Erstgeborene und der Zweitgeborene stehen unter der Dusche. Der zweite sagt: „Ich bin schon einen halben Zentimeter größer als du." Der andere: „Aber ich bin immer der Erste."

☙

Wer ist der schlechteste Schüler in unserer Klasse? Wer ist der Beste?

☙

Eine bizarre Form dieses Strebens nach oben, wenn man so tief unten ist, dass es keinen Trost mehr gibt, kommt in folgenden Worten des schwedischen Schriftstellers Dagerman zum Ausdruck, der kurz nach dem Krieg Deutschland bereiste: „In deutschen Städten kommt es häufig vor, dass der Fremde von Leuten um die Bestätigung gebeten wird, gerade ihre Stadt sei die allerverbrannteste, aller zerschlagenste und zusammengebrochenste von ganz Deutschland. Die Leute sind verstimmt, wenn man ihnen sagt, man hätte anderswo Schlimmeres gesehen."[1]

☙

Der Wert von Selbstmordattentäter wird berechnet nach der Anzahl der Menschen, die sie mit sich in den Tod reißen.

☙

Es wurde beobachtet, wie die Geschichten, welche Pensionäre über ihren früheren Arbeitsplatz erzählen, im Laufe der Jahre immer bedeutsamer werden. Man könnte glauben, sie

---

[1] Enzensberger H.M.: Europa in Ruinen 1944-1948. Frankfurt a.M. 1990

seien – ausgestattet mit großem Einfluss und Privilegien – ganz oben angestellt gewesen.

ᘓ

Ich habe in meiner Kindheit in Holland noch erlebt, wie deutsche Soldaten in unsere Wohnung zwangseinquartiert wurden. Sie blieben nur einige Tage, dann kamen die Nächsten. Wir wussten vorher schon: Wenn die Nächsten kommen, werden sie erzählen, wie großartig sie in der Heimat leben und welchen Einfluss sie dort haben. Mein Vater sagte einmal: „Ich glaube, die deutschen Soldaten haben ihre ganze Bedeutung zu Hause gelassen."
Es sind ja auch schwierige Ausnahmesituationen, wenn man ein Soldatenleben lebt, wo man einer unter vielen ist. Das gilt auch für Kriegsgefangene und Flüchtlinge. Man kommt dann durch die Minderwertigkeitsgefühle, welche aus der Bedeutungslosigkeit resultieren, leicht dazu, mit Worten zu prahlen wie: „Ich bin hier zwar nichts Besonderes, aber dort war ich ein ganz großes Tier. Die feinste Gesellschaft war in meinem Hause zu Gast."[1]

ᘓ

Zum Thema Auf- und Abwerten, eine Geschichte zum Schmunzeln. Sie handelt von Alfred Adler und erschien in verschiedenen amerikanischen Zeitschriften mit der Überschrift:

Der kleine Mann und der kleine Junge[2]

Jeden Samstagmorgen wurde eine Patientenvorstellung zu Unterrichtszwecken abgehalten. Um 10.00 Uhr war der dunkle und abschreckend kühl wirkende Hörsaal voll von Ärzten. Sie plauderten und blätterten in ihren Notizbüchern herum. Eine Assistentin trat nach vorn und verkündete: „Meine Herren, Dr. Adler!" Es wurde still.

---

[1] Aus einem Lied von Hermann Loepoldi
[2] Bishop, Jim: Individual Psychology News Letter. Vol. 23, Nr. 6-1974. S. 102-103

Ein dicker kleiner Mann wurde vorn sichtbar. Er hatte keinen Hals. Er sah aus wie ein kleines Ei, das oben auf einem größeren draufsaß. Sein Name war Dr. Alfred Adler, Arzt und Psychologe.
Hier in Wien, wo die ernsthaften Studien über die Seele ihren Ursprung hatten, behandelte Adler Patienten mit verhältnismäßig geringfügigen Störungen zur Belehrung und Erbauung von deutschen Ärzten.
Der erste Fall war der einzige interessante dieses Tages:
Es war ein blonder Junge. Er machte einen übellaunigen verdrossenen Eindruck. Die kleinen Fäuste ballten und lösten sich im Wechsel, wobei er seine Hände an der Hosennaht hielt.
Die Assistentin reichte Dr. Adler die Krankengeschichte. „Ah“, sagte der Doktor, während er in der Krankengeschichte las. „Er wirft Radiergummis nach seinen Lehrern. Zwar schickt ihn der Schuldirektor immer wieder deswegen nach Haus, aber er wirft immer weiter.“ Er sah zu dem Jungen herunter. „Du tust dies, wenn der Lehrer dir den Rücken zukehrt?“ Der Junge sah zu Boden. „Würdest du wohl bitte antworten?“ sagte der Doktor sanft. Keine Antwort. „Hast du Angst vor mir?“ fragte Adler. Der Junge sah plötzlich auf. Das Wort Angst war eine Herausforderung für ihn. „Wie alt bist du?“ fragte der Doktor. Der Junge machte mit seinem Fuß eine Kreisbewegung auf den Boden. „Zehn“ sagte er. „Zehn?“ sagte der Doktor und ging dabei ein Stückchen rückwärts. „Du bist klein für 10 Jahre, nicht wahr?“ Die kleinen blauen Augen hefteten auf dem Doktor mit einem giftigen Blick. „Sieh mich an“, sagte der Doktor. „Ich bin klein für meine 40 Jahre. Wir, die wir klein sind, müssen beweisen, dass wir groß sind. Wir werfen Radiergummis auf die Lehrer. Habe ich recht Willi?“ sagte der Doktor. „Ich mache mich gerade größer als ich bin.“
Der kleine Junge war ganz dicht daran zu lächeln. Er war so bemüht, es zu unterdrücken, wie man ein Gähnen in der Kir-

che unterdrückt. „Nimmst du am Sportunterricht teil, Willi?" Der Bursche begann, Interesse zu zeigen. „Natürlich tust du das. Wetten, dass ich dir sagen kann, welcher dein Lieblingssport ist?" Von dem kleinen Jungen wich ganz deutlich die Spannung. „Du spielst natürlich Fußball." Willi machte ganz große Augen. „Du spielst Fußball, weil das ein rauer Sport ist. Du musst nämlich immer beweisen, dass du groß bist. Ich kann sogar raten, als was du spielst, Willi. Du bist doch sicherlich der Torwart, was?" Willi nickte langsam. „Und warum bist du der Torwart? Ich will es dir sagen. Wie könntest du besser beweisen, dass du groß bist, als wenn du ein Tor verhinderst?" Der Junge machte regelrechte Glotzaugen.

Dr. Adler stellte sich langsam auf seine Zehenspitzen und ließ sich wieder herunter. „Ich muss größer sein als ich bin", sagte er. „Ich muss das jedem und auch mir beweisen. Ich muss besser spielen als die großen Jungen. Ich muss besser kämpfen als die großen Jungen und ich muss die Autorität bekämpfen, z. B. indem ich Radiergummis auf meine Lehrer schmeiße."

Dr. Adler rief Willis Lehrerin nach vorne. Er verständigte sich mit ihr flüsternd. Sie nickte. Als sie hinausging, nahm sie Willi mit sich fort.

Fast ein Jahr später schrieb die Assistentin einen Bericht zu diesem Fall: „Der Patient Willi kehrte in die Klasse zurück. Sein Benehmen war ausgezeichnet. Lediglich einen Rückfall gab es. Dieser Rückfall ereignete sich drei Wochen nach der Beratung." Die Lehrerin berichtete, dass sie an der Wandtafel stand, als ein Radiergummi ganz dicht an ihrem Kopf vorbei an die Tafel knallte. Sie rief sich die Anweisung von Dr. Adler ins Gedächtnis und sagte keinen Ton. Sie ging zu Willi hin, stellte sich vor ihn und ging zwei Mal auf die Zehenspitzen. Dann setzte sie den Unterricht fort. Seitdem gab es keine Probleme mehr.

7.8. Was können wir tun?

- Am besten machen wir uns alle auf den Weg, reifer und erwachsener zu werden, indem wir dem gesunden Menschenverstand den Vorrang geben. Es hilft schon, sich einzugestehen: „Ich fühle mich unsicher, ich fühle mich minderwertig." Dann kann man über seine Situation nachdenken und wissen: „Zurückschlagen, abwerten, den anderen aus seiner vermeintlichen Position da oben herunter holen, ist nicht der richtige Weg." Dann finden wir zurück zu einer realistischen Bewertung der vermeintlichen Bedrohung und wohl auch zu einer echten Bereitschaft zur Beratung, Zusammenarbeit und Hilfsbereitschaft. So werden wir im eigenen Leben die Erfahrung machen, dass Menschen nicht ohne gegenseitige Verbundenheit leben können. Das gilt auch für Staaten. Das „Ich kann mich nur auf mich verlassen" ist der Aufschrei eines Verletzten, Gedemütigten, der seine eigenen Themen nicht verarbeitet hat.
- Man kann die Zusammenhänge studieren, überdenken und immer besser erkennen, was wir selbst mit unseren Minderwertigkeitsgefühlen machen und wie wir zur Entwicklung von Minderwertigkeitsgefühlen bei anderen beitragen. Wer versteht, fühlt sich nicht mehr ausgeliefert und muss nicht mehr so zwangsläufig in dem Spiel oben/unten mitmachen. Wir können in den Momenten, in denen wir uns minderwertig fühlen, erkennen, dass wir glauben „ich bin so wie ich bin, nicht gut genug", oder „ich bin nur gut genug unter der Bedingung, dass ich besser bin, klüger bin, schneller bin" usw. So erkennen wir, dass wir uns diese Gefühle der Minderwertigkeit selbst machen und dass sie nichts mit wirklichen Minderwertigkeiten zu tun haben.

✎ Sie können ja mal überlegen, welche Art von Minderwertigkeitsgefühlen Sie als Kind in Ihrer Ursprungsfamilie kennen gelernt haben. War es das Streben nach oben? Das „Besser-sein-müssen"? Das Abwerten anderer? Oder die Sicherheit, weniger wert zu sein? Woran erinnern Sie sich?

- Wir können erkennen, dass wir Angst durch Gedanken und Verhaltensweisen der Liebe, der Mitarbeit und des Verstehenwollens beheben können.
- Wir können uns bei unseren Selbstgesprächen (Kap.13.2.) ertappen und lächeln, wenn wir andere in uns abwerten.
- Wir können uns entscheiden uns nicht in üble Nachrede hineinziehen zu lassen.
- Wir können mithilfe der Individualpsychologie uns selbst in unserer Art bzw. unserem Lebensstil besser kennen lernen und uns so annehmen, wie wir sind.
- Wir können aufhören, uns selbst abzuwerten und zu kritisieren und stattdessen den Mut entwickeln, trotz unserer Fehlerhaftigkeit in unserer eigenen Art zu tun, was wir tun können.

So entwickeln wir den „Mut zur Unvollkommenheit". Wir werden erfahren, dass es ein guter Umgang mit sich selbst ist, wenn wir aufhören in oben und unten, in gut und schlecht zu denken. Dann fühlen wir uns gut genug und friedlich-kompetent-nützlich. Dazu eine nette Geschichte, die Rudolf Dreikurs einmal erzählte:

Mary, the preacher

Mary konnte besonders gut predigen. Die Kirchen, in denen sie predigte, waren immer voll besetzt. Eines Tages fragte ein Reporter: „Mary, wie kommt es, dass Sie so gut predigen können? Ist es Talent? Konnten Sie das immer schon oder haben Sie das gelernt?" Mary antwortete: „Ich habe es ge-

lernt. Am Anfang waren die Kirchen nicht immer voll. Es war so:
Nach der Predigt kam immer der Teufel zu mir. Das eine Mal lobte er mich und sagte: „Mary, du warst heute ganz toll. Du hast einen außergewöhnlich guten Eindruck gemacht. Sofort am Anfang schon hast du die Menschen mit deiner schönen melodischen Stimme gefangen. Ich kenne keinen, der so gut ist wie du. Ich bin stolz auf dich!"
Das andere Mal beschimpfte er mich, indem er sagte: „Mary, du warst lächerlich. Du hast den Menschen nichts gegeben. Sie kamen doch für dich. Sie hatten sich soviel davon versprochen. So kann das nicht weitergehen mit dir. So bist du für diesen Job nicht gut genug. Ich bin sehr enttäuscht von dir."
So ging das jahrelang zwischen ganz toll und erbärmlich. Dann, eines Tages kam der Teufel nicht mehr zu mir. Danach wurde ich immer besser.

Die richtige Selbsteinschätzung ist nicht immer einfach, aber man kommt am ehesten dahin durch aktive, rege Begegnungen und einen aktiven Austausch mit anderen Menschen in den sozialen Lebensaufgaben: Liebe, Arbeit und Gemeinschaft. Da kann man üben, immer wieder aktiv auf den anderen zuzugehen. Mit konstruktiven Vorschlägen, Beiträgen, Lösungsansätzen und Absichten des Friedens.
Zum Schluss: Minderwertigkeitsgefühle sind einerseits ein natürliches Phänomen, das zum Menschen gehört, andererseits ist es eine Frage der Erziehung. Nach der Kindheit wird es eine Frage der Selbsterziehung. Jetzt ist es die Frage der Entscheidung, einen neuen Umgang mit sich selbst zu pflegen, sich selbst gegenüber toleranter zu sein, den Mut zur Unvollkommenheit zu entwickeln und das Geheimnis in sich selbst zu pflegen: „Ich bin ich und so wie ich bin, bin ich gut genug", sich dann mitmenschliche Ziele zu stecken und sein Leben zu leben. So wird jeder Tag, bewusst gelebt, ein sozia-

les Training. Und das darf laut Adler „...als die grundlegende Methode betrachtet werden, mit deren Hilfe wir alle unsere Minderwertigkeitsgefühle überwinden können.“[1]

Es gibt Menschen, die haben so starke Minderwertigkeitsgefühle, dass diese sie eher von Entwicklungen abhält, als dass es sie dazu anspornt. Wenn Menschen aufgrund von starken Minderwertigkeitsgefühlen eine oder mehrere Lebensaufgaben nicht mehr erfüllen, sprechen wir von einem Minderwertigkeitskomplex.
Obwohl dieses Wort in der allgemeinen Umgangssprache viel verwendet wird, rate ich Ihnen, sich dieses Wort in Bezug auf sich selbst, nicht zu eigen zu machen. Gestalten Sie Ihr Leben und erfüllen Sie Ihre Lebensaufgaben. Dieses Buch zeigt Ihnen den Weg.

✎ Im Sinne einer guten Selbsterziehung ist es sinnvoll, gut über sich selbst zu denken. Dabei können Sie durchaus sachlich bleiben.
Schreiben Sie einen Brief an sich selbst aus der Sicht eines Menschen, der Sie wirklich liebt.

✎ Machen Sie sich den Gedanken: „Ich bin ich, und so wie ich bin, bin ich gut genug“ zu eigen.
Es gibt doch bestimmt einen Menschen in Ihrem Leben zu dem Sie die Beziehung verbessern wollen. Schauen Sie ihn an, eventuell in Ihrer Vorstellung, und denken Sie: „Ich bin ich und so wie ich bin, bin ich gut genug, und du auch.“ Dieses „und du auch“ wird in Zukunft ein selbstverständlicher Ausdruck Ihres Gemeinschaftsgefühls sein.

[1] Adler, A.: Lebenskenntnis. Fischer Taschenbuch Nr. 6392. S. 32

Wie ein Buch ist der Mensch. Lachen, weinen, lieben wird drin aufgeschrieben. Tag für Tag, Jahr für Jahr. Alles, was im Leben unvergesslich war.

Lied: Werner Eisbrenner, Text: Willi Dehmel

8. Die innere Führung: Der Lebensstil

Grundgedanken

Psychologie ist die Wissenschaft, die sich mit bewussten und unbewussten seelischen Vorgängen und den damit zusammenhängenden Verhaltensweisen des Menschen beschäftigt. Innerhalb dieser Wissenschaft unterscheiden wir viele psychologische Schulen und Strömungen. Eine der ältesten und bewährten psychologischen Schulen ist die Individualpsychologie. Sie nahm um 1910 herum ihren Anfang. Sie nennt die fest gefügte Art zu denken und zu handeln, die jeden Menschen zu etwas Einzigartigem macht, Lebensstil.

Der Mensch ist ein soziales Wesen und die Entwicklung seines Lebensstils wird hauptsächlich durch seine sozialen Erfahrungen geleitet.

8.1. Die Eigenart des Einzelnen

Jeder Mensch ist anders als alle anderen Menschen. Wir erkennen den Einzelnen an seiner Art, sein Leben zu gestalten in den vier Lebensaufgaben Liebe, Arbeit, Gemeinschaft und Religion. Wir erkennen ihn daran, wie er reagiert, oder wie er in seiner Lebensgestaltung voranschreitet, zielstrebig oder zögernd. Je länger wir jemanden kennen, desto besser können wir seine Gedankengänge und Reaktionen vermuten, oder typische Eigenarten benennen. Wir wissen sie dann schon im Voraus oder können sie fast vorhersagen. Zum Beispiel:

- *Wenn ich meinen Kollegen etwas frage, wird er „nein“ sagen, oder „ich habe keine Zeit“, weil er (fast) immer so reagiert.* Welche Gedanken dahinter liegen, wissen wir nicht genau, aber es wird wohl etwas zu tun haben mit seinen Befürchtungen, nicht zu genügen, vereinnahmt zu werden oder unter Erwartungsdruck zu geraten.

- *Wenn ich ein längeres Gespräch mit meinem Schwager führe, weiß ich schon vorher, dass er über Geld sprechen wird. Nicht weil es Geldforderungen oder Geldprobleme zwischen uns gibt, sondern weil man bei ihm immer bei Geld ankommt.*

- *In der Begegnung mit meiner Tante kann ich vorhersagen, dass sie mich im Gespräch ins Unrecht setzen wird. Sie will Recht haben und fordert Konflikte heraus.*
  Sie meint wohl, dass sie nur Bedeutung hat, wenn sie die Intelligenteste, die Erste, die Gewinnerin ist.

- *Meinen Bekannten kenne ich als Optimisten, denn er glaubt und sagt in den verschiedensten Situationen: Alles wird gut werden.*

- *Ein Mitarbeiter aus unserem Team ist bekannt dafür, dass er Pessimist ist. Aus seinem Munde kommt fast immer irgendwann: Es hat sowieso keinen Sinn. oder: Wir haben doch eh keine Chance. Er erwartet nur Schlechtes oder Misserfolg.*

Von all diesen hier als Beispiel geschilderten Personen sagen wir dann: „So ist er“, „So ist sie“, und meinen dann: Das ist seine/ihre Wesensart. Er ist so gestrickt. So tickt er. Er ist so gebacken. Diese Wesensart wird mit verschiedenen Begriffen benannt. Die Individualpsychologie spricht vom Lebensstil. Andere psychologische Schulen nennen diese Wesensart Persönlichkeit, Charakter oder Struktur und meinen in großen Zügen alle dasselbe. Ich tausche im Folgenden diese Begriffe gleichwertig gegeneinander aus.

Es hat immer Versuche gegeben, die Idee des Lebensstils oder Charakters in Typologien zu fassen. In der Individualpsychologie sind die vier Prioritäten[1], die Familienposition (siehe Kap.8.6.) und die 14 Lebensstile von Harold H. Mosak als Typologien bekannt.
Mit den 14 Lebensstilen können Sie im Anhang A vertraut werden.

8.2. Meinungen

Der Lebensstil ist eine fest gefügte Art zu denken, zu fühlen und zu handeln. Mit dem Wort denken meinen wir nicht nur die bewussten gedanklichen Vorgänge, nicht nur den kreativen Prozess, neue Ideen zu entwickeln und Schlussfolgerungen zu ziehen. Nein, wir meinen kognitive Prozesse und deuten damit einen in uns wirksamen Komplex von Meinungen, Ideen, Erwartungen, Schemata, Überzeugungen an, die hauptsächlich auf der unbewussten Ebene existieren. Wir sprechen von kognitiven Aspekten des Lebensstils, die wir schon sehr früh, in den ersten 4 bis 5 Lebensjahren gebildet haben. Sich selbst kennen lernen, heißt, den eigenen Lebensstil kennen lernen. Es lohnt sich, sich mit der eigenen Kindheit zu beschäftigen und dadurch besser zu verstehen, warum wir tun, was wir tun und warum wir so denken und fühlen, wie wir es tun.
Wir alle haben uns durch verschiedene zwischenmenschliche Einflüsse, die ich noch an anderer Stelle besprechen werde,

---

[1] Schoenaker, Theo: Mut tut gut. Sinntal 2003. Schottky, Albrecht / Schoenaker, Theo: Was bestimmt mein Leben. München 1995

Meinungen gebildet, die im Laufe der Zeit zu unseren Wahrheiten geworden sind. Es sind diese unsere Wahrheiten, die die Grundlagen für unser ganz persönliches Denken, Fühlen und Handeln sind. Sie sind uns derart vertraut, dass wir uns auch gar nicht vorstellen können, diese Meinungen / Wahrheiten nicht mehr zu haben, sie aufzugeben. Wir wären ohne sie, völlig orientierungslos. Wir haben auch unsere eigene Logik, sie beizubehalten. Dazu ein etwas ausgefallenes Beispiel zum Schmunzeln: *Der 12-jährige Junge sitzt dem Psychiater gegenüber und schnalzt ständig mit Daumen und Ringfinger. Deswegen wurde er auch zur Behandlung geschickt. Er scheint, zwangsneurotisch zu sein. Der Psychiater: „Warum tust du das?" Der Junge: „Damit halte ich die Zebras von uns fern" und schnalzt wieder. Der Psychiater: „Es gibt hier doch gar keine Zebras. Die findet man doch nur in Afrika." Der Junge schnalzt und sagt: „Sehen Sie?!"*
So bestätigt er sich seine Meinung. Auch der Pessimist kann sich nicht vorstellen, wie ein Optimist zu denken. Er würde sich höchst gefährdet vorkommen. So bleibt er bei seiner einseitigen Meinung.
Für jeden von uns wäre es ein Fortschritt, wenn wir uns die Relativität unserer Wahrheit eingestehen würden und offen für die Sichtweisen anderer Menschen wären. Dann könnten Begegnungen sehr lehrreich sein. Adlers Standpunkt könnte uns dafür eine Leitlinie sein. Er sagte: „Ja, das ist meine Meinung. Ich glaube, dass das so ist. Aber es kann auch alles anders sein." Überdies wachsen wir dadurch zu einer Einstellung, die uns generell vor Fundamentalismus schützt und vor Abwertung jener, die mit einer anderen Meinung als der unseren leben.

Wann und worüber bilden wir uns Meinungen?
In der frühen Kindheit schon bilden wir uns durch unsere Erfahrungen Meinungen. Hier einige Beispiele aus Tausenden von Möglichkeiten:

Über uns selbst
„Ich bin ein Junge, das ist gut." Oder: "Ich bin ein Mädchen, ich hätte ein Junge sein sollen."
Über andere Menschen
„Menschen sind mir eine Hilfe." Oder: „Menschen bringen Leichtigkeit." Oder: „Menschen sind gefährlich."
Über das Leben
„Das Leben ist ein Abenteuer." Oder: „Das Leben ist ungerecht."
Über moralische Inhalte
„Ich muss immer die Wahrheit sagen." Oder: „Ungehorsam sein, ist Sünde." Oder: „Lügner kommen in die Hölle" Oder: „Sex ist schmutzig."
Über Gegenstände
„Ein Messer ist scharf, ist gefährlich."
Über Phänomene
„Donner und Blitz sind schön." Oder: „Donner und Blitz sind angsterregend."

Diese Meinungen, die zusammen unseren Lebensstil bilden, sind uns nicht oder nur unscharf bewusst. Sie leben stimmungshaft in uns. Wir halten sie für normal und richtig und orientieren uns daran. Sie bestimmen unser Verhalten.
Wenn Sie jetzt, während Sie gerade dieses Buch lesen, anfangen zu glauben, es seien zwei Beine Ihres Stuhles angesägt, dann werden Sie sich in einer bestimmten Weise verhalten, egal, ob die Stuhlbeine wirklich angesägt sind, oder nicht. Nicht die Wirklichkeit, sondern Ihre Meinung bestimmt Ihr Verhalten.

✎ Was haben Sie in der Kindheit gelernt zu glauben über: sich selbst, über andere Menschen, über moralische Inhalte, über Zusammenarbeit, Freundschaft, Gastfreundschaft, über Männer, über Frauen, über Sex?
Schreiben Sie auf, was Sie wissen.

Viele dieser Meinungen leben unbewusst in Ihnen, aber je mehr Gedanken Sie sich darüber machen, desto besser verstehen Sie Ihr Verhalten.

8.2.1. Meinungskategorien

Wenn ich nun den Lebensstil sehr verkürzt darstelle, dann geht es erst mal um folgende Meinungskategorien:

Ich
Das Leben/ die andern
Deshalb

Angenommen, Sie hätten sich in der frühen Kindheit die Meinung gebildet: ***Ich bin*** ein intelligentes Mädchen.
In Bezug auf das Leben in dieser Welt, bildeten Sie sich die Meinung: ***Das Leben / die Menschen*** stellen hohe Anforderungen. Fehler werden streng bestraft.
Dann stellt sich die Frage: Wie kommen Sie nun als intelligentes Mädchen in so einer Welt zurecht? Sie werden aus diesen beiden Annahmen eine Schlussfolgerung ziehen. Die könnte heißen: ***Deshalb*** muss ich mich sehr anstrengen und darf keine Fehler machen.
Mit dieser dritten Kategorie haben wir den entscheidenden Faktor, der Ihr Leben am meisten beeinflusst. Alles, was Sie tun, alles was Sie denken, fühlen, träumen, erinnern, alles steht unter der Maxime *„ich muss mich sehr anstrengen. Ich darf keine Fehler machen."*
Sie sehen, dass diese drei Kategorien in einem logischen Zusammenhang stehen. Sie bilden Ihre private Logik und Sie haben das Gefühl, ich kann gar nicht anders. Ich kann gar nicht anders, als mich sehr anstrengen, sehr einsetzen, sehr gut vorbereiten, Aufgaben sehr gut zu Ende führen, immer aufpassen, keinen Fehler zu machen ...; auch wenn Sie das so belastet, dass der Anspruch Sie überfordert. Denn Sie haben als Kind die Erfahrung gemacht, und diese im Erwachsenenleben immer wieder bestätigt bekommen: „Wenn ich mich

sehr anstrenge, und keine Fehler mache, komme ich in dieser Gesellschaft mit ihren hohen Anforderungen gut zurecht."

Ein weiteres Beispiel:

Ein Junge könnte folgende Meinung entwickeln:
Ich bin klein und schwach.
Die Welt der Menschen ist groß, unberechenbar und gefährlich, insbesondere die Welt der Frauen.
Deshalb muss ich vorsichtig sein.

Diese Meinungen sind das Produkt seiner eigenen Kreativität und sie machen ihn als Person aus. Im Rahmen dieser Meinungen ist er kreativ und gestaltet sein Leben in seiner speziellen Art. Er erlebt Glück oder Zufriedenheit, wenn er sein „Deshalb" erfolgreich leben kann, und leidet, wenn die Unberechenbarkeit und Gefährlichkeit der Frauen ihm zeigt, wie klein und schwach er ist.
Da man generell die Struktur des eigenen Lebensstils nicht kennt, kann man deswegen auch nicht effektiv Einfluss nehmen. Dieser Junge erlebt sich in den frühen Kinderjahren als klein und schwach, auf jeden Fall kleiner und schwächer als die Erwachsenen, und wenn er nun durch seine Erfahrungen lernt, die Welt der Menschen als groß und gefährlich zu sehen, dann ist es logisch und vernünftig, vorsichtig zu sein. Wenn er erfährt, dass vorsichtig sein, die Feindlichkeit verringert, dann bestätigt ihm das, dass seine Schlussfolgerung, seine private Logik richtig ist. Vorsichtig sein wird zur Devise in seinem Leben. Aufpassen, vorsichtig sein, man kann nie wissen. Generell wird er alles vermeiden, wofür er sich "zu klein", das heißt, nicht gut vorbereitet vorkommt. Als Kind in der Schule wird er dafür sorgen, dass er gut vorbereitet ist. Er wird im Umgang mit den anderen Kindern vorsichtig sein. Bei Mädchen wird er sowieso auf Abstand gehen, und er wird in seiner gefährlichen Welt auf der Hut sein und versuchen, Fallen zu erkennen. Im Erwachsenenalter ist er

behutsam, nicht sehr spontan, er überlegt gut, er ist ordentlich und grundsätzlich gut organisiert. Er ist arbeitsam, er ist freundlich distanziert, man kommt nicht so recht an ihn heran. Wenn sich Freundschaften anbahnen, kann man schon vorhersagen, dass sie schon nach kurzer Zeit im Sande verlaufen. Aus Beziehungen zu Frauen ist bis jetzt in seinem Erwachsenenleben noch nichts geworden. So erkennen wir zwar seine Einschränkungen, aber er kommt mit Ausnahme der Partnerschaft in seiner Art gut zurecht.

Ein anderes Beispiel: Das Kind meint:

Ich muss gut sein.
Die anderen sind unglücklich.
Deshalb muss ich helfen und andere glücklich machen. Dann bin ich ein gutes Mädchen.

Sie hat erlebt, dass die Mutter unglücklich ist. Wenn sie ihr hilft, ist die Mutter freundlich zu ihr und signalisiert ihr, dass sie ein gutes Kind ist. So entwickelt sie die Meinung: *„Nur wenn ich helfe und andere glücklich mache, bin ich ein gutes Kind.“* Sie erlebt, dass das so wirkt. Auch heute noch als Erwachsene erlebt sie das so mit anderen Menschen. So ist das! So geht sie durchs Leben: Hilfsbereit, sie arbeitet gerne zusammen, sie ist freundlich, sie hat meistens ein Lächeln auf den Lippen, sie versucht, es allen recht zu machen. Sie ist fröhlich, wenn sie mit anderen zusammen ist. Wenn sie sich unbeobachtet fühlt, sieht sie manchmal traurig aus. Diese Art, sich zu verhalten erkennt man an ihrem Arbeitsplatz, wenn sie zu Hause ist, wenn sie mit Freunden zusammen ist, in allen Bereichen ihres Lebens. So verhält sie sich beim Einkaufen, bei der Kundenbetreuung, in der Begegnung mit ihren Eltern und auch mit völlig Fremden. Es kann sein, dass ihr diese Art sich zu verhalten, nämlich, anderen gefallen zu wollen und gut zu sein, nicht immer gut tut, aber so ist sie „gestrickt“. Sie erlebt es als ihr Leben.

Man könnte also sagen, dass wir alle unsere grundlegende Lebensüberzeugung in einer Zeit bilden, in der wir dazu gar nicht geeignet sind. Angenommen, man hätte Zeit bis zu seinem 16. Lebensjahr, dann könnte man besser beurteilen, Eindrücke vergleichen, Erfahrungen nebeneinanderstellen, Meinungen diskutieren. Aber so ist es nicht. Diese Meinungen bilden wir uns in den ersten vier bis fünf Kinderjahren. Es passiert also ganz früh. Die Meinungen, die wir uns bilden, sind zu simpel, zu absolut, zu übertrieben, zu sehr auf einen Teil des Lebens bezogen, ohne zu wissen, wie die größeren Zusammenhänge sind.

✎ Sie könnten sich mal überlegen, wie das Leben eines Menschen sein könnte, der in den drei folgenden Meinungskategorien lebt:
Ich komme zu kurz.
Die anderen sind ungerecht.
Deshalb muss ich fordern und leiden. (Siehe Anhang B)

8.2.2. Wie wir unsere Meinungen aufrecht erhalten

Wenn wir uns einmal unsere Meinungen gebildet haben, sind wir als Kind nicht darauf aus, eine andere Wahrheit als diese kennen zu lernen. Wir sind darauf aus, uns diese Wahrheit zu bestätigen und so suchen wir Erfahrungen, wonach wir sagen: "Siehst du, ich hab's ja gewusst! So ist das!" In dieser Weise verstärken wir die primären Meinungen und konservieren sie. Die daraus entstehende Lebensart, Gefühle und Stimmungen sind wie ein vertrauter gut passender Mantel. Aus dieser Vertrautheit werden unsere Selbstgespräche genährt. Die Menschen, die wir suchen und als Bekannte, Freunde, Lebenspartner auswählen, wählen wir so, dass sie durch ihr Verhalten unsere Ansichten bestätigen. Wenn beispielsweise jemand glaubt, das Leben sei ungerecht, findet er in seiner kreativen Art Menschen, die ihm diese Meinung bestätigen. So leben wir unser Leben in unserer eigenen Welt. Wir kommen immer wieder bei unserer Kindheitserfahrung, quasi zu Hause an. Es gibt natürlich auch Begegnungen mit Menschen, die anders sind, als die Menschen in unserer inneren Welt. Die Erfahrungen, die wir mit diesen Menschen machen, führen selten dazu, dass wir unsere Meinung ändern. Wir blenden entweder das Anderssein aus oder sagen uns: „Dieser Mensch ist eine Ausnahme auf die Regel, aber meine Regel stimmt.“ So halten wir unsere kindliche Meinung aufrecht.

8.3. Die persönliche Lebensphilosophie

So ist der Lebensstil unsere ganz persönliche Lebensphilosophie, unser Aktionsplan, die Tendenz unserer inneren und äußeren Bewegung. Der Lebensstil, das sind wir. Ablegen kann man ihn nicht. Auch wenn wir ihn manchmal lieber nicht hätten, er macht jeden Einzelnen einzigartig. Es gibt so viele Lebensstile, wie es menschliche Gesichter gibt. (Adler). Niemand hatte so eine Kindheit wie Sie. Niemand hatte dieselben Erfahrungen wie Sie. Niemand hat aus diesen Erfahrungen genau dieselben Schlussfolgerungen gezogen. In Ihnen laufen einzigartige kognitive Prozesse ab. Dadurch haben Sie eine eigene Art zu fühlen, zu empfinden; das macht Ihre Einzigartigkeit aus. Sie stellen auch fest, dass sich Schwierigkeiten in Ihrem Leben wiederholen. Sie verstehen jetzt, warum das so ist. Es gibt kaum eine andere Möglichkeit als sich so anzunehmen, wie Sie sind und dann zu überlegen, ob Sie die dahinterliegende frühkindliche Meinung kennen lernen können um sie im Laufe der Zeit zu relativieren und durch den gesunden Menschenverstand zu beeinflussen.

Sie sehen, es liegt eine interessante Zeit voller kreativer Aufgaben vor Ihnen, unter der Überschrift: Das Leben selbst gestalten.

Die Welt, unser Traum

Nachts im Traum die Städt' und Leute,
Ungeheuer, Luftgebäude.
Alle, weißt du, alle steigen
Aus der Seele dunklem Raum,
Sind dein Bild und Werk, dein eigen,
Sind dein Traum.
Geh am Tag durch Stadt und Gassen,
Schau in Wolken, in Gesichter,
Und du wirst verwundert fassen:
Sie sind dein, du bist ihr Dichter!
Alles, was vor deinen Sinnen
Hundertfältig lebt und gaukelt,
Ist ja dein, ist in dir innen,
Traum, den deine Seele schaukelt.
Durch dich selber ewig schreitend,
Bald beschränkend dich, bald weitend,
Bist du Redender und Hörer,
Bist du Schöpfer und Zerstörer.
Zauberkräfte, längst vergessene,
Spinnen heiligen Betrug,
Und die Welt, die unermessne,
Lebt von deinem Atemzug.

Hermann Hesse

8.4. Die zentrale Frage des Lebens

Lasst uns sehen, wie im Einzelnen dieser Lebensstil, die Roadmap unserer inneren Führung zustande kommt. Der Mensch ist ein soziales Wesen und sein wesentlichstes Bedürfnis ist es, sich zugehörig zu fühlen (siehe Kap. 4). So ist in der Entwicklung der Persönlichkeit die zentrale Frage, die sich das Kind unbewusst immer wieder stellt: „Wo ist hier mein Platz, wie kann ich dazugehören, wie passe ich da rein?“ Das ist ein Thema, womit es sich tagtäglich beschäftigt. „Wo gehöre ich dazu? Wo oder wie bekomme ich Bestätigung, dass ich dazugehöre?“ Damit hängt natürlich die Frage zusammen: „Wie muss ich mich verhalten?“

Wenn Sie ein wenig über diese Fragen nachdenken, wird Ihnen bewusst, dass das nicht nur die Fragen eines Kindes sind, es sind die Fragen, die auch alle Erwachsenen ständig, bewusst oder unbewusst, beschäftigen. Es ist die Frage, die die Partnerschaft durchdringt: „Wie finde ich meinen Platz in meiner Beziehung zu meiner Partnerin/meinem Partner? Was muss ich tun, um mich hier akzeptiert und geliebt zu fühlen?“ Auch am Arbeitsplatz und im Gemeinschaftsleben stellen wir diese Fragen. „Wie gehöre ich zu meiner Nachbarschaft? Wie gehöre ich zu diesem Land? Wie kann ich mich als Nicht-Deutscher integrieren, zugehörig fühlen?“

Auch auf einer anderen Ebene stellen sich diese Fragen: „Wie passt unser Land in die Europäische Gemeinschaft? Oder was kann dieses Land tun, um Mitglied in der Europäischen Gemeinschaft zu werden, unter solchen Bedingungen, unter denen sich die Bevölkerung aller anderen Länder dann auch zugehörig fühlen kann?“ Die Antworten, die wir geben, bestimmen die Art und die Richtung unserer Anstrengung.

In Bezug auf unser eigenes Leben beantworten wir solche Fragen in einer sehr persönlichen Art. Wir alle haben Antworten, auch wenn wir selbst diese Antworten oft nicht be-

wusst kennen, aber unser Verhaltensmuster, das allzu oft vorhersagbar ist, ist der Ausdruck dafür, dass es Antworten in uns gibt. Diese Antworten sind aus unserer Lebenserfahrung entstanden. So wird der Lebensstil zur Brille, durch die wir auf unsere Lebenssaufgaben Liebe, Arbeit, Gemeinschaft, Religion schauen, und sie in unserer Art anpacken. Unsere Angst, unsere Ichbezogenheit und unsere Fehlschläge sind genauso einzigartig wie unsere Liebe, unsere Dienstbarkeit, unser Glück und unser Erfolg.
Wie kommt es nun zu der Entwicklung dieser inneren Orientierung an „ich“, „das Leben/die anderen“ und was ich „deshalb“ tun muss?

Da bist du nun. Gerade geboren in eine dir völlig unbekannte Welt. Du bist ohne Erfahrung, ohne Meinung, ohne Wissen um die Menschen, die Dinge, die Gewohnheiten und die Spielregeln in dem Theaterstück, in dem du unvorbereitet mitspielen sollst.
Was machst du daraus?

8.5. Die Familie

Die Familie ist die erste soziale Situation für das Kind. Die Familienmitglieder sind die ersten Menschen, mit denen das Baby umgeht und von denen es beeinflusst wird, in der so wichtigen Lebensphase seiner Entwicklung. Das Kind erlebt es so: Die älteren Familienmitglieder können schon alles. Sie kennen sich aus in der Welt. Sie machen vor, wie es geht. Sie haben Erwartungen an das Verhalten des Kindes und sie haben Forderungen in Bezug auf richtig und falsch. Der Eine in der Familiengruppe ist brav, der Andere laut, der Nächste schnell, der Andere ungehorsam. Das Kind versucht herauszufinden, wie es da hineinpasst und wie es Zuwendung und Anerkennung bekommt. Das eine Kind merkt, dass es mit Gehorsam sein Ziel erreicht, das andere mit Clownerie oder durch angepasstes Verhalten. Ein anderes Kind findet heraus,

dass es dann Zuwendung bekommt, wenn es ein Sorgenkind ist.
Die Familie ist das Modell für die Gesellschaft. In der Familie lernt das Kind, wie die Gesellschaft ist und es entwickelt Meinungen und Strategien, um dazuzugehören. Es macht Erfahrungen mit seinem Vater, und weiß dadurch etwas über Männer; mit der Mutter bildet es sich eine Meinung über Frauen. Durch die Art wie Vater und Mutter miteinander umgehen, weiß es schon früh etwas über Partnerschaft, über Ehe. Das Kind kann das nicht formulieren, aber das sind Eindrücke, die unverrückbar in ihm sind. Was es sieht und erfährt, sind Modelle für das wirkliche Leben. So ist klar, dass die Art wie wir denken, fühlen und handeln, unsere ganz persönliche Schöpfung ist, deren Grundlage unsere ganz persönliche Wahrnehmung der Familie ist, und die Schlussfolgerungen wie wir meinten, dort unseren Platz zu finden.

In jeder Familie gibt es elterliche Erwartungen an jedes Kind, basierend auf dem Platz in der Kinderreihe. Die Kinder in einer Familie von denselben Eltern bekommen nicht, wie man oft annimmt, dieselbe Art der Erziehung. Man kann mit Recht sagen, dass keines der Geschwister in dieselbe Familie hineingeboren wird. Die Eltern sind beim dritten Kind nicht mehr dieselben Eltern. Sie haben Erfahrungen gemacht in der Erziehung der ersten Beiden, sie sind ruhiger, haben nicht mehr so hohe Anforderungen, sie sind reifer geworden, haben vielleicht neue Ideen über Kindererziehung entwickelt oder an Seminaren teilgenommen.
Die Erziehung, wofür die Eltern sich so anstrengen, ist nur ein Teil von dem, was Einfluss auf die Charakterbildung hat. Denn die Kinder innerhalb der Familie haben untereinander einen so starken Einfluss aufeinander, dass sie als Erzieher angesehen werden können. Es scheint, dass sie untereinander einen größeren erzieherischen Einfluss aufeinander haben,

als die Eltern je haben können. Das älteste Kind wird oft zum Elternersatz für jüngere Kinder. Jüngste Kinder werden von den anderen oft verwöhnt. Diese Tatsachen beeinflussen natürlich die Meinung, die sich das Kind über sich selbst bildet.

8.6. Die Familienposition

Wenn wir nun die Familienposition, den Platz, den das Kind in der Kinderreihe einnimmt, betrachten, dann kann man vorsichtige Schlüsse ziehen über die Meinung, die sich das Kind an diesem Platz in der Kinderreihe bildet. So entsteht eine Typologie der Familienposition. Verallgemeinerungen sind bekanntlich grundsätzlich falsch, und doch helfen sie uns mit Respekt und Toleranz, den Menschen aus einem bestimmten Blickwinkel zu betrachten und dadurch vielleicht besser und schneller zu verstehen.
Es ergeben sich fünf Positionen, die ich hier behandeln will. Das erste Kind, das zweite Kind, das mittlere, das Jüngste und das Einzelkind.
Im Grunde geht es weniger um den Platz, den das Kind in der Reihenfolge der Geburt einnimmt, als um die psychische Position, die das Kind aufgrund seiner Erfahrung selbst bestimmt. Wenn z. B. der Vater sich in Beziehung zu seiner Frau wie ein Kind verhält, wird das Erstgeborene den Platz eines Zweitgeborenen ausfüllen. Ich betone dies, um klar zu machen, dass es weniger um die objektive Stellung in der Kinderreihe geht als darum, wie das Kind seine Stellung deutet. Die Psychologie kann als Wahrscheinlichkeitswissenschaft nie etwas ganz richtig vorhersagen; so sagte Alfred Adler: „Ja so sehe ich das, das ist meine Meinung, aber es kann auch alles anders sein.“ Darin drückt sich der Respekt für die Einzigartigkeit des Individuums aus. Und in Bezug auf das vor uns liegende Thema wird somit deutlich: „...unsere auf der Position von Kindern beruhenden Vorher-

sagen (werden) nur als Tendenzen formuliert (...); sie treten nicht mit Notwendigkeit ein.“[1]

8.6.1. Das erstgeborene Kind

Das erstgeborene Kind war einmal ein Einzelkind. Jetzt hat es das zweite Kind hinter sich. Es gibt im Allgemeinen keinen Grund anzunehmen, dass die Geburt eines Geschwisters für das erste Kind etwas Erfreuliches ist. Das Zweite nimmt ihm die Aufmerksamkeit, insbesondere der Mutter weg. Das erste Kind kann sich verdrängt fühlen, und es kann eine Abwehr dem Zweiten gegenüber entwickeln. Das zweite Kind drängt, will auch seinen Platz, insbesondere die Liebe der Mutter.

Das Erste ist das Erste und will auch das Erste bleiben. Wenn nur wenig Zeit, bis zu drei Jahren, zwischen den beiden liegt, kann ein heftiger Kampf mit positiven und negativen Mitteln um die Aufmerksamkeit entstehen. Wenn eine längere Zeit zwischen den beiden liegt, dann kann die Geburt des zweiten Kindes ein echter Schock für das Erste bedeuten. Es fühlt sich, wie Alfred Adler sagt, entthront, nicht mehr zugehörig, gefährdet. Es wird kritisch auf das Verhalten der Eltern und des Geschwisters, und es wird eigenwillig in seinem Streben nach Bedeutung, um sich so zugehörig zu fühlen.

Erstgeborene Kinder sind nicht grundsätzlich eifersüchtig auf das Zweite. Sie sind eifersüchtig, weil sie glauben, dass die Mutter das zweite Kind mehr liebt als das Erste. Daraus können störende Verhaltensweisen oder Symptome entstehen. Ein Kind mit fünf Jahren konnte plötzlich nicht mehr aus einer Tasse trinken. Es wollte unbedingt wie das Geschwisterchen, aus der Flasche trinken. Es hat erkannt, dass das ein Zeichen der Zuwendung, der Liebe der Mutter ist.

---

[1] Adler, Alfred: Lebenskenntnis. Fischertaschenbuch 6392. Frankfurt 1929/1978. S. 108

Das Erstgeborene hat die Eltern als Orientierung, für was richtig und falsch ist. Es erlebt, dass die Eltern in seiner Erziehung gerne alles richtig machen wollen, und so entwickelt das Erstgeborene auch eine Tendenz zum Perfektionismus. Es sieht, wie die Eltern mit dem anderen Kind umgehen und will auch helfen. Es lernt, für das andere Kind zu sorgen und Verantwortung zu tragen. Es sucht Ordnung und Übersicht und leidet unter der Unordnung, die das Zweitgeborene verursacht.

Wenn das Erstgeborene in sein Leben zurückblickt, hat es allen Grund, die Vergangenheit d. h. sein Leben bis zur Geburt des Zweiten zu idealisieren. Diese Neigung kann man häufig beobachten und so erkennen wir viele Erstgeborene an ihrem Hang zur Tradition und an ihrer konservativen Einstellung. Alle diese erwähnten Eigenschaften nimmt das Erstgeborene mit ins Erwachsenenalter als Meinung über sich und die andern.

Diese Entwicklungen sind keine Gesetzmäßigkeiten, es sind Möglichkeiten. Wir nennen sie statistische Wahrscheinlichkeiten. Es ist die Kreativität des Kindes, die seinen Entwicklungsverlauf bestimmt. Dazu kommen viele objektive Ausnahmemöglichkeiten. Beispielsweise, wenn das erste Kind ein behindertes Kind ist, erlebt dieses die Geburt eines zweiten Kindes wahrscheinlich nicht als Entthronung. Und das Zweitgeborene wächst wie von selbst in die Rolle eines verantwortungsvollen helfenden Erstgeborenen hinein.

8.6.2. Das zweitgeborene Kind

Bei der Besprechung der möglichen Charakterentwicklung wird klar, dass die Eltern, wie gut sie es auch meinen und wie sehr sie sich auch anstrengen, nicht alles in der Hand haben. Durch die entstehende Dynamik untereinander, bilden sich die Kinder die verschiedensten Meinungen und Verhaltensweisen, die die Eltern nicht initiiert haben.

Das zweitgeborene Kind hat als Maßstab um sich selbst zu messen, das erste Kind. Es hat immer jemand vor sich. Sein Streben ist, das Erste zu überholen. Es ist deshalb aktiver und ruheloser. Es steht unter Druck. Alfred Adler bezeichnete Zweitgeborene als Dampfloks. In seinem Streben steckt sich das Zweitgeborene hohe Ziele. Es will gewinnen. Es beobachtet das Verhalten des ersten Kindes, erkennt seine Stärken und Schwächen und springt meistens dort hinein, wo das Erste eine Schwäche zeigt. Deshalb sind erstes und zweites Kind, insbesondere, wenn sie kurz nacheinander geboren werden, so unterschiedlich. Ist das eine Kind angepasst, ist das andere der Rebell. Ist das eine eher technisch begabt, sucht das andere seinen Platz in den musischen Bereichen. Ist das eine eher ein Bücherwurm, findet man das andere mit Freunden auf dem Sportfeld. Ist das eine eher aktiv, so ist das andere eher passiv.
Das Konkurrenzverhalten zwischen den Kindern drückt sich in allen Aspekten ihres Lebens aus. Ein zweitgeborenes Kind von vier Jahren sagte einmal: „Ich bin so unglücklich, weil ich nie so alt sein kann wie mein Bruder."
Das Zweitgeborene sucht seinen Platz, indem es solche Verhaltensweisen trainiert, womit es hofft, Bedeutung und Macht in der Familie zu bekommen. Es ist oft erfolgreicher als das Erste, nicht weil es begabter ist, sondern weil es fleißiger ist und mehr trainiert. Es hält durch die Erfahrung mit dem Ältesten nicht viel von Autorität. Es kämpft eher für die Gleichwertigkeit und die Verteilung von Macht.
Wo das Erstgeborene sich seiner Position als Erstes nie sicher sein kann und eher Fallträume hat, träumt das zweite Kind von Überholen wie z. B. hinter einem Zug herrennen.

8.6.3. Das mittlere Kind

Das zweite Kind verliert seinen Platz an das Dritte. Es kommt stark unter Druck. Es erlebt den Druck von oben und den Druck von unten, vom jüngsten Kind, das nun auch um seine Rolle in der Familie kämpft. Das Mittlere erlebt seine Position als ungerecht. Es trägt die Kleider vom Ersten und sieht, wie das Jüngste neue Kleider bekommt. Im Allgemeinen darf es das, was das Erste darf, noch nicht, und es darf das, was das Jüngste darf, nicht mehr, weil es dafür zu groß ist. Ein erwachsen gewordenes mittleres Kind sagte einmal: „Bei uns ging das so: Nach dem Abendessen sagte unsere Mutter: Die zwei Ältesten waschen jetzt das Geschirr ab und danach gehen die zwei Jüngsten ins Bett." So fühlt sich das mittlere Kind ungerecht behandelt und am falschen Platz. Es neigt dazu, einen scharfen Blick für Gerechtigkeit und Ungerechtigkeit in seinem Leben und in der Welt um sich herum zu entwickeln. Man findet unter diesen Kindern engagierte Sozialarbeiter und Helfer für Entwicklungsländer.

8.6.4. Das jüngste Kind

Das jüngste Kind hat alle Konkurrenten vor sich und kann sich darauf konzentrieren. Es kann als Baby verwöhnt werden. Die Gefahr ist umso größer, je mehr Kinder es vor sich hat. Jüngste Kinder entwickeln sich oft zum Mutterkind und Mütter haben es oft schwer, sich vom jüngsten Kind zu lösen. So werden jüngste Kinder zu unselbstständigen Kindern, weil verwöhnte Kinder nicht selbstständig sein können. Es lebt mit der Forderung, dass andere für es da sein sollen. Die Position des jüngsten Kindes ist nicht einfach, weil es sich in Bezug auf die älteren Geschwister als lästig, störend, zu klein zu unerfahren vorkommt und auch so von den Älteren dargestellt wird. Es fühlt sich nicht ernst genommen.
Andererseits können jüngste Kinder versuchen, alle andern zu überholen. Sie stehen dann wie das Zweitgeborene unter einem starken inneren Druck, können dabei aber sehr charmant sein. In der Bibel finden wir die Geschichte von Josef von Ägypten, der es als jüngstes Kind so weit brachte, dass alle seine Brüder sich vor ihm niederbeugten (Benjamin war

17 Jahre jünger als Josef und ist deswegen als ein Einzelkind zu betrachten.).
Die Meinungen, die wir in der frühen Kindheit bilden, sind die Quelle für unser Verhalten. Die Ergebnisse unseres Verhaltens bestätigen uns wieder in unserer Meinung. Mir ist oft aufgefallen, dass jüngste Kinder, die sich nicht ernst genommen fühlen, bedeutungsvolle Aussagen machen können und dann das Gesagte weglachen. Das machen sie nicht absichtlich, aber so vermitteln sie dem Zuhörer den Eindruck, er möge es bitte nicht zu ernst nehmen. ... und dann wundern sie sich, dass sie nicht ernst genommen werden.

8.6.5. Das Einzelkind

Einzelkinder sind in ihrer Art oft erwachsener als sie aussehen und können gar nicht verstehen, warum gleichaltrige Kinder sich so kindisch oder unerwachsen verhalten.
Sie machen weniger soziale Erfahrungen mit Gleichaltrigen als Kinder aus einer größeren Familie. Sie sind immer das Zentrum der Aufmerksamkeit. Alles ist für sie da und sie wollen auch als Erwachsene das Ganze. Sie wollen die ganze Aufmerksamkeit, die ganze Liebe. Sie lernen nicht, zu teilen. Auch bei Tisch brauchen sie nicht zu schauen, ob andere auch etwas bekommen.
Durch ihre Position als Einzelkind sind sie etwas Besonderes und entwickeln Fähigkeiten, wodurch sie sich im täglichen Leben als etwas Besonderes fühlen können. Ich kenne mehrere Einzelkinder, die keine eigenen Kinder haben. Vielleicht weil sie Angst haben, diese Position zu verlieren.
Es gibt keinen Beleg dafür, dass Einzelkinder grundsätzlich verwöhnte Kinder sind. Auf der einen Seite haben sie die Charakteristika der Verantwortlichkeit des ältesten Kindes und zeigen eine große Selbstständigkeit, andere Aspekte ihrer Persönlichkeit zeigen eher Vergleichsmöglichkeit mit jüngsten Kindern. Sie können gut alleine sein, und brauchen das auch. Sie können gut Verantwortung übernehmen. Es

fällt auf, das sich Einzelkinder sehr verantwortlich fühlen für das Wohl ihrer Eltern, insbesondere wenn diese alt und hilfsbedürftig werden.

Anmerkung:
Mit den typischen Verhaltensweisen von Kindern in ihrer jeweiligen Familienposition habe ich Tendenzen, Wahrscheinlichkeiten beschrieben. Diese Typologie kann hilfreich sein, uns selbst und andere besser zu verstehen, aber nicht zu vergessen, „es kann auch alles anders sein."
Wenn wir im Auge behalten, dass es nicht um die objektive Position in der Kinderreihe geht, sondern, darum, wie das Kind seinen Platz erlebt, dann werden wir vorsichtiger urteilen. Wenn in einer Familie z. B. fünf Kinder geboren werden, entstehen Subgruppen. Es kann sein, dass die ersten zwei sich zusammenschließen und die weiteren drei Kinder eine eigene Gruppe bilden. In einem solchen Fall ist das zweite Kind das Jüngste, ebenso wie das Fünfte. Das Dritte hat wieder die Position des ältesten Kindes. Man muss deswegen von Fall zu Fall genau untersuchen und sich vor Aussagen wie „Du bist erstes Kind, deswegen bist du so" hüten.
Auch Zwillinge leben die Rollen als Erst- und Zweitgeborene. Sie wissen genau, wer das Erstgeborene ist und entwickeln sich auch so.

8.6.6. Übersicht Geschwisterposition[1]

Die Tabelle auf der folgenden Seite erweitert die Sicht und fasst viele Einzelheiten zusammen.

[1] Diese Tabelle wurde von mir bearbeitet nach einer Vorlage aus dem Nachlass von Frau Professor Barbara Mohr, Freiburg (gest. 1993).

Geschwisterposition

	Lebensgestaltung	Verhältnis zu den Geschwistern	Besondere Eigenschaften	Gefühlslage	Gemeinschaftsfähigkeit
Einzelkind	Versucht eine Sonderstellung einzunehmen.	Richtet seine Anstrengungen nur darauf, den Beifall und die Beachtung der Erwachsenen zu gewinnen.	Lernt Erwachsene in seinen Dienst zu stellen durch Charme, Anmut, Intelligenz, Liebenswürdigkeit oder Hilflosigkeit, Schüchternheit.	Empfindet sich als Zwerg unter Riesen, die seine Fähigkeiten übersteigen.	Schwieriger Start im Leben; beim Umgang mit Gleichaltrigen treten Komplikationen auf.
Erstes Kind	Spielt eher eine passive Rolle, ringt stets um die Beibehaltung seiner Überlegenheit.	Steht in Konkurrenzhaltung zu den jüngeren Geschwistern.	Zeigt entweder altkluges Verhalten oder regressive Tendenzen (ewiges Baby).	Fühlt sich entthront, ungeliebt und vernachlässigt.	Möchte seine Überlegenheit durch Güte, Selbstständigkeit und Verantwortlichkeit sichern.
Zweites Kind	Verhält sich meist aktiver und unabhängiger als das erste Kind.	Möchte das ältere Kind einholen, verbündet sich oft mit dem 4. Kind und hat ähnliche Persönlichkeitsmerkmale.	Lässt sich in Selbstsucht umsorgen und bedienen, scheut Verantwortung, entwickelt Stärken auf Gebieten, wo das ältere Kind Schwächen zeigt.	Erlebt das ältere Kind immer als ein paar Nasenlängen voraus.	Versucht sich im Umgang mit anderen zu profilieren oder stellt sie in seinen Dienst.
Jüngstes Kind	Zeigt einen Drang, nach oben zu kommen; gibt jedoch häufig auf, wenn es nicht überlegen sein kann.	Möchte alle Geschwister überflügeln und ausstechen.	Zeigt oft bemerkenswerte Erfolge, ist besonders erfinderisch und geschickt.	Empfindet sich gefühlsmäßig als sehr stark abhängig von anderen, meint seine Unterlegenheit verbergen zu müssen.	Stößt mit seinem starken Ehrgeiz oft auf Widerstände, gewinnt andere durch originelle Ideen.
Mittleres Kind	Legt oft besonderen Wert auf Gerechtigkeit oder beweist ständig seine Benachteiligung.	Erfährt meist weniger Zuwendung als das jüngste Kind, hat weniger Rechte als das ältere Kind.	Ist entweder rechthaberisch oder sticht beide Geschwister aus; kann 1. und 3. Kind ins Versagen treiben.	Fühlt sich ausgestoßen, zu kurz gekommen, ungerecht behandelt.	Erfährt Anerkennung in Berufen, die Gerechtigkeitsempfinden fordern, oder verweist ständig auf seine Rechte.

✎ Das wievielte Kind sind Sie? Erkennen Sie sich in der Beschreibung? Erkennen Sie darin andere Ihnen vertraute Personen?

8.7. Familienrivalität

Kinder brauchen ein Gefühl der Zugehörigkeit. Sie brauchen Aufmerksamkeit. All das, was Eltern mit Kindern machen, ist eine Form von Aufmerksamkeit und Schenken von Zuwendung. Sie bieten dem Kind Schutz, Ernährung, Pflege, Zuspruch, bemuttern im positiven Sinne. Diese Aufmerksamkeit, wodurch das Kind das Gefühl der Zugehörigkeit bekommt, wollen Kinder behalten, auch wenn keine physische oder körperliche Hilfe mehr nötig ist. Es gibt Grenzen bei der Nahrungsaufnahme, bei dem Schlafbedürfnis, bei dem Wunsch nach Spielen aber der Wunsch nach Aufmerksamkeit ist praktisch grenzenlos. Aufmerksamkeit kann für das Kind alles Mögliche bedeuten, aber sicher bedeutet es Selbstwertgefühl. Kinder bekommen ja auch viel Aufmerksamkeit, woraus sich das Selbstwertgefühl nähren kann. Sie bekommen Lächeln, Komplimente, Freudenausdruck, Körperkontakt, drücken, küssen, streicheln. Sie bekommen aber auch Aufmerksamkeit im negativen Sinne, durch Kritik schimpfen, einen Klaps, und das ist im subjektiven Erleben besser, als übersehen zu werden.

Wenn nun ein „Eindringling“ kommt, zum Beispiel ein Kind, das für eine Woche zu Besuch kommt oder ein Adoptivkind, oder wenn ein Flüchtlingskind für eine Zeit in der Familie aufgenommen wird, oder wenn noch mal ein Geschwister geboren wird, in allen Fällen erlebt das Kind es so, dass ihm Aufmerksamkeit gestohlen wird. Es will die volle Aufmerksamkeit. So ist die Situation reif für die Rivalität: Wer bekommt welchen Platz in der Beziehung zu den Erziehern?

Wer gewinnt, wer verliert? Wer prescht vor, wer zieht sich zurück? Wer siegt, wer fühlt sich als Opfer?
Je geringer der Altersunterschied ist, desto stärker ist die Rivalität. Das ist ein Kampf um die Aufmerksamkeit der Eltern und dieser Kampf geht leicht in einen Machtkampf[1] über. Der Prozess der Meinungsbildung über die eigene Position „was kann ich bewirken, wie kann ich andere Menschen einschätzen?" läuft ständig weiter. Findet das Kind in seinem Machtkampf mit dem Rivalen nicht den befriedigenden Platz, geht der Machtkampf über in Racheverhalten. In dieser Phase will das Kind dem anderen wehtun, verletzen, es mag seine Eltern nicht, es will ihnen schaden; es kann auf die kriminelle Bahn kommen. Die Meinungen, die das Kind dadurch entwickelt, können Bestandteil des Lebensstils werden.

[1] Siehe „Die vier Nahziele" in: Schoenaker, Th. und J. und Platt, J.: Die Kunst als Familie zu leben. Freiburg 2000

9. Die Bedeutung der Kindheitserinnerungen

Grundgedanken

Der Mensch ist ein soziales Wesen. Auch die Bildung seines Lebensstils ist ein sozialer Prozess. Darin spielen die Geschwister in vielen Fällen eine größere Rolle als die so genannten erwachsenen Erziehungspersonen. Der Lebensstil ist der gesamte Komplex von Meinungen, Überzeugungen, die das Kind sich in den ersten Lebensjahren gebildet hat. In dem Lebensstil liegt verschlüsselt die Antwort auf die Frage: Wer bin ich? Die Kindheitserinnerungen bilden eines der Zugangstore zum Verständnis des Lebensstils.

9.1. Erzähle mir aus deiner Kindheit, und ich sage dir, wer du bist...

Nachdenken und erzählen über die ersten Lebensjahre, erfüllt nicht jeden Menschen mit Freude. Manch einer kann sich gar nicht vorstellen, dass es in seiner Kindheit auch Zeiten der Freude, der Geborgenheit, gegeben hat. Dennoch ist es sicher, dass jeder Mensch auch gute Zeiten in seiner Kindheit hatte. Auch dann, wenn er sich nicht daran erinnert.
„Erzähle mir aus deiner Kindheit und ich sage dir, wer du bist!" Ist das wahr? Kann man das? Ja, es ist wahr, wenn auch nur beschränkt. Es ist, als würden wir mit der Untersuchung von Kindheitserinnerungen eines der Gene einer Persönlichkeit studieren. Wir würden dadurch viel erfahren, aber nie die ganze Wahrheit. Ich versuche, sie für den Interessierten zugänglich zu machen. Das hat aber seine Grenzen. Mithilfe eines individualpsychologischen Beraters oder Thera-

peuten würden Sie die Zusammenhänge mit Ihrem Lebensstil sicherlich besser verstehen. Wir werden uns am Ende dieses Kapitels trotzdem darüber einig sein, dass wir mit der Untersuchung der eigenen frühen Kindheitserinnerungen auf dem richtigen Weg zur Selbsterkenntnis sind.
Schauen wir uns aber erst mal Kindheitserinnerungen von einigen Personen an und lernen dadurch über den Umgang damit.

✎ Schreiben Sie aber erst mal 3 Erinnerungen aus Ihrer frühen Kindheit in Ihr Wachstumsbuch. Schreiben Sie in der grammatikalischen Gegenwartsform d. h., schreiben Sie so, als würde es jetzt passieren. Wie weit können Sie zurückdenken? Welches Bild taucht auf?
Fangen Sie so an: Ich bin ... Jahre alt. Beschreiben Sie dann, was da passiert und zum Schluss der kleinen Geschichte – etwa 5 bis 10 Zeilen – benennen Sie noch das dazugehörige Gefühl: „Ich fühle mich ..."
Legen Sie nun Ihre beschriebenen Erinnerungen zur Seite. Ich komme später darauf zurück.

9.2. Talente, Neigungen, Berufe

Welchen Beruf glauben Sie, dass dieser Mann hat?
Er erzählt: *Ich bin fünf Jahre alt und gehe mit meinem Vater zum Symphoniekonzert der Wiener Symphoniker. Sie spielen unter anderem die Symphonie mit dem Paukenschlag von Josef Haydn. Mein Vater hat mir viel darüber erzählt. Er hat mir erklärt, dass erst eine schöne leichte Melodie kommt, womit Haydn das Publikum einlullt, und dann kommt plötzlich ein lauter Paukenschlag. Ich habe mich darauf vorbereitet; ich kann auch schon mit einem Finger die Melodie auf dem Klavier spielen. Da sitze ich nun voller Erwartung im Konzertsaal, lausche der Melodie und denke: Jetzt kommt's.*

Und dann kommt er auch, der Paukenschlag. Ich bin so enttäuscht. In der Pause sage ich zu meinem Vater: „Und das soll nun alles gewesen sein?“ Vater sagt: „Geh doch mal durch die Tür da, hinter die Kulissen; da ist der Dirigent. Sag ihm, dass es dir nicht gefallen hat.“ Ich gehe hin, sage ihm, dass es mir nicht gefallen hat, dass ich sehr enttäuscht bin. Er gibt irgendeine Erklärung, die mich überhaupt nicht befriedigt. Das sage ich auch zu meinem Vater. Daraufhin erwidert mein Vater: „Du kannst ja Dirigent werden, dann kannst du's selbst besser machen.“
Dies ist eine Kindheitserinnerung von Adam Fischer. Er hat 2003 als Dirigent eine steile Karriere gemacht, als er unerwartet eingeladen wurde, in Bayreuth den Ring der Nibelungen zu dirigieren. Die Kindheitserinnerung spiegelt seine Interessensrichtung wider.

Die Erinnerung einer anderen Person:
Ich komme nach dem ersten Schultag zurück nach Hause. Meine Mutter fragt: „Wie war dein erster Tag in der Schule?“ Ich schaue meine Mutter strahlend an und sage: „Die Lehrerin hat eine so schöne Stimme.“ Ich bin glücklich.
Welcher könnte der Beruf dieses Mannes sein? Er ist Gesangslehrer. Auch in dieser Kindheitserinnerung erkennen wir die Interessensrichtung oder die innere Orientierung dieses Menschen.

Schauen wir mal, was die Kindheitserinnerung eines jetzt 60-jährigen Mannes über seine innere Orientierung sagt:
Ich erinnere mich noch gut an den ersten Schultag. Alle Kinder versammelten sich in einem großen Raum. Ich sitze auf einer der letzten Bänke. Vor der Gruppe steht ein Mann, der eine Ansprache hält und uns alles Mögliche erklärt. Ich höre kaum zu. Ich denke an die Schultüte, die unten in einem Raum liegt, und ich überlege, wie ich da am schnellsten hinkomme, um meine eigene Tüte zu finden. Als er fertig ist mit

Reden, dürfen wir aufstehen und zu dem unteren Raum gehen. Ich renne, schubse einige Kinder vor mir weg, renne die Treppe hinunter, hole mir meine Tüte und laufe nach Hause. Dort verkaufe ich meinem Bruder die Hälfte des Inhalts und die andere Hälfte teile ich auf in kleine Häppchen, die ich in den nächsten Monaten esse.

Man kann zwar hier nicht genau, wie bei den Musikern, die Berufssparte erraten, aber es wundert uns nicht, dass er ein erfolgreicher Geschäftsmann geworden ist. Wir erkennen in seiner Kindheitserinnerung, dass er gut weiß, was er will, dass er aktiv ist, dass er sich nicht durch das Reden der Leute von seinen Zielen abhalten lässt, und dass Verkaufen zu seiner inneren Orientierung gehört. Wir sehen auch, dass er seine Vorsätze ganz alleine verwirklicht. Ich traf ihn irgendwann in einem Sanatorium, wo er eine Kur machte. Die Firma, die er gegründet hatte, war zu groß geworden, um alles alleine überblicken zu können. „Zusammen arbeiten“, so sagte er, “ist nicht meine Stärke. Das muss ich jetzt lernen oder ich muss mein Geschäft verkleinern. So kann ich nicht weiter machen. Ich bin völlig überarbeitet.“

Können Sie sich aus Ihren eigenen Kindheitserfahrungen, Ihre beruflichen Neigungen oder gewisse Ideale erklären?

9.3. Prominente plaudern aus der Schule

Bleiben wir zur Erweiterung der Sicht und auch ein bisschen zur Belustigung bei Kindheitserinnerungen und Berufe raten. *Ich erinnere mich an viele Details aus meiner Schulzeit, ... an die Mitschüler, die ich ständig verarschte und an den Pausenhof. Da stand ich immer in einer Ecke und kommentierte alles, was passierte. Ich war sehr früh Klassenkasper und bin das bis zum Schluss geblieben. Ich war eben nicht problemlos integrierbar, schlecht im Sport, ängstlich. Des-*

halb habe ich mich hinter Ironie verschanzt ... ich war permanent vorlaut, redete im Unterricht ständig dazwischen. Verweise und blaue Briefe waren mir wurscht, Noten irgendwann auch, etwa in Sport. Als ich für das Abitur eine Geräteübung vorturnen sollte, habe ich mir zehn Minuten lang die Hände mit Magnesia eingerieben, dann habe ich mich einmal kurz am Reck hochgezogen. Das war's. Die Halle hat getobt vor Lachen, es gab Standing Ovations. Und ich bekam eine Sechs.[1] Das ist eine Erinnerung von Harald Schmidt, dem berühmten deutschen TV-Entertainer.

Welche innere Orientierung erkennen Sie in folgender Geschichte?

An meiner Existenz als Schüler hatte ich viel Spaß. Es ist nicht so, dass ich ein guter Schüler war, aber interessiert an allem, was passierte. Auch spürte ich in mir die Verpflichtung, andere zu unterhalten ...

Es gab so zehn, zwölf Schüler um die 14 Jahre, die wie ich begeistert davon waren, Menschen nachzumachen und ihnen etwas vorzumachen. Wer uns in die Quere kam, wurde parodiert. – Am liebsten Josef Goebbels. Das war leicht. Er hatte einen Hinkefuß, Stimme und Duktus waren unverkennbar. Ihn nachzumachen, war natürlich verboten, und ich weiß nicht, wieso wir nicht bestraft wurden – es war eben eine von allen goutierte Heiterkeit.[2]

Diese Erzählung ist von Dieter Hildebrandt, Kabarettist.

Eine Frau Jahrgang 1968 erzählt:

Als mein Vater eine Anstellung als Moderedakteur beim Frauenmagazin „Neue Mode" bekam, zogen wir nach Hamburg. Ich durfte immer mit in die Redaktion, habe mit Steck-

[1] Meine Lehrjahre. AtV Berlin 2002. S. 12 f
[2] Ebda. S.148

nadeln und Knöpfen gespielt, gebastelt gemalt und alle Eindrücke aufgesogen ...
Manchmal wünsche ich mir, ich könnte meine Augen abstellen, denn sie sehen jeden noch so kleinen Makel. Der Schuldirektor hatte drei fettige Haare, quer über der Halbglatze liegen, Schuppen und Anzüge, die an den Nähten stets speckig waren. Mein Geschichtslehrer trug einen zu engen Anzug und hatte manikürte Fingernägel.[1]
Das erzählt Jette Joop, Designerin und Unternehmerin, die Tochter des Modedesigners Wolfgang Joop.

„Erzähle mir über deine Kindheit und ich sage dir, wer du bist.“ Wenn man auch in einer Kindheitserinnerung den Beruf oder wenigstens die Veranlagung und innere Orientierung eines Menschen erkennen kann, so kann man trotzdem nicht sagen, dass man den Menschen kennt. Er ist ja mehr als seine berufliche Veranlagung oder Neigung. Schaut man aber genauer hin, dann erkennt man bei Adam Fischer sowohl seine kritische Einstellung als auch den Mut, seine Meinung zu vertreten. Er lebt mit hohen Anforderungen. Was andere machen, soll seinen Vorstellungen entsprechen. Diese Qualitäten braucht er in seinem Beruf als Dirigent, aber sie sind auch seine Markenzeichen in anderen Lebensaufgaben. Seine Frau wird ihn zu Hause so kennen. Auch der Autoverkäufer wird ihn so kennen lernen. Das gilt auch für die anderen Erinnerungen. Die Geschichte von Harald Schmidt erzählt nicht nur, dass er in der Schule schon Entertainer war, sondern sie spricht von seiner Fähigkeit, Ereignisse zu kommentieren. Es ist ihm auch wichtig, seine Zuschauer zum Lachen zu bringen bzw. zu überraschen und zum Applaus zu bewegen. Er war und ist ein Star.
Nun zeigten die obigen Kindheitserinnerungen eine für den Beruf nützliche innere Orientierung. Es gibt aber nicht nur

[1] Meine Lehrjahre. AtV Berlin 2002. S. 72

positive, sondern auch negative Erinnerungen an Kindheitserfahrungen. Auch die negativen Erinnerungen sind Antrieb und Orientierung für eine bestimmte Art, sich zu verhalten und dem Leben Richtung und Form zu geben. Auch die negativen Erinnerungen erlauben uns einen Einblick in das Innenleben eines Menschen.

9.4. Ursache oder Folge?

Ich war noch sehr klein und hatte eine Darmerkrankung mit Durchfall. Ich konnte es unmöglich halten. Ich hatte starke Schmerzen und habe mich vor Schmerzen gewälzt. Und so lag ich auf einer Decke auf dem Boden voll mit Kot beschmiert. Meine Eltern kamen ins Zimmer. Der eine hat mich an den Füßen genommen, der andere am Kopf. Sie haben mich wie ein Stück Dreck weggetragen.

Wenn wir nun die innere Orientierung dieser Frau in der Kindheitserinnerung suchen, finden wir die Schlüsselbegriffe, die diese Situation ausmachen. Es geht um: krank sein, im Dreck liegen, um leiden und wie ein Stück Dreck behandelt werden. Wenn das ihre innere Orientierung ist, dann müssten wir diese auch in ihrem täglichen Leben wieder finden können. Nicht immer und ständig, aber immer mal wieder. Sie kam zur psychologischen Beratung, und sagte: *„Ich fühle mich von meinem Mann wie ein Stück Dreck behandelt."* Auch wenn wir nicht wissen, was da nun im Einzelnen passiert, verstehen wir, warum sie diese Begriffe verwendet. Sie leben in ihr. Jemand mit einem anderen Lebensstil und einer anderen Kindheitserinnerung würde vielleicht sprechen von „ich werde schlecht behandelt", oder „ich fühle mich ungerecht behandelt". Sie spricht aber von: Ich werde wie ein Stück Dreck behandelt. Es ist, als ob die Erfahrung in der Kindheit die Ursache ist, für das, was jetzt in ihrem Leben passiert. Wir erkennen, dass sich etwas von damals im erwachsenen Leben wiederholt. Wir können davon ausgehen, dass die Eltern nicht die Absicht hatten, das Kind wie ein Stück Dreck zu behandeln, oder ihr zu vermitteln, sie sei ein Stück Dreck. Diese Wertung hat sie selbst mit diesem Ereignis verbunden. Dennoch war es wohl eine ganz schlimme Situation, die wie ein Trauma in diesem Menschen lebt.

Eine Dreißigjährige hat Schwierigkeiten, Vertrauen zu Männern zu haben und findet keine feste Partnerbeziehung. Daran leidet sie. Eine Kindheitserinnerung sagt: *Ich bin 6 Jahre alt. Mein Vater hat versprochen, mich an der Straße vor der Schule abzuholen. Ich sehe sein Auto kommen und freue mich. Er fährt einfach vorbei und lässt mich stehen. Ich bin verzweifelt und hilflos. Ich bin ja ganz allein.*

Das ist ihre innere Orientierung. Dadurch weiß sie: So sind sie, die Männer.

Kindheitserinnerungen sind nicht als Ursache zu betrachten, sondern als eine Hilfe um uns innerlich auf ein bestimmtes unbewusstes Ziel auszurichten. Die Erinnerungen sind Bilder, die unbewusst immer vor uns stehen und uns Orientierung geben. Sie sagen uns, was wir tun sollen, was wir vermeiden sollen, aber auch, was wir von uns selbst und anderen zu erwarten haben, und was das Leben uns zu bieten hat. Sie üben einen starken Einfluss auf unser Leben aus, und helfen uns, unser Leben in unserer ganz eigenen Weise zu gestalten. Ein erfahrener Blick sieht in Kindheitserinnerungen wie jemand sein Leben gestalten wird.

Alfred Adler sagt: "Es gibt keine zufälligen Erinnerungen. Aus einer nicht zu berechnenden Zahl von Eindrücken, die auf den Menschen einwirken, wählt er für seine Erinnerung nur jene aus, von denen er, wenn auch dunkel, fühlt, dass sie eine Beziehung zu seiner Situation haben. So stellen seine Erinnerungen die Geschichte seines Lebens dar. Eine Geschichte, die er sich selbst immer wiederholt, damit er gewarnt oder ihm gut zugeredet wird. Immer aber, damit er auf sein Ziel ausgerichtet bleibt. Er wird also mithilfe vergangener Erlebnisse so vorbereitet, dass er der Zukunft mit einem schon geprüften Handlungsstil gegenübertritt."[1]

✎ Haben Sie schon mal die Neigung verspürt, Ihre Kindheit oder das Verhalten Ihrer Eltern als Ursache für unerfreuliche Entwicklungen in Ihrem Leben verantwortlich zu machen?

9.5. Der Supermarkt

Es scheint also so zu sein, dass die wenigen Erinnerungen aus den ersten fünf bis sechs Kinderjahren deswegen in uns leben, weil wir sie für unsere Lebensrichtung, für unsere Ausrichtung auf unser unbewusstes Lebensstilziel brauchen. Es ist als würden wir bei der „Auswahl" unserer Kindheitserinnerungen durch den „Supermarkt unserer Kindheit" gehen und aus dem übergroßen Angebot nur die Produkte in unseren Einkaufswagen legen, die wir brauchen, um unser Ziel zu erreichen. Wer einen Blick in den Einkaufswagen wirft, kann mit einiger Vorsicht vorhersagen, was der Betreffende vor hat zu tun: Ein Fest zu feiern; zuzunehmen; abzunehmen; etwas zusammenzukleben; Zigaretten zu rauchen; eine Großfamilie zu versorgen. Auf die Kindheitserinnerung der 40-jährigen Frau übertragen, bedeutet das: Sie hat vor, keinen Respekt von anderen zu erwarten und sich wie ein Stück Dreck behandelt zu fühlen. Das sind die Zutaten, die sie in ihrem inneren Einkaufswagen ständig bei sich trägt.
Da die Kreativität des Einzelnen entscheidet, gibt es auch immer mehrere Möglichkeiten der inneren Ausrichtung. Sie könnte diese Vorstellungen auch als Warnung betrachten, um Menschen fern zu bleiben, und ein Leben hauptsächlich al-

[1] Adler, Alfred: Wozu leben wir. 1931/1979 Fischer Taschenbuch 6708. S. 65

leine zu leben, damit sie nie wieder in so eine Situation gelangt.

Betrachten wir eine andere Kindheitserinnerung von der Behauptung aus, dass man mit einiger Vorsicht vorhersagen kann, was jemand vorhat. *Ich bin ungefähr drei Jahre alt. Wir (Vater, Mutter, Bruder und ich) sind in den Urlaub gefahren und schlafen die erste Nacht in einem Bungalow. Ich werde nachts wach, und höre das Heulen von vielen Hunden. Ich bekomme Angst und rufe ganz laut. Mein Vater kommt, streichelt mir über die Wange und sagt: „Es wird alles wieder gut." Ich schlafe beruhigt weiter.*
Ihre innere Ausrichtung sagt uns etwas über Angst, über rufen und getröstet werden. Sie meldet sich, um andere auf ihre Situation aufmerksam zu machen. Das wird sie auch jetzt tun, wenn sie Angst hat. Sie tut es in der Erwartung, getröstet zu werden. Ob sie jetzt im Erwachsenenalter auf sich aufmerksam macht mit Rufen, mit Weinen, mit Sprechen oder mit Symptomen, das kann man so genau nicht erkennen. Adler sagt: „Er – der Mensch – wird also mithilfe vergangener Erlebnisse so vorbereitet, dass er der Zukunft mit einem schon geprüften Handlungsstil gegenübertritt." Sie weiß: „So muss ich es machen."
Probleme werden dann auftreten, wenn ihre Erwartung, getröstet zu werden, nicht erfüllt wird. Darüber später mehr unter „Lebensbedingungen."

9.6. Auf dem Weg zur Selbsterkenntnis

Es ist oft einfacher, Kindheitserinnerungen von anderen Personen zu verstehen, als die eigenen. Schließlich ist uns die eigene innere Orientierung als etwas völlig Normales und Selbstverständliches vertraut, sodass wir dazu gar nicht den nötigen Abstand haben, um darin etwas Besonderes erkennen zu können. Deshalb, ich wiederhole hier noch einmal, ist die

Arbeit mit den Kindheitserinnerungen effektiver, wenn man sie mit einem Fachmann durcharbeitet, aber, wenn Sie dieses Kapitel mit den darin enthaltenen Anleitungen durchgehen, werden Sie sich selbst wesentlich besser erkennen.
Wir haben bis jetzt verstanden, dass die Kindheitserinnerungen einen starken Einfluss auf die Ausrichtung unseres Lebens und auf einzelne Reaktionsweisen haben. Sie üben einen uns nicht bewussten Einfluss auf uns aus. Wenn wir die Kindheitserinnerungen kennen, deren Inhalt und Wirkung verstehen, können wir auch Veränderungen vornehmen. Kennen wir sie nicht, dann wirken sie trotzdem unbewusst in uns, aber wir können keinen Einfluss nehmen und fühlen uns wie von einer unbekannten Kraft gesteuert. Haben Sie also keine Angst, sich Ihre Kindheitserinnerungen anzusehen. Wissen ist besser als Unwissenheit.
Manche Menschen sagen: Die Kindheit ist vorbei, ich will damit nichts mehr zu tun haben. Sie verstehen jetzt, dass Sie damit immer zu tun haben, bewusst oder unbewusst. Aber dann doch lieber bewusst. Kindheitserinnerungen sind Ihre Leitsterne. Lernen Sie sie kennen.

9.7. Wie fühlst du dich?

Sie haben ja drei frühe Kindheitserinnerungen aufgeschrieben. Gliedern Sie sie jetzt – wenn Sie das noch nicht gemacht haben – in drei Teile:
1.) Ich bin so und so alt. 2.) Folgendes passiert. 3.) Ich fühle mich dabei so.

Dieser dritte Faktor, das Gefühl, ist von entscheidender Bedeutung, denn erst durch das Gefühl erkennen Sie, welche Bedeutung Sie dem Ereignis selbst beimessen. Es ist doch ein großer Unterschied, ob Sie sagen: Vater schlägt mich. Ich

fühle mich tief gedemütigt. Oder ob Sie sagen: Vater schlägt mich. Mein Po tut weh. Aber ich finde, dass er recht hat.
Folgende Erinnerung macht die Bedeutung der Gefühle klar:
Ich bin 6 Jahre alt und muss meine kleine Schwester (7 Monate) im Kinderwagen spazieren fahren. Ich habe keine Lust, schiebe aber tüchtig und gehe schnell. Ich fahre mit einem Rad des Kinderwagens über einen großen Stein. Der Wagen kippt um und meine Schwester fällt raus.
Bis soweit kennen wir das Geschehen, aber nicht die Bedeutung, die diese Person diesem Ereignis beimisst. Wie fühlt sie sich? Sie sagt: *„Ich habe mich so gefreut.“*
Wenn Kindheitserinnerungen uns etwas über die Struktur des Lebensstils sagen, dann ist es gerade das Gefühl, das die Erhellung bringt. Eine andere Person würde vielleicht sagen: “Ich bin so erschrocken, habe mit meiner kleinen Schwester mitgelitten und mich so geschämt.“ Es sind doch zwei verschiedene Personen. Die eine, die sagt, sie ist erschrocken und leidet mit, und die andere, die sagt: „Ich habe mich so gefreut.“ Wir erkennen bei dem Gefühl der Freude etwas von Eifersucht, von der Möglichkeit, dass sie durch dieses Baby entthront wurde und mit ihr in Konkurrenz lebt. Ihre innere Ausrichtung auf Menschen hat also etwas zu tun mit Angst, ihren Platz zu verlieren, mit Eifersucht, Konkurrenzverhalten und mit Verletzen wollen.

9.8. Ich habe keine Kindheitserinnerung!

Manche Menschen können sich an keine Ereignisse aus den ersten fünf bis sechs Kinderjahren erinnern. Sie haben wohl ihre Gründe dafür. Die Kindheit war wohl nicht so erfreulich. Sie halten es deshalb für besser, sich nicht daran zu erinnern. Ist das bei Ihnen so? Sind Sie dann deshalb auf dem Weg zur Selbsterkenntnis gehandicapt? Nein, denn Kindheitserinnerungen werden in Ihnen hochkommen, wenn Sie sich damit

beschäftigen und sich fragen: „Was war in meiner Kindheit?“ Gehen Sie in einer ruhigen Stunde mal gedanklich zurück zu der Wohnung, wo Sie aufgewachsen sind und besuchen Sie die Küche, das Wohnzimmer und die anderen Räume, oder erkunden Sie die Gegend, wo Sie gespielt haben. Schauen Sie sich Ihre Eltern an, so wie sie damals ausgesehen haben. Sie kennen sie ja von Fotos. Schauen Sie sich auch Fotos von sich selbst aus der Kindheit an. Vielleicht fallen Ihnen eher Erinnerungen von außerhalb des elterlichen Hauses ein.
Haben Sie die Gegend, wo Sie als Kind gewohnt und gespielt haben als Erwachsener schon mal wieder besucht?
Wie dem auch sei, sie werden kommen, die Erinnerungen, denn es gibt sie ja. Viele Menschen erleben das Erwachen von Kindheitserinnerungen durch Gespräche, die sie mit anderen haben und durch Erinnerungen, die sie hören.

Grundsätzlich ist man für die Selbsterkenntnis nicht angewiesen auf Erinnerungen, wovon man glaubt, dass diese wirklich passiert sind, denn man kann Kindheitserinnerungen auch fantasieren.

9.9. Wahrheit oder Dichtung? Das ist nicht die Frage

Es sind nicht nur unsere vermeintlich echten Kindheitserinnerungen, die Aufschluss über unseren Lebensstil geben. Alles, was wir tun, glauben, fürchten, anstreben oder fantasieren, ist Ausdruck unseres Lebensstils. Unsere Fantasie bekommt durch unseren Lebensstil Inhalt und Farbe. Sie ist aber auch durch ihn begrenzt. Wir können gar nicht anders fantasieren als aus unserem Lebensstil heraus. So sind wir. Daher können wir auf dem Weg zur Selbsterkenntnis auch Nutzen ziehen aus fantasierten Kindheitserinnerungen.

Auf diesem guten Weg, auf dem Sie sich jetzt befinden, im Umgang mit Kindheitserinnerungen, ist es von entscheidender Bedeutung, dass Sie sich vergegenwärtigen, dass auch die „echten" Erinnerungen nicht unbedingt die geschichtliche Wahrheit darstellen. Natürlich würden Sie schwören wollen, dass das die Wahrheit ist. Es gibt aber genügend Belege dafür, dass diese Erinnerungsbilder in vielen Fällen nur Teile der geschichtlichen Wahrheit darstellen. Sie brauchen diese Vorstellungen aus der Vergangenheit für Ihre Ausrichtung im jetzigen Leben. Ob sie wahr sind oder nicht, ist unerheblich. Es geht also nicht um Wahrheit oder Unwahrheit. Es geht um die Geschichte, die wir uns selbst immer wieder erzählen, um unsere Persönlichkeitsrichtung zu behalten. (Anders ist es bei traumatischen Kindheitserinnerungen wie z. B. Formen der Vergewaltigung in der Kindheit oder das Erleben von lebensbedrohlichen Ereignissen. Da besteht meistens kein Zweifel an der geschichtlichen Wahrheit). Diese Erkenntnis kann Ihnen auch helfen, um nicht so streng zu sein mit Personen, die eine negative Rolle in Ihren Kindheitserinnerungen spielen. Sagen Sie sich: Ja, ich glaube, dass es so ist, aber es kann auch anders sein. Dann können Sie vielleicht auch, Ihrem Vater, Ihrer Mutter leichter verzeihen. Sie wissen dann, diese Vorstellung, die ich in mir trage, ist in erster Linie meine Schöpfung. Ich brauche sie für die Ausrichtung meines Lebens. In diesem Zusammenhang eine Geschichte von Alfred Adler. Adler (1870 - 1937) war der erste, der sich in diesem Sinne wissenschaftlich mit Kindheitserinnerungen beschäftigte. Auch seine eigenen Kindheitserinnerungen hat er untersucht. Eine Erinnerung sagt:
„*... Meine Erinnerung sagte mir, dass ich auf dem Weg in die Volksschule über einen Friedhof gehen musste. Da hatte ich nun jedes Mal Furcht und sah es mit großem Missbehagen, wie die anderen Kinder harmlos den Friedhofsweg gingen, während ich ängstlich und mit Grauen, Schritt vor Schritt setzte. Abgesehen von der Unerträglichkeit der Angst, quälte*

mich der Gedanke an Mut, den anderen nachzustehen. Eines Tages fasste ich den Entschluss, dieser Todesangst ein Ende zu machen. Ich blieb eine Strecke hinter den anderen Kindern zurück, legte meine Schultasche an der Friedhofsmauer auf die Erde und lief wohl ein Dutzend Mal über den Friedhof hin und zurück, bis ich dachte, der Furcht Herr geworden zu sein. Später glaubte ich, den Weg ohne Angst gegangen zu sein."[1] Adler staunte nicht schlecht, als er bei der Nachprüfung feststellte, dass es auf dem Weg zur Schule nie einen Friedhof gegeben hatte. Die Kindheitserinnerung zeigt die Interessensrichtung Adlers. Sie zeigt seine Beschäftigung mit Angst und Mut und mit der Möglichkeit, ängstliches Verhalten durch mutiges Trainieren zu überwinden. Er wusste, wo die Angst ist, da geht's lang. Seine Interessensrichtung ist auch Leben und Tod. Er ist Arzt geworden, weil er, wie er sagte, den Tod überwinden wollte. In diesem Zusammenhang sagte er in seinen späteren Jahren zu seinem Freund Dr. Alfred Farau: „Du weißt, ich bin Arzt geworden, weil ich den Tod überwinden wollte. Ich war nicht sehr erfolgreich, aber auf dem Weg dorthin habe ich die Individualpsychologie gefunden. Es hat sich gelohnt."[2]

Nein, Kindheitserinnerungen stellen nicht mit Sicherheit die geschichtliche Wahrheit dar. Wenn zwei Kinder Teil einer Kindheitssituation waren und als Erwachsene miteinander darüber sprechen, erzählt doch jeder die erlebte Geschichte etwas anders. Auch das Gefühl ist bei beiden nicht das gleiche. Es gibt ein ungarisches Sprichwort, das sagt: „Er lügt wie ein Augenzeuge." In polizeilichen Befragungen ist das oft eine Schwierigkeit. Mehrere Zeugen sagen aus, was sie gesehen haben. Jeder hatte aber einen eigenen Wahrneh-

---

[1] Adler, Alfred: Praxis und Theorie der Individualpsychologie. München 1920. S. 121

[2] Farau, Alfred: The legacy of Alfred Adler. Vortrag in the Pirquet society of Clinical Medicine. NY 1970

mungsstandpunkt. Ob es *die* Wahrheit ist, das ist nicht die Frage. Es ist *seine* Wahrheit. Ihre Kindheitserinnerungen sind Ihre Wahrheit.
Wenn nun die Kindheitserinnerungen nicht unbedingt die geschichtliche Wahrheit darstellen und sowieso, wenigstens teilweise, das Produkt unserer Fantasie sind, dann ist es auch egal, ob Sie eine echte oder eine fantasierte Kindheitserinnerung untersuchen.

9.10. Die Fakivo

In meiner psychologischen Arbeit habe ich herausgefunden, dass es hilfreich sein kann, Kindheitserinnerungen zu fantasieren und diese an bestimmte Vorgaben zu binden. Die Vorgabe bringt uns auf den Weg in eine bestimmte Geschichte hinein. Die Vorgabe ist eng genug um die Fantasie zu kanalisieren und lässt genug Spielraum für individuelle Kreativität. Ich nenne sie **fa**ntasierte **Ki**ndheitserinnerung mit einer **Vo**rgabe (Fakivo).

Vorgabe I:
„Ich bin 4 Jahre alt und liege krank im Bett. Meine Mutter ist auch zu Hause. ...“ Jetzt können Sie selbst weiter fantasieren.
Jemand fantasiert:

1. *Meine Mutter kommt herein und ich denke: Ich will nicht, dass meine Mutter traurig ist über meine Krankheit. Ich lache freundlich, als würde es mir gut gehen, obwohl ich Schmerzen habe.*

Ein anderer fantasiert:

2. *Meine Mutter kommt herein und denkt offensichtlich, dass ich schlafe. Sie will wieder gehen. Ich fange an zu weinen, dann kommt sie zurück und tröstet mich.*

Hier erkennen wir zwei verschiedene Lebensstilaspekte. Bei der ersten Fakivo ist die Person auf die anderen (die Mutter) ausgerichtet, will, dass es den anderen gut geht und steckt eigene Schmerzen weg. Bei der zweiten Fakivo ist die Person mehr mit sich selbst beschäftigt. Sie weckt durch Symptome der Schwäche (Weinen) die Aufmerksamkeit und Zuwendung der anderen. In der ersten Fakivo erkennen wir die Möglichkeit, dass diese Person das Gut-sein-wollen unter Vernachlässigung der eigenen Bedürfnisse lebt. In der Zweiten erkennen wir die Möglichkeit der Übertreibung, denn es geht um die Befriedigung der eigenen Bedürfnisse und die Neigung zu klammern. Diese Neigung führt leicht zum Verlust der Beziehung, weil man dem anderen zur Last wird.

Vorgabe II:
„Ich bin 5 Jahre alt und gehe auf ein Haus zu. ...“
Ein Mann fantasiert:
Plötzlich geht die Tür auf und ein großer Hund kommt heraus. Er bellt mich an. Ich bin allein. Ich habe Angst. Ich renne weg.
Man fragt sich, warum musste da nun ein Hund aus dem Haus kommen? Es hätte ja eine Maus oder eine freundliche Oma sein können; aber auch ein böser Mann oder der eigene Vater, der sich freut. Den Möglichkeiten sind grundsätzlich keine Grenzen gesetzt. Es ist im Einzelfall der Lebensstil, der die Grenzen setzt. Wenn dieser Mann über sein Problem spricht, erzählt er, dass seine Freundin ihm vorwirft, dass er zu viel zu Hause hockt und keinen Anteil am Leben nimmt. Seine innere Ausrichtung ist: „Ich muss aufpassen, man kann nie wissen, was draußen passiert.“ Er lebt wohl mit der Erwartung, dass immer etwas Unerwartetes passieren kann, (z. B. ein großer Hund), dass er dann alleine dasteht. Seine Methode ist weglaufen, der Konfrontation ausweichen. So lebt er. Dieses Muster sehen wir in dieser Fakivo. Das ist, was die Freundin ihm vorwirft.

Vorgabe III:
„Ich spiele in einer Gruppe von Kindern. Wir spielen... . Es entsteht ein Streit. ...“
Eine Frau fantasiert:
Wir spielen Handball. Ich spiele aktiv mit. Eines der Mädchen fängt einen Streit mit einem Jungen an. Ich stelle mich abseits und warte, bis der Streit vorbei ist. Ich fühle mich irritiert und bedauere die Unterbrechung.
Diese Frau ist jemand, die Bewegung braucht, am liebsten mit anderen zusammen. Streitigkeiten, so erwartet sie, gehen von Frauen aus. Sie als Frau distanziert sich davon, wird zur Beobachterin und findet das alles unnötig und störend für den Ablauf des Lebens. Sie sagt: „So, mache ich das immer. Ich kann mit Männern gut umgehen, ich finde Frauen zickig. Wenn es Streit gibt, halte ich mich raus und warte auf die Möglichkeit, wieder mit den Aufgaben weiter zu machen. Ich habe keine Freundinnen. Meinen Mann ärgert es, dass ich eine gute Beziehung zu meinem Vater und zu anderen Männern habe. Ich halte mich selbst für treu, aber er hat wohl andere Kindheitserinnerungen.“

Eine andere Frau fantasiert zur Vorgabe III:
Wir spielen Fangen. Einer der Jungen wird frech. Ich haue ihn auf die Nase, bis er am Boden liegt. Ich fühle mich zufrieden. Nicht frech werden!
Können Sie sich vorstellen, was diese Frau von der Zusammenarbeit mit Männern erwartet und was sie vor hat zu tun, wenn einer „frech“ wird? Erkennen Sie, dass sie mit der Erwartung lebt, dass es wohl die Männer sein werden, die „frech“ werden? Sie tritt solchen Möglichkeiten – wie Adler sagt – „mit einem erprobten Handlungsstil aus der Kindheit gegenüber.“ Dass sie Schwierigkeiten mit männlichen Kollegen und mit dem Thema Partnerschaft hat, ist aus dieser Fakivo verständlich.

✎ Wählen Sie eine Vorgabe, die Sie am meisten anspricht, und schreiben Sie eine Fakivo. In der Dreiteilung wie besprochen: 1. Alter, 2. Ereignis, 3. Gefühl.
Was erkennen Sie?

9.11. Nur, wenn und immer

Es geht also bei der Betrachtung von Kindheitserinnerungen immer um die Frage, welche Interessensrichtung, welche Einstellung zum Leben, zu den Menschen, zu sich selbst leuchtet uns entgegen? Wenn jemand erzählt: *"Ich bin 6 Jahre alt, springe über den Zaun und renne über die Straße. Ich fühle mich leicht, ..."* dann ist seine Einstellung leicht zu erkennen. Er ist ein aktiver Mensch, der sich bewegen will, der auf dem Weg zu seinem Ziel Hindernisse überwindet. Ein völlig anderes Bild sehen wir hier: *"Ich sitze bei Opa auf dem Arm und esse. Ich bin glücklich."*
Die Vorstellungen, die wir in uns tragen, haben etwas Absolutes. Es ist, als ob der Erstgenannte sagt: *„Nur wenn ich rennen, springen, mich bewegen und aktiv sein kann, geht es mir gut."* Was ist zu erwarten, wenn dieser Mensch einen Beruf hat, in dem er mehrere Stunden am Tag sitzen muss? Er könnte seine Unruhe zügeln und nach der Arbeit seinen Bewegungsdrang kompensieren. Vielleicht wird er auch zunehmend lustloser und trauriger, ohne dass ihm der Grund dazu bewusst ist. Wenn man aber das Bewegungsbedürfnis in dieser Kindheitserinnerung in Bezug setzt zu seinem sitzenden Leben im Alltag, kann man leicht den Grund für sein Unwohlfühlen erkennen. Er muss „rennen", „springen", „sich bewegen".
Umgekehrt ist die Situation bei dem zweiten Beispiel: Es ist, als ob er sagt: "*Nur wenn ich sitzen und essen kann, ist mein Leben in Ordnung."* Die Folgen dieser inneren Orientierung können wir leicht vermuten. Möglicherweise hat er Essstö-

rungen. Sicher ist, dass ein Beruf, wobei er ständig in Bewegung sein muss, nicht das Richtige für ihn ist.
Die Grundeinstellung, die wir aus Kindheitserinnerungen in Sprache fassen können, ist unvollständig. Wir können die Atmosphäre, in der diese Überzeugung lebt, nicht genau fassen, aber eines wissen wir: Die Meinung ist übertrieben. Wenn jemand mit der Meinung lebt: „Ich bin dumm", dann meint er: „Ich bin *immer* dumm." Wenn er meint: „Das Leben ist gefährlich", dann meint er in Wirklichkeit: „Das Leben ist *immer* gefährlich." Wenn er glaubt: „Das Leben ist gut, wenn ich gelobt werde", meint er eigentlich: „Das Leben ist *nur* gut, *wenn* ich gelobt werde." So kann man von einer „Immer- und Nur, wenn - Absurdität" sprechen. Fortschritte machen wir, wenn wir wissen: „Ja, das Leben ist gut, wenn ich gelobt werde, aber ich komme auch zurecht, wenn das mal nicht der Fall ist." Oder: „Ja, das Leben ist oft gefährlich, aber immer? Das ist wohl etwas übertrieben."

9.12. Wie weit zurück?

Die frühesten Kindheitserinnerungen sind die aussagekräftigsten. Denken Sie also so weit wie möglich zurück in Ihre Kindheit und schreiben Sie die Kindheitserinnerungen so auf, wie Sie Ihnen einfallen. Haben Sie keine Erinnerungen an die ersten fünf bis sechs Kinderjahren, dann nehmen Sie die Ersten, die Ihnen danach kommen. Alfred Adler misst den ersten Kindheitserinnerungen eine entscheidende Bedeutung für das Verständnis eines Menschen bei. Er sagt: "Ich untersuche niemals eine Persönlichkeit, ohne nach der ersten Erinnerung zu fragen …"[1] Manche Menschen wissen nicht mit Sicherheit, ob die erste Erinnerung wirklich die Erste ist. Das ist nicht wichtig. Es ist die, die als die Erste verfügbar ist.

[1] Adler, Alfred: What life should mean to you. London 1932. S. 75

Manche Menschen können bis zu ihrem ersten Lebensjahr zurückdenken. Ich glaube nicht, dass man sich noch weiter zurückerinnern kann, obwohl so mancher Witz uns anderes glauben machen will: *Zwei Männer erzählen sich starke Geschichten. Der eine schildert sehr blumig, wie er sich noch genau an seine Geburt erinnert; wie er sich eingeklemmt fühlt und sich bemüht, sich zu befreien. Der andere übertrumpft ihn mit seiner Story, die so lautet: „Ich war noch gar nicht geboren aber, ich weiß noch genau, wie ich mit meinem Vater zum Picknick ging und mit meiner Mutter zurückkam.“*[1]

9.13. Die positiven Kindheitserinnerungen

Die positiven Kindheitserinnerungen sind eine reiche, stets abrufbare hohe Qualität unseres Innenlebens. Halten Sie diesen Teil Ihrer inneren Orientierung lebendig. Sie können das tun, indem Sie Menschen finden, die Ihnen zuhören, wenn Sie über die schönen Seiten Ihrer Kindheit sprechen. Sie können das auch schriftlich machen.

✎ Schreiben Sie eine Woche lang in Ihr Wachstumsbuch über die positiven Bilder, die mit Ihrer Kindheit verbunden sind. Selbstverständlich können Sie auch Ihre Gedanken im Sinne von Tagträumen bewusst positiv steuern und so den Kontakt zu den positiven Seiten Ihrer Kindheit lebendig halten und erweitern.

Hier ein Beispiel:

Ich denke gern an die Zeit, in der ich mit meinem Großvater spazieren ging. Er war ein gemütlicher Mann und ich war ein kleines Mädchen. Ich spüre immer noch meine kleine Hand in seiner großen Hand. Es war Sommer und ich hatte

[1] Mosak, Harold, H.: Ha Ha and Aha 1987. 0-915202-65-4

ein schönes Kleidchen an und Sandalen, glaube ich. Ich rieche noch den Duft von Blüten und Rasen. Ich spüre auch meine Freiheit beim Sprechen, worüber er später positive Bemerkungen machte.
Es wird mir beim Erzählen bewusst, dass meine schönen Erinnerungen sich außerhalb abspielen. Außerhalb heißt außerhalb des Hauses, bei Mutter im Garten sitzen und eine Schokolade trinken; mit meinen anderen Geschwistern im Garten helfen, wenn Vater auch dabei war. Ich kann die Bewegungen meiner Geschwister und meine eigene Aktivität noch genau wie ein Film vor mir sehen. Ich rieche den Duft von Heu und Erde, und ich sehe die Farben im Garten. Ähnliche Bilder kommen mir, wenn ich meinem Geruchsinn nachgehe und die verschiedenen Bauernhöfe vor mir sehe, die in unserem Dorf standen. Das war unser Spielplatz, das ganze Dorf. Auch dort, Geruch von Tieren, Geruch von Mist, Geruch von Heu. Und immer waren wir aktiv, immer haben wir gespielt und immer zusammen mit anderen. Wenn ich so darüber spreche, weiß ich, dass die Welt draußen verbunden ist mit Aktivität mit anderen. Und dass die Welt verbunden ist, mit dem Gefühl von glücklich sein, von Freiheit, von Leichtigkeit. Das macht mir noch mal deutlich, dass ich im Haus zwar nicht unglücklich war, aber das Leben zu Hause war verbunden mit Verpflichtungen, mit Müssen, mit Hausaufgaben, mit Erwartungen erfüllen, mit hohen Ansprüchen genügen. Und so ist es auch heute.
Ich bin sehr verantwortungsbewusst, mache meine Sachen im Allgemeinen gut, aber der Platz hinter meinem Schreibtisch am PC, das ist nicht der Platz, wo ich Glück, Freiheit und Leichtigkeit erlebe, so wie ich das außerhalb erleben kann. So kann auch mein Mann mir eine große Freude machen, wenn er vorschlägt, auszugehen. Aber es darf nicht in einer Zeit sein, in der ich an meine Pflichten gebunden bin. Ich muss die Gelegenheit haben, erst „meine Sachen“ fertig zu machen, dann kann ich unseren Ausflug, unsere Spazierfahrt

sehr genießen. So war das auch in meiner Kindheit, erst die Arbeit, dann die Freude. Es geht mir nicht darum, jetzt als Erwachsener draußen auf Terrassencafés zu sitzen. Es ist wie in meiner Kindheit, ich will mich bewegen können, ich will spazieren, Fahrradfahren, Skilaufen, im Garten arbeiten, das ist meine Welt. Und da ich jetzt einen Partner habe, der das erkannt hat, stellt er sich auch gerne ein bisschen auf mich ein, so wie ich mich auch auf ihn und seine Bedürfnisse einstelle. Und so haben wir eine gute Partnerschaft, weil wir, so wie ich jetzt erkenne, unsere positive Innenwelt gegenseitig immer wieder wecken und leben können. Wenn ich aber einen Partner hätte, der sich nicht auf diese Seite meines Wesens einstellen würde, und er würde z. B. selbst nicht das Bedürfnis haben, außerhalb des Hauses oder im Garten sportlich tätig zu sein, dann hätte ich es wesentlich schwieriger, diesen Teil zu leben. Es würde auf Kosten der Qualität unserer Partnerschaft gehen.

Ob Sie nun schreiben, erzählen oder tagträumen, in allen Fällen, können Sie mehr Erfolg auf realistische Fortschritte in Ihrer Lebensqualität haben, wenn Sie sich auf die Frage ausrichten: „Wie kann ich diese damalige Lebensqualität in meinem jetzigen Leben öfter erreichen?"

Damit hängt auch die Frage zusammen: „Was habe ich damals dazu getan, dass diese positive Atmosphäre, Begebenheit, Situation so geworden ist, wie sie in meiner Erinnerung war?" Kann ich das jetzt auch noch?

9.14. Lebensbedingungen – Krisenbedingungen[1]

Solche positiven Erinnerungen sind ein Wert an sich. Sie sind eine tragende Kraft für die Zufriedenheit und das Glück in unserem Leben. Jeder von uns wird bewusst oder unbewusst immer danach streben, diese Teile der Persönlichkeit zu leben. Es wird ihn glücklich machen, wenn er es kann, es wird ihn unzufrieden machen, wenn er es über längere Zeit nicht kann. Die Quintessenz der hiervor geschilderten Erinnerungen, die Verbindung zur Natur, das Bedürfnis nach Bewegung, das Bedürfnis zusammen mit anderen etwas zu machen, die Fähigkeit, Glück aus Farben, Düften, Kleidung zu erleben, sind so wesentlich für die positive Seite des Lebens dieser Frau, dass wir von Lebensbedingungen sprechen. Wenn diese Bedingungen erfüllt sind, lässt es sich für sie gut leben. Wenn sie diese Bedingungen aber über längere Zeit nicht leben kann, dann bilden sich Bedingungen für eine Krise, d. h., wenn sie sich über längere Zeit nicht bewegen kann, nicht nach draußen kann, nicht mit anderen zusammen etwas unternehmen kann, in Eintönigkeit leben muss, wenn die Pflicht zu lange zu drückend wird, dann entwickeln sich Symptome wie Kopfschmerzen oder Tachykardien.

Das Wesen eines Problems ist es, dass wir nicht durchschauen, was genau passiert, oder welche Vorbedingungen zu dem Problem führten. Würden wir das alles begreifen, wäre das Problem schon halb gelöst. Wir wissen nur, dass wir leiden,

---

[1] Schoenaker, Theo: Ja..., aber! Sinntal 2000. S. 174.
Anerkennung:
Diese Methode ist das Ergebnis jahrelanger Arbeit mit Kindheitserinnerungen. Sie ermöglicht einen schnellen Zugang zu einigen Lebensstilaspekten und den damit verbundenen Problemen. Meine Schweizer Kollegin Brigitte Jenni hat auf dieser Grundlage ihre Therapie für Übergewicht und Essstörungen aufgebaut. Sie ist dabei sehr erfolgreich. www.ernaehrungspsychologie.ch

und wir sehen, was andere Menschen dazu tun. Deshalb versuchen wir Einfluss zu nehmen mit unserem üblichen Repertoire: Traurigkeit, Wutausbrüche, Liebesentzug, Kontrolle, unter Druck setzen usw., um so den anderen zur Veränderung seines Verhaltens zu bringen. Früher oder später erkennen wir, dass darin die Lösung nicht liegen kann und kommen wieder bei uns selbst an. Das kann dann der Beginn einer persönlichen Entwicklung sein.

9.14.1. Partnerschaft

Peter ist ein aktiver Mann, der in seinem Beruf erfolgreich ist. Man erkennt ihn an seiner streberischen Aktivität und er ist immer in Bewegung. Das ist an sich nicht schlecht, denn er produziert auch einiges. Aber seiner Frau fehlt die Möglichkeit, ruhig mit ihm zusammen zu sein, und seine Kinder sehen ihren Vater nur ganz selten. Und wenn er da ist, hat er keine Zeit für sie.

Erst als seine Ehe in die Krise kommt. Erst als seine Frau und seine Kinder, - die er zu viel, zu oft zur Aktivität gedrängt hatte -, sich von ihm abwandten, fängt er an, nachzudenken.

Ein Gespräch mit einem Individualpsychologen bringt ihn unter anderem zum Erkennen und Verstehen seiner positiven Kindheitserinnerungen. Einige solcher Erinnerungen sprechen von der Befriedigung, die er beim Graben in der Erde erlebt. In einer Erinnerung läuft er mit so großen Sprüngen einen Hang herunter, dass er selbst das Gefühl hat, zu fliegen. In einer anderen Erinnerung rennt er im Herbst mit starkem Gegenwind durch eine laubbedeckte Allee und wieder hat er das Gefühl fast abzuheben. Er erlebt die Aufgabe als schwierig, sich selbst aber als leicht.

Die positiven Kindheitserinnerungen geben Hinweise auf das, was Peter auch im Leben unbewusst für erstrebenswert hält. Er stellt seine Art zu leben bis jetzt nicht in Frage, da es halt seine Art zu leben ist. Er kennt sich selbst nicht anders.

Erst durch die Reaktionen der Umwelt (Frau und Kinder) ist er zur psychologischen Beratung gekommen. Jetzt erkennt er, dass er nicht so erwachsen ist, wie er aussieht und noch immer nach dem Muster der damaligen Befriedigung lebt. Er fängt an, sich für die positiven Kindheitserinnerungen seiner Frau zu interessieren. Bei ihm hat alles zu tun mit laufen und zwar allein. *Sie hat Erinnerungen an gemütliches Zusammensein mit den Eltern und den Geschwistern, an Sprechen und Lachen.* Das ist, wonach sie sich sehnt und was sie anstrebt. Die Lebensbedingungen sind Kernwünsche für die Partnerschaft.

Er kann jetzt besser verstehen, was sie durch seine Aktivität als Einzelgänger vermisst hat, und warum sie immer so unzufrieden mit ihm war, obwohl er ja das Beste tat, was er konnte nämlich in Bewegung sein, arbeiten und vor lauter Begeisterung abheben. Er versteht, dass weder er noch seine Frau sich grundlegend ändern können, aber er sieht auch ein, dass gerade diese Frau eine große Chance für ihn ist. Er wird gerade durch sie Neues zu seinem eigenen Verhaltensrepertoire entwickeln können. Durch den Austausch der positiven Kindheitserinnerungen verstehen sie sich besser und mit kleinen Schritten bewegt er sich in ihre Welt hinein. Sie üben die gemeinsame Gemütlichkeit und sie kann ihn ohne Forderungen verständnisvoller gehen lassen. Die Beziehung verliert an Erwartungsdruck und Spannung und sie finden wieder zueinander.

Hätten sie diese psychologische Hilfe nicht in Anspruch genommen, und wäre weiterhin jeder in der Spur der eigenen Lebensbedingungen geblieben, dann hätten sie nur die Bestätigung für die Ungerechtigkeit des anderen bekommen und selbst wenig dabei gelernt. Jetzt sind sie weitergekommen. Er ist immer noch er und sie ist immer noch sie, aber sie haben und üben Alternativen, werden dadurch reicher und ändern sich, obwohl sie bleiben, wer sie sind.

9.14.2. Selbsterkenntnis

Ob Sie nun ein Problem besser verstehen und lösen wollen, oder ob Sie nur daran interessiert sind, sich selbst generell besser zu erkennen, in beiden Fällen können Sie von der Bearbeitung positiver Kindheitserinnerungen profitieren.
Hier ist eine Frau, die im Moment keine großen Probleme erkennt, aber sich selbst besser kennen lernen will. Deshalb erzählt sie mir folgende Erinnerung:
Ich bin 7 Jahre alt. Meine Oma nimmt mich mit in ein Café-Restaurant. Da sitzen wir in einem großen königlich ausgestatteten Raum unter Kronleuchtern. Es sind viele Gäste da. Sie unterhalten sich. Es ist wohltuend lebendig. Die Kellner sind schön gekleidet und freundlich. Ich darf selbst wählen, was ich essen will. Ich fühle mich glücklich. Es ist aufregend, spannend.
Die Aspekte ihrer Lebensbedingungen:
„Zum gemeinsamen Ausgehen mitgenommen werden, ich bin etwas Besonderes, schönes Restaurant, Kronleuchter, Menschen gut gekleidet, freundlich, eigenständig entscheiden, aufregend, spannend." Diese so sagt sie, sind ihr die Wichtigsten. Sie kann jetzt ganze Geschichten erzählen über Zeiten, in denen sie glücklich war, mit der Oma, später mit ihren Freundinnen, und jetzt auch mit ihrem Mann. Sie kreisen immer um Schönheit, als etwas Besonderes behandelt werden, Eigenständigkeit, Lebendigkeit, Freundlichkeit, Aufregung.
Die Aspekte ihrer Krisenbedingungen:
Sie erkennt noch beim Erzählen, dass ihre Probleme mit der Umkehrung dieser Qualitäten zu tun haben, und es kommt ihr eine Kindheitserinnerung:
Ich war vielleicht 6 Jahre alt. Wir waren mit einigen Kindern im Wohnzimmer bei meiner anderen Oma. Sie geht zu einem dunklen, hässlichen Schrank, holt eine Tafel Schokolade heraus und gibt diese meiner gleichaltrigen Cousine, die zu Be-

such bei uns war. Ich finde es ungerecht, ich bin weniger wert als die Cousine, ich gehe leer aus. Ich weiß, dass das, was Oma tut, nicht richtig ist. Es ist nicht richtig für mich und die anderen, aber auch nicht für die Cousine.

Jetzt wird es ihr leichter, Probleme zu erkennen. Sie tauchen dann auf, wenn andere herausgehoben, bevorzugt werden und sie eine unter vielen ist. Dann fühlt sie sich ungerecht behandelt und minderwertig. Sie fängt an, andere innerlich abzuwerten, fühlt sich dann besser als die anderen und ist dann wieder oben. Den anderen signalisiert sie ihre Abwertung und hat somit einen Feind, weil sie zwar beobachtet und (ab)wertet, aber nicht spricht. Wie in der Kindheitserinnerung. Trotzdem, was macht sie mit der inneren Spannung dieses Konfliktes?

Ich esse Süßes, wo ich sonst so gesund lebe und verfalle in oft unsinnigen Aktionismus, wie hektisch arbeiten oder joggen, wobei ich mich in abwertende innere Dialoge hineinsteigere. So wird alles nur schlimmer. Wenn ich den daraus resultierenden Machtkampf nicht gewinne, dann muss ich gehen. So habe ich schon einige Beziehungen und meinen vorletzten Arbeitsplatz verloren. Ältere Frauen als Vorgesetzte sind mir ein Gräuel. Ich erwarte nichts Gutes, es sei denn, sie erkennen mich wie meine erste Oma als etwas Besonderes an. Bei Männern bin ich viel toleranter. Dennoch hat mir diese Arbeit mit den Lebens- und Krisenbedingungen auch für meine Partnerschaft viel gebracht, denn ich erkenne auch, wie ich meinem Partner oft signalisiere, dass ich besser weiß, was richtig ist. Auch in der Partnerschaft beobachte und urteile ich wie bei Oma zwei. Eigentlich hat er keine Chance, denn ich weiß es nicht nur besser, ich bin auch – moralisch – besser. So muss er es wohl empfinden. Logisch, dass es da Geheimnisse gibt, denn er erzählt nichts, weil ich es ja immer besser weiß.

9.15. Die Bewegungslinie

Eine andere anregende Vorgehensweise, habe ich die Bewegungslinie genannt. Adler hat das Wort in einem frühen Stadium seiner Entwicklung als Synonym für Lebensstil verwendet.[1]
In jeder Kindheitserinnerung passiert etwas, das uns als Muster für die Orientierung im Leben dient. Ein Muster, das wir sinngemäß immer wiederholen. Wenn wir die Muster kennen, können wir Einfluss nehmen. Die Kindheitserinnerung ist eine Metapher, die uns leicht vom Wesentlichen wegführen kann. Deshalb habe ich vorgeschlagen, nur die Verben zu ordnen.[2] Sie sind die Träger der Aktivität. In der Reihenfolge der Verben sieht man das Geschehen der Lebensgestaltung. Die Bewegung spielt sich in drei zu unterscheidenden Personengruppen ab: ich, die anderen, wir.

Ein Beispiel: Janina erinnert sich:
Ich bin 4 Jahre alt. Wir gehen zu Oma und Opa. Vater will, dass ich Oma zur Begrüßung eine Hand gebe. Das mache ich. Dann will er, dass ich mich neben Opa setze. Ich verweigere mich. Er macht Druck und redet auf mich ein. Ich gebe nach und lächle, bin aber sehr wütend und fühle mich ungerecht behandelt.

Isolieren wir nun die Verben dieser Erinnerung und ordnen sie in die drei genannten Kategorien, dann entsteht folgendes Muster.

---

[1] Adler, Alfred: Menschenkenntnis. Fischer-Taschenbuch. Frankfurt. S. 21
[2] Schoenaker, Toni und Theo: Die neue Ehe. Horizonte 1987. S. 151 und Schoenaker, Theo: Ja..., aber! Sinntal 2000

Ich	**Die anderen**	**Wir**
		gehen
	will	
mache		
	will	
verweigere mich		
	macht Druck redet	
gebe nach lächle		

Ich fühle mich:
wütend
ungerecht behandelt

Janina lebt ein Single-Leben. Beziehungen gehen nach ein oder zwei Begegnungen wieder zu Ende. Sie ist auf vielerlei Gebieten aktiv und kreativ, aber sie leidet.
Das tägliche Leben spielt sich ab mit der unbewussten Orientierung an der Bewegungslinie der Kindheitserinnerung. So erleben wir im Hier und Jetzt zwar unsere Emotionen und unsere Probleme, erkennen aber nicht, die „Anleitung" aus der frühkindlichen Erfahrung. Die Bewegungslinie dient dazu, diese frühkindliche Anleitung, die unbewusste Orientierung zu erkennen.
Es wird klar, was Janina unbewusst erwartet und was sie tut. Die erste Spalte zeigt, wie ihr Anteil an der unbewussten Gestaltung abläuft. Die zweite Spalte sagt, was sie von anderen erwartet und die Dritte sagt etwas aus über ihr Gemeinschaftsgefühl. Der Verlauf, hier angegeben durch die Pfeile, zeigt die Gestaltung der Situation oder die Gestaltung ihres Lebens. Unter dem Strich stehen die Gefühle, die ihr so ver-

traut sind. Dort kommt sie immer wieder an. Der Anfang liegt zwar im Wir (die dritte Spalte), aber wenn wir den Verlauf der Pfeile von „wir gehen“ bis „wütend“ betrachten, erwartet sie davon nicht viel Gutes. Sie lebt ein Leben mit äußerlicher Freundlichkeit und viel Wut im Bauch.

Ein weiteres Beispiel:
Franziska hat Angst vor Gewalt in der Partnerschaft. Sie hat es in früheren Beziehungen bereits erlebt. Eine Kindheitserinnerung lautet:
Ich bin 5 oder 6 Jahre alt. Vater diktiert mir etwas für das Unterrichtsfach Deutsch. Ich mache viele Fehler. Vater ist verärgert. Ich laufe weg und schließe mich in das Badezimmer ein. Er trommelt wütend auf die Tür. Als ich herauskomme, verprügelt er mich. Ich fühle mich missverstanden, alleingelassen und gedemütigt.

Ihr Muster, ihre Bewegungslinie sieht nun so aus:

Ich	**Die anderen**	**Wir**
	diktiert	
mache Fehler ←		
→	ist verärgert	
laufe weg ←		
schließe mich ein →		
	trommelt	
komme (raus) ←		
→	verprügelt mich	

Ich fühle mich:
missverstanden
allein gelassen
gedemütigt

Franziska erkannte in dieser Bewegungslinie, dass sie sich diktieren lässt, was im übertragenen Sinne auch bedeutet, sich Vorschriften machen lassen, und sie erkannte, dass sie durch ihr Weglaufen den anderen provoziert und so in gewissem Sinne ihrer Ohrfeige hinterherläuft.
Sie will in dieser jetzigen Partnerschaft bleiben. Sie kommt mit ihrem Freund besser zurecht, nachdem sie in guter Atmosphäre diese Erinnerung mit ihm besprochen hat. Er arbeitet daran, sie weniger zu kritisieren und sie läuft nicht mehr weg, wenn er die Auseinandersetzung mit ihr sucht. Bis jetzt, der Prozess läuft seit einigen Monaten, kommen sie damit gut zurecht.

Bert und Maja leben seit drei Jahren in einer Partnerschaft zusammen. Ihr Problem:
Er sagt:
Sie macht mich klein und dumm, indem sie mich auf Fehler hinweist, mich kritisiert. Ich fühle mich hilflos. In so einem Zustand habe ich nur eine Rettung: Ich gehe. Sie heult dann so furchtbar, dass ich mich schuldig fühle, mich schäme und mir wie ein Versager vorkomme. Ich kann das um alles in der Welt nicht leiden. Ich packe meinen Mantel und gehe. Wir sind beide dann todunglücklich. So läuft es immer wieder ab.
Sie sagt:
Er setzt mich immer unter Druck, engt mich ein, macht mir Vorschriften. Das kann ich partout nicht ausstehen. Ich protestiere, aber es ändert sich nichts. Ich fühle mich von ihm nicht ernst genommen, als Person nicht wahrgenommen. Ich fühle mich so hilflos, ich kann nur heulen.

Sie wissen nicht, ob sie zusammenbleiben wollen. Als Außenstehender, ausgestattet mit „Wenn man wissen will, was sie wollen, muss man schauen, was sie tun“, würde man sagen, sie wollen zusammenbleiben. In den drei Jahren haben sie sich immer wieder angezogen und keiner ist fremd gegangen. In dieser Art des Umganges miteinander, muss wohl etwas sehr Vertrautes liegen. Lassen Sie uns sehen, was die Kindheitserinnerungen und die daraus resultierenden Bewegungslinien hergeben.

Maja:
Ich bin 4 Jahre alt. Ich bin in einem Kinderheim. Ich soll mittags schlafen. Man lässt die Rollläden herunter. Ich will nicht schlafen. Ich protestiere. Man lässt trotzdem die Rollläden herunter. Ich protestiere weiter. Man bestraft mich. Ich heule. Ich fühle mich allein, hilflos und nicht ernst genommen.

Bert:
Ich bin 5 Jahre alt. Wir stehen draußen und verabschieden uns von Freunden. Da kommt ein Onkel dazu. Ich sage: „Guten Tag Onkel Tante Fahrenholz" (denn ich wusste, dass er der Mann von Tante Fahrenholz war) und machte damit einen Fehler. Alle verspotten und lachen über mich. Ich schäme mich, fühle mich klein, dumm und hilflos, und laufe weg.

Majas Bewegungslinie:

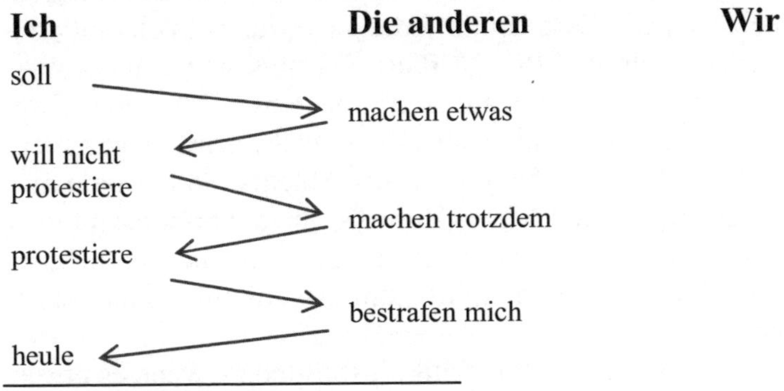

Ich fühle mich:
allein
nicht ernst / nicht wahrgenommen
hilflos

Berts Bewegungslinie:

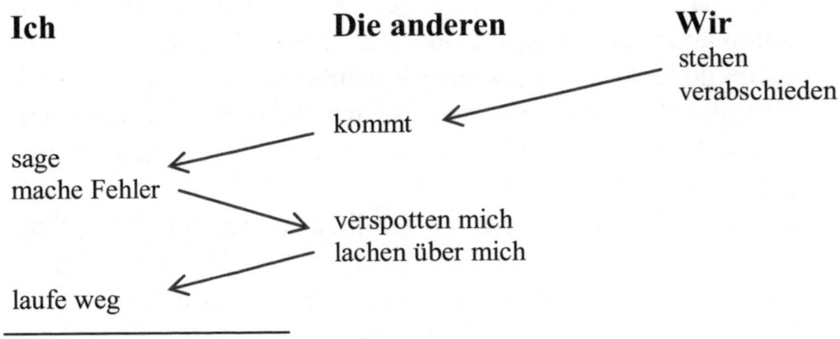

Ich fühle mich:
schäme mich
klein, dumm
hilflos

Die beiden streiten über das Verhalten des anderen. Er soll nicht weglaufen und sie darf nicht heulen. In ihrer ersten Spalte sehen wir, dass bei ihr jeder Erwartungsdruck (soll) zu einem will nicht und Protest führt. Da sie schon von vornherein erwartet, dass die anderen trotzdem nicht nachgeben werden, heult sie, fühlt sich allein, nicht ernst genommen und hilflos. Für den Anfang dieses Ablaufs (soll) ist sie äußerst sensibel. Ein kleiner Hinweis ihres Partners auf die Uhrzeit und seine Aussage, sie möge doch die vereinbarte Zeit im Auge behalten, führt zum Ablauf ihrer kindlichen Sequenz.
Er ist äußerst sensibel für Kritik, insbesondere wenn es etwas mit Sprechen, (sage) zu tun hat. Wird er also kritisiert auf eine Aussage, eine Bemerkung, die er ihr gegenüber gemacht hat, fühlt er sich verspottet und kennt keinen anderen Weg als weglaufen. Sie heult dann und er fühlt sich klein, dumm und hilflos. Wenn sie nun nicht heulen würde und er nicht weglaufen würde, so meinen sie, wäre die Welt in Ordnung. Sie sind aber beide in diesen Mustern gefangen.

Jetzt, da sie diese Muster kennen gelernt haben, kommen sie miteinander ins Gespräch über die Frage: „Was kann ich tun, damit du nicht in dein Muster hineinkommst?“
Er sagt: „Ich kann alles von ihr haben, wenn ich nur keine Vorschriften mache oder Druck ausübe. Ich will daran arbeiten, das weniger zu tun.“
Sie sagt: „Ich war in meiner Kindheit immer verantwortlich, für das, was meine Geschwister gemacht haben. Ich bin ausgerichtet auf das Entdecken von Fehlern. Ich will daran arbeiten, das bei ihm weniger zu tun.“
So gesehen ist jeder für den anderen eine echte Chance für die eigene Entwicklung. Wenn sie sich ertappen, dass sie wieder in die alte Rolle rutschen, kritisieren sie für die Reaktion darauf nicht den andern, sondern entschuldigen sich und werden aufgrund der Erkenntnisse aus der Bewegungslinie

meistens auch verstanden. Sie haben noch einen Weg vor sich, aber sie lachen schon öfter.
Das ist Arbeit an der Partnerschaft, wenn man die Forderungen an den Partner ersetzt durch eigene Bemühungen, etwas für das Wohl des Partners zu tun. Damit arbeitet man dann auch an seiner eigenen Entwicklung.
Übrigens: Wundert es Sie, dass er Schwierigkeiten hat, sich zu verabschieden? Er schleicht sich am liebsten davon.

✎ Nehmen Sie eine der Kindheitserinnerungen, die Sie am Anfang dieses Kapitels aufgeschrieben haben, und machen Sie eine Bewegungslinie. Vielleicht bringt sie Ihnen neue Erkenntnisse.

Teil II
Das Leben selbst gestalten

Manche Dinge kosten Zeit. Sie dauern ewig, wenn Sie nicht anfangen, daran zu arbeiten!

10. Gestalten

10.1. Gestalten! Sich verändern?

Wenn es nun um die Umsetzung der Theorie geht, fragen Sie sich vielleicht, inwiefern der Mensch sich ändern kann.
Bei den vielen Menschen, die ich gekannt habe, die sich mit psychologischen Veränderungsprozessen beschäftigt haben, bin ich noch keinem begegnet, der sich so verändert hat, dass ich ihn nicht wieder erkannt hätte. Nicht nur wegen seines Äußeren, sondern auch wegen seiner typischen Persönlichkeitsmerkmale, seiner liebenswerten und seiner eigenartigen. Ich kenne aber viele, die im Leben besser zurechtkommen.
Wenn man sagt „ich will mich ändern“, stellt sich die Frage, ob das geht. Ob man den Lebensstil ändern kann. Der Lebensstil ist ein festgefügter Komplex von Meinungen und Verhaltensweisen. Viele Lebensstilaspekte sind uns unbekannt. Sie entziehen sich unseres Einflusses. Dennoch können wir durch bewusste Verhaltens- und Gedankenprozesse Veränderungen anbringen. Aber aus einer Rose wird keine Lilie. Sprechen wir lieber von Entwicklung, anstatt von Veränderung.
Wenn man in einer Therapie den Lebensstil kennen lernt, lernt man zunächst die negativen Seiten kennen, die die Gründe für das Problem sind. Sie wären aber im Leben nicht

so erfolgreich, nicht so sozial intelligent, nicht so relativ normal, wenn Sie in Ihrem Lebensstil nicht auch viele positive Meinungen und Verhaltensweisen hätten. An diesen positiven Aspekten setzt der Entwicklungsprozess an. Entwicklung bedeutet also nicht, dass man sich nun dauernd anstrengen muss, die negativen Lebensstilaspekte auszurotten. Wichtiger ist es, dass Sie Ihre Stärken und die damit verbundenen Verhaltensweisen kennen lernen, weiterentwickeln und verfeinern, dass Sie lieben, lachen, Beziehungen pflegen und sich annehmen, wie Sie sind. Damit verliert der Lebensstil einige scharfe Ecken, die uns und anderen weh getan haben.

Sie bewegen sich immer zwischen zwei Polen. Zwischen dem negativsten und dem positivsten Lebensstilaspekt und logischerweise in allen Schattierungen dazwischen. Je mehr Sie sich auf den einen Pol zubewegen, desto weiter kommen Sie von dem anderen weg. Z. B.:

Konrad hat die Neigung, sich bei jedem geringsten Widerstand zurückzuziehen oder wegzulaufen. Wenn seine Minderwertigkeitsgefühle dominieren, hat er Angst und zieht sich zurück.

Konrad macht Fortschritte, weil er sich einesteils seines negativen Verhaltens zunehmend mehr bewusst ist und schmunzelt, wenn er wieder passiv wird und sich zurückzieht. Er merkt, dass er nicht Opfer, sondern Handelnder ist. Anderenteils entwickelt er mehr Mut, bleibt öfter stehen, wo er weglaufen wollte. Er redet mit, riskiert dann und wann eine Auseinandersetzung und freut sich über seine Fortschritte. Das Sichzurückziehen und Weglaufen steht nicht mehr im Mittelpunkt seines Denkens.

Das ist Fortschritt, weil er das, was ihn an seiner Persönlichkeit stört, immer öfter hinter sich lassen kann, und sich stattdessen auf den anderen Pol der positiven Lebensstilaspekte konzentriert. Er sieht entspannt aus. Er interessiert sich zunehmend mehr für andere. Er kann gut zuhören. Er singt seit einiger Zeit in einem Chor. Freunde von ihm sagen: „Konrad hat sich verändert.“ Wir meinen: Er hat sich gut entwickelt. Sie lesen dieses Buch. Sie wollen eine bessere Lebensqualität. Dazu brauchen Sie Ihr Leben nicht umzukrempeln.

10.2. Gestalten? Sich entwickeln!

Wichtiger als die ständige Frage nach der Veränderung ist die Selbstannahme. Selbstannahme ist ein Lebensgefühl, das aufblüht aus der Aussage: “Ich bin ich, und so wie ich bin, bin ich gut genug.“ Sie ist ein Ausdruck des Vertrauens in der jeweiligen Situation, das Richtige tun zu können. Ich bin so wie ich bin, gut genug. Es geht dabei nicht um einen moralischen Maßstab, der urteilt zwischen gut und schlecht, sondern um eine gedankliche und erlebnismäßige Stütze, selbstvergessen und mutig zu handeln in dem Glauben, ich habe im Rahmen meiner Möglichkeiten alles zur Verfügung, was ich brauche. Ich bin gut genug, um eine Partnerschaft zufriedenstellend zu gestalten. Ich bin gut genug, um diese Arbeit zu Ende zu führen. Ich bin gut genug, um die vorliegende Aufgabe anzupacken und das Nötige zu lernen. Ich bin gut genug, um meinen Eltern zu verzeihen. Ich bin gut genug, im Leben zu bestehen und das Richtige zu tun. Gut genug um mit einem freundlichen, offenen Blick durch die Welt zu gehen. Gut genug um die Sexualität in meiner Partnerschaft zu bejahen. Gut genug, um meinen Kindern ein unvollkommenes aber ehrliches Vorbild zu sein. Gut genug, um immer wieder neu anzufangen. Ich bin gut genug, um nicht perfekt sein zu müssen.

Manch einer hat die Neigung, „gut genug“ durch „gut“ zu ersetzen, weil ihm gut genug nicht genug ist. Epikur sagte: „Wem gut genug nicht genug ist, dem ist nichts genug.“ Wem es so wichtig ist, unbedingt gut zu sein, der steht ständig im Vergleich mit anderen, denn gut-sein-wollen, mündet schließlich immer im Besser-sein-wollen. Man weiß erst, dass man gut ist, wenn man ein bisschen mehr gut ist als die anderen Guten. So wie „ich bin ich und so wie ich bin, bin ich gut genug" das Ende des Vergleichens und der Anfang der Sachlichkeit, Aufgabenbezogenheit und Selbstvergessenheit ist, führt „gut" zur Ichbezogenheit auf dem Weg zum Narzissmus. Narziss war ein griechischer Jüngling, der sich in sein Spiegelbild verliebte. Narzissmus heißt: Verliebtsein in sich selbst; ganz auf sich selbst bezogen.

Ist die Rose in der Knospe gut genug? Oder ist sie erst gut genug, wenn sie auf der Höhe ihrer Pracht ist. Ist das Kind, das laufen lernt und immer wieder fällt, gut genug? Oder ist es erst gut genug, wenn es laufen kann? Sind Sie, so wie Sie sind, gut genug? Oder sind Sie erst gut genug, wenn Sie heilig oder vollkommen sind? Wir sind alle in unserem gut genug unterwegs. Wir können dieses Wissen als ein stilles Geheimnis hüten und aktiv werden.
Gut genug sind wir nicht als Ergebnis von Verhalten, sondern als Grundeinstellung zum Verhalten.
Ich sitze in einem Seminar über Gerontologie mit noch etwa 20 anderen Teilnehmern, darunter einige namhafte Köpfe. Am Ende der Sitzung fragt ein Teilnehmer aus Island, wer von uns Lust hätte, in einem Institut in Reykjavik für wenig Geld die Leitung eines wissenschaftlichen Projektes zu übernehmen. Ich denke: „Das wäre doch eine Idee, ich wollte sowieso schon mal etwas anderes machen, aber wer bin ich schon? Ich bin keine Berühmtheit, meine Veröffentlichungen wurden nicht übersetzt. Ich werde von meinen Kollegen zwar geschätzt, aber international habe ich kein Profil. Plötzlich geht's mir durch den Kopf: „Ich bin ich, und so wie ich bin, bin ich gut genug." Kaum hatte ich diesen Gedanken zu Ende gedacht, ist meine rechte Hand schon hoch über meinem Kopf.

Diese Entscheidung hat mein Leben gründlich verändert. Ich habe diese Arbeit seit einigen Jahren, inzwischen mit einem guten Gehalt. Ich habe dort geheiratet und bin zufrieden.

Wie selten bekommen Kinder und Erwachsene einen Impuls, sich selbst als wichtig, wertvoll, fähig und kompetent anzunehmen in ihrem so Sein, wie sie sind. Das Leben der meisten Menschen wurde und wird geprägt durch Fehlerbezogenheit und die Auswirkungen des Minderwertigkeitsgefühls. Bist du nicht besser, dann bist du schon nicht gut genug. Wir pendeln in unserer Selbstbewertung zwischen gut sein und schlecht sein und können nicht kreativ sein, nicht entspannen in einer ruhigen Selbstannahme. In der Angst vor dem Schlechtsein gibt es das verkrampfte Zurückhalten, das Resignieren oder das nach oben Strampeln im Streben nach gut oder besser sein. Darin gibt es weder Ruhe noch Zufriedenheit, noch echtes Interesse für andere. Es ist ein Zustand der Ich-Bezogenheit. Ich bin ich, und so wie ich bin, bin ich gut genug, markiert das Ende dieser Pendelbewegung. Sie führt uns zu einem Lebensgefühl, das uns frei macht von der Sklaverei des Vergleichens, und mobilisiert unsere Kräfte um zu tun, was wir können in der Gewissheit, dass das genug ist. Wir verlieren den Druck, der uns die körperlichen Beschwerden macht. Wir gewinnen ein sicheres Selbstbewusstsein und leben mit dem Mut zur Unvollkommenheit.

✎ Machen Sie mal die Augen zu und stellen Sie sich vor, eine für Sie wichtige Person steht Ihnen gegenüber und sagt: „Du bist du, und so wie du bist, bist du gut genug. Du schaffst es schon; in deiner Art."

Der zweite Teil dieses Buches macht Sie zum Gestalter. Sie lernen, besser mit Ihren Gefühlen umzugehen (Kap. 11), Ihr Verhalten neu auszurichten (Kap. 12), auch in Ihrem Denken und Selbstgesprächen Gestalter zu sein (Kap. 13), sich selbst

und andere aufzubauen (Kap. 14), Stolpersteine zu überwinden (Kap. 15), und körperlich in Form zu bleiben (Kap. 16). Viele sind vor Ihnen diesen Weg gegangen. Alles, was uns weiterbringt, ist das Ergebnis unserer Aktivität. Nur, wenn Sie sich bewegen und üben, lernen und entwickeln Sie sich. Und nur dann!
Arbeit kommt vor Erfolg. Immer. Sogar im Wörterbuch!

Wenn wir singen, lernen wir singen.
Wenn wir verzeihen, lernen wir verzeihen.
Wenn wir lieben, lernen wir lieben.
Wenn wir uns interessieren, lernen wir uns zu interessieren.
Wenn wir uns annehmen, lernen wir uns anzunehmen.

Ich wünsche Ihnen eine aktive segensreiche Zeit. Es ist Ihr Leben. Warum mit weniger zufrieden sein, wenn Sie mehr haben können. Das Vertrauen, das Sie dazu brauchen, liegt in den Worten: „Ich bin ich und so wie ich bin, bin ich gut genug." Sie werden spüren, dass Sie leben, dass Sie Gestalter sind, und am Ende sagen: „Ich war gut genug."

11. Gefühle selbst gestalten?

Grundgedanken

Gefühle sind die Dynamik für unser Handeln. Wir brauchen Sie um uns in unsere Zielrichtung zu bewegen. Das eine Mal freudig auf jemanden zu, das andere Mal ängstlich von jemandem weg. Emotion und Motivation haben dieselbe Wurzel. Ohne die Vermutung einer Gefahr, können wir nicht Angst empfinden. An der Basis unserer Gefühle liegen kognitive Prozesse. (Siehe Informationskette Kap 6). Will man seine Gefühle verstehen, muss man diese kognitiven Vorgänge kennen lernen. Will man seine Gefühle ändern, muss man sein „Denken“ ändern. Wer Liebe fühlen will, muss Liebe denken. Wer Frieden fühlen will, muss Frieden denken.

Über das Wesen der Gefühle bestehen viele Unklarheiten. Es gibt psychologische Richtungen, die behaupten, dass Gefühle ein eigenes Leben leben und dass sie unabhängig von anderen Aspekten der Persönlichkeit existieren. Viele Menschen sind unsicher, was sie mit ihren Gefühlen tun sollen. Ob sie sie verstecken sollen, ob sie sie herausschreien sollen, ob sie vorsichtig mit ihnen sein sollen. Sie fragen sich, ob sie vielleicht zu viele Gefühle oder zu wenig Gefühle, zu starke Gefühle oder zu schwache Gefühle haben, oder ob sie vielleicht zu viel Kontrolle über ihre Gefühle haben. Viele glauben, dass sie keinen Einfluss auf ihre Gefühle haben und dass sie Opfer ihrer Gefühle sind. Diese Haltung ist auch im Sprachgebrauch erkennbar, wenn sich jemand entschuldigt für sein Verhalten, „... weil mein Gefühl zu stark war.“ Auch eine Formulierung wie „er hat Angst“, lässt nicht erkennen, dass er sich selbst seine Angst gemacht hat. Andere meinen, man soll auf seine Gefühle hören, wenn man sich im Leben rich-

tig orientieren will. Ist das wahr? Und wie sieht die Individualpsychologie das alles?
Im Moment wird Gefühlen eine größere Bedeutung beigemessen als vor 70 Jahren. In einer Zeit der Entwicklung hin zur Gleichwertigkeit bekommen nicht nur weibliche Aspekte eine größere Bedeutung, sie werden nicht selten auch übertrieben. In der früher von Männern dominierten Welt war Logik wichtiger als Gefühle. Manche Frauen haben jetzt noch einen Satz im Ohr, der da lautet: „Das ist nicht logisch, du brauchst dich nicht so zu fühlen." Das ist eine Übertreibung in die andere Richtung.

11.1. Liebe und Angst

Es gibt zwei Grundgefühle: **Liebe** und **Angst.** Die positiven Gefühle wie: Zuneigung, Heiterkeit, Zufriedenheit, Freude usw. leiten wir von dem Grundgefühl Liebe her, die negativen wie: Sorge, Ärger, Wut, Traurigkeit von der Angst. Auf derselben Grundlage unterscheiden wir **verbindende** und **trennende Gefühle**, die zu sozial verbindenden bzw. zu sozial trennenden **Verhaltensweisen** führen. Sozial verbindend sind solche, die die Tendenz haben, Menschen zusammen zu bringen. Sozial trennend sind Gefühle mit der Tendenz, Menschen auseinander zu führen.
Die Informationskette erklärt, wie Gefühle aus dem Denken (einem kognitiven Prozess) entstehen. Wir empfangen eine Information, erfassen und deuten sie und entwickeln Gefühle, die uns in Bewegung bringen.
Die 10-jährige hatte in der Schule von Reptilien gehört und Fotos gesehen. Sie spaziert jetzt mit ihrer Mutter auf dem Land durch Wald und Wiesen. Plötzlich springt sie zur Seite und schreit: „Mama, eine Schlange!" Sie zittert vor Angst.
Die Angst ist das Ergebnis der Wahrnehmung (Information) und der Meinung „da ist eine Schlange." Bei näherer Be-

trachtung lag ein Stück gelbgrünschwarz gestreifter Gartenschlauch in der Wiese.
Angst ist nicht immer das Ergebnis der Wahrnehmung von wirklichen Gefahren, sondern das Ergebnis unserer Meinung über das Wahrgenommene.

Überlegen Sie:
Was muss man denken, um Angst zu fühlen?
Was muss man denken, um Gleichgültigkeit zu fühlen?
Was muss man denken, um Freude zu fühlen?

So einfach die Entstehung von Gefühlen auch scheinen mag, im Erleben des betreffenden Menschen, der an seinen trennenden Gefühlen leidet, ist sie nicht leicht nachvollziehbar. Dazu später mehr.
Gefühle haben, bedeutet, dass wir lebendig sind. Deshalb pflegen Sie Ihre verbindenden Gefühle, Ihren Humor, Ihre Geduld, Ihren Optimismus, Ihre Dankbarkeit, Ihren Frieden, Ihre Heiterkeit, Ihre Unbeschwertheit, Ihre Freude, Ihren Mut und Ihre Demut. So bewirken Sie Gutes und bringen Licht ins Dunkel dieser Welt.
Es gibt keine Emotionen ohne vorherige kognitive Prozesse; und gerade darin liegt die Hoffnung und unsere Chance. Denn Gedanken, auch unsere unbewussten, können wir kennen lernen und ändern. Das soll das Ziel dieses Kapitels sein. Wir müssen mindestens ein Missverständnis hinter uns lassen, nämlich den Glauben, dass Gefühle stärker sind, als wir selbst, oder dass wir Opfer unserer Gefühle sein können. Wir *können* uns ärgern, wir *müssen* nicht. Dann können wir Verantwortung übernehmen, für den mächtigsten Antrieb, der verbinden und trennen, lieben und töten kann. Gerade jetzt, da ich dies schreibe, stehen Botschaftsgebäude in einigen Ländern in Brand. Mohammed-Karikaturen wurden benutzt als Information um Meinungen in die Köpfe bestimmter Menschen zu implantieren und so Gefühle hoch zu peitschen,

die zu diesen Handlungen führten. Es nützt schon, wenn wir diese Dynamik verstehen und kritisch bleiben in der Beurteilung von Informationen, die täglich auf uns zukommen und unsere Gefühlslage beeinflussen.

11.2. Gefühle ändern sich

Ihre Gefühle ändern sich in dem Moment, in dem Sie neue Informationen bekommen. Hier einige Beispiele:

In einem Fernsehfilm mit Maja Maronow „Liebe nach dem Tod“ stirbt der Ehemann bei einem Unfall. Sie ist zutiefst verstört und trauert. Dann entdeckt sie, - bekommt neue Informationen - dass er eine außereheliche Beziehung hatte und die Trennung vorbereitete. Sie fühlt sich betrogen und die Trauer schlägt um in Wut.

☙

Er wacht auf. Es ist 1.30 Uhr. Laute Musik schallt von der Straße her. „Das ist bestimmt wieder der 18-Jährige von neben an. Das hatten wir doch schon mal.“ Er regt sich auf. Er zieht etwas über und geht hin. Auf dem Weg zur Lärmquelle legt er sich schon die richtigen Gedanken zurecht und steigert sich in die Wut hinein. Kaum kommt er um die Ecke, da sieht er im Straßenlaternenlicht ein Auto mit weit geöffneten Türen. Daneben stehen drei kampfbereite Boxertypen, die ihn ansehen. Sein Gefühl der Wut ist weg. Ängstlich schleicht er sich davon.

☙

Jemand kann sich mit guten Gedanken über sich und seine Lebenssituation beschäftigen und zufrieden sein. Durch ein Wort eines anderen Menschen kann ihm das Gefühl der Zufriedenheit verloren gehen.

☙

Wir alle kennen Zeiten, in denen wir uns unglücklich fühlen. Wir können auf andere Gedanken kommen und uns wieder aufgerichtet fühlen, wenn jemand uns zeigt, dass er uns versteht. Wir spüren wieder Vertrauen zu uns selbst.

Unsere Gefühle ändern sich auch, wenn etwas anderes wichtiger wird. Wenn wir traurig und müde sind und die telefonische Information bekommen, dass die Tochter ein gesundes Kind geboren hat, ändern sich die Gefühle.

Jemand kann sich traurig fühlen und im Gebet wieder Ruhe und Zuversicht finden.

Ein anderer kann sich unsicher fühlen vor einer neuen Aufgabe, sich dann aber vergegenwärtigen, welche anderen Aufgaben er in der Vergangenheit angepackt und erfolgreich gelöst hat und sich dadurch wieder zuversichtlich fühlen.

Man kann an ein trauriges Erlebnis denken und sich dann traurig fühlen. Man kann an einen herrlichen Urlaub denken, oder sich an ein Erfolgserlebnis erinnern, um sich wieder glücklich zu fühlen.

Wir wissen, dass denken und fühlen in einer direkten ursächlichen Verbindung stehen, wenn wir sagen: „Ich darf gar nicht dran denken!“ Wir haben Angst vor den emotionalen Folgen des Denkens.

Ich fahre auf einer Bundesstraße. Erlaubte Geschwindigkeit 70 km. Vor mir fährt ein Auto mit Tempo 40. Vor ihm freie Straße. Es gibt Gegenverkehr. Ich kann nicht überholen. Erster Gedanke: „Der fährt aber langsam“ Gefühl: Unruhe. Nächster Gedanke: „Der könnte ja ein bisschen schneller fahren.“ Ich fühle Ärger. Ich fahre etwas näher heran. Ich ärgere mich weiter. Nun sehe ich eine Überholchance. Beim Überholen schaue ich nach rechts, wer da wohl am Steuer sitzt. Ein Mann. Auf dem Beifahrersitz jemand, halb liegend, halb sitzend, wohl verwundet, notdürftig verbunden, noch blutend. Das Gefühl des Ärgers ist weg. Mitleid und Schuldgefühle um meine Ungeduld steigen in mir auf.

So bewegen wir uns in unseren Gefühlen von Freude zu Ablehnung, von Verletztsein zu Glücksgefühlen, von Sicherheit zu Zweifel, von Traurigkeit zu Dankbarkeit. Es ist ein Auf und Ab wie eine bergische Landschaft, aber aus der Luft fallen sie nicht, unsere Gefühle. Sie sind unsere ganz persönliche Schöpfung und wir können Einfluss nehmen. Geben wir uns also selbst neue Informationen.

Erinnern Sie sich an eine Situation, in der sich Ihre Gefühle durch neue Erkenntnisse plötzlich geändert haben? Oder haben Sie bei anderen schon mal eine Veränderung beobachtet, wovon man sagt: „Er war plötzlich wie ausgewechselt", was ja heißt, in der Stimmung und im Benehmen ganz verändert.

11.3. Gefühle und Ziele

Hiervor konnten wir die Entstehung und die Veränderbarkeit von Gefühlen kennen lernen. Es sind unsere Gefühle. Niemand außer wir selbst können unsere Gefühle hervorrufen. Sie kommen durch unsere eigenen kognitiven Prozesse zustande. Die meisten kognitiven Prozesse laufen auf einer nicht bewussten Ebene ab. Und dennoch: Wir entscheiden uns für unsere Gefühle auch wenn wir selbst noch nicht verstehen warum. *Herr G., der sich oft traurig und einsam fühlt, fragt: „Wie kann ich das glauben? Warum soll ich mich selbst für Traurigkeit und Einsamkeit entscheiden, wo ich doch so darunter leide? Das macht doch keinen Sinn."*

Sinnlos sind das Verhalten und die Gefühle nicht. Verstehen können wir sie, wenn wir Gefühle und Verhalten unter dem Blickwinkel der Zielgerichtetheit betrachten.
Zurück zu der obersten Stufe der Informationskette. Wir bekommen Informationen von außen oder geben sie uns selbst. Viele Informationen sind schon in uns. (Siehe Kapitel „Die innere Führung"). Herr G. „weiß" schon aus frühkindlichen und späteren Erfahrungen, dass er immer zu kurz kommt, und dass andere ihn nicht mögen. So steht er im Leben. Vor einer neuen Begegnung oder Aufgabe ist das die Information, die er für sich selbst unbewusst parat hat. Die Erwartung, ungerecht behandelt und abgelehnt zu werden, macht ihn spannungsbereit, aggressiv und abweisend. Aus der Begegnung wird nichts Gutes. Er steht wieder allein und traurig da, wie auch in der Kindheit so oft. Es ist als wäre es sein Ziel, sich zu beweisen, dass die Dinge sind, so wie er sie von damals kennt. Logisch ist das vielleicht nicht, aber in seiner persönlichen Struktur ist es (psycho-)logisch.
Frau N. ist eine erfolgreiche Geschäftsfrau. Auch ihr Mann ist Geschäftsmann. Jeder hat ein eigenes Geschäft. Ihr Problem: „Ich habe immer wieder Angstzustände, ich heule dann und zittere; ich fühle mich hoffnungslos, allein und verlassen. Der Boden rutscht mir unter den Füßen weg und ich breche zusammen. Ich habe das schon so lange. Wenn ich nur wüsste, woher das kommt"
Wenn man auf die Gefühle schaut, kann man das Problem nicht verstehen. Sie ist erfolgreich, hat gute soziale Fähigkeiten, kann gut mit Kunden umgehen, hat einen Mann und Kinder. Trotzdem überlegen wir: Wozu braucht Sie diese Angstzustände? In welcher Lebensaufgabe produziert sie diese Gefühle? Nicht in der Arbeit als Chefin mit 12 Angestellten. Nicht in der Gemeinschaft, bei Freundinnen, auf Partys oder Empfängen. Nur zu Hause. Sie ist schon länger in psychologischer Behandlung. Deshalb erlaube ich mir, sie direkt anzusprechen, mit der Frage: Was bringt Ihnen das?

Sie überlegt und antwortet zögernd: „Mein Mann würde mich sonst nicht wahrnehmen.“ Warum lebt sie mit dieser Meinung? Und gibt es keine andere Möglichkeit, von ihrem Mann wahrgenommen zu werden? Sie ist das mittlere Kind zwischen zwei Jungen. Ihre Mutter, die auch Geschäftsfrau war, hatte nie Zeit für sie. In einer Kindheitserinnerung versteckt sie sich und sitzt stundenlang hinter einem Fernsehgerät. Niemand kommt, niemand sucht sie. Eine andere Kindheitserinnerung sagt: Sie sitzt im Garten auf dem Rand eines Schwimmbeckens. Sie fällt kopfüber hinein. Die anderen Familienmitglieder schrecken auf, rennen zu Hilfe; es gibt viel Trost und viel Zuwendung, und Mutter sitzt an ihrem Bett. Das ist ihre innere Orientierung. *Wenn ich nicht etwas Besonderes tue, wenn es mir nicht lebensgefährlich schlecht geht, dann werde ich nicht wahrgenommen und ich werde auch nicht gesucht.* Sie schafft es, manchmal nur, mit der Angst als Symptom der Schwäche oder der Unfähigkeit, die Aufmerksamkeit, die Zuwendung und den Trost ihres Mannes zu erreichen. Das ist wohl das Ziel.
So sehen wir, dass man Gefühle immer im Zusammenhang mit der ganzen Person und ihren Lebensaufgaben betrachten muss. Das isolierte Angstproblem hat sich verlagert hin zu einem Partnerschaftsproblem. Die Vergangenheit kann zum Verständnis der Angst beitragen, aber den Sinn verstehen wir am besten, wenn wir das unbewusste Ziel erkennen.
Beide lernten, mehr miteinander zu sprechen. Sie lernt, ihre Wünsche zur Gemeinsamkeit so auszudrücken, dass er sie versteht. Es gibt inzwischen weniger Angstanfälle. Wenn sie merkt, dass sie wieder Angst entwickelt, sagt sie sich: „Ich bin nicht Opfer meiner Angst. Ich werde meinem Mann sagen, dass ich mich wieder geängstigt habe und dass ich seine Nähe brauche.“ Damit war das Problem nicht gelöst, aber sie kommt langsam aus der Opferrolle heraus. Sie hatte bis jetzt ihr Angstproblem nie auf seine Zielgerichtetheit hin unter-

sucht. Deshalb konnte sie es nicht verstehen. Jetzt macht es Sinn. Jetzt wird sie Gestalterin.

Aus diesem Beispiel erkennen wir:

- Wir haben die Neigung, uns als Opfer unserer Gefühle zu betrachten.
- Gefühle kommen nicht ohne unser Zutun zustande.
- Gefühle sind auf unbewusste Ziele ausgerichtet.
- Wenn wir verstehen, wozu wir unsere Gefühle unbewusst benutzen, sind wir nicht mehr hilflos.

Adler beschreibt die Zielgerichtetheit der Gefühle so:
„Die **trennenden Affekte** wie Wut, Sorge oder Furcht sind keine rätselhaften, undeutbaren Erscheinungen ... sie haben zum Ziel, eine Änderung herbeizuführen, um die Situation eines Menschen zu seinen Gunsten zu ändern ... . Es gäbe viel weniger Zornausbrüche, wenn nicht die Möglichkeit gegeben wäre, sich auf diesem Wege Geltung zu verschaffen."[1]
Und weiter sagt er: „Bei **verbindenden Affekten** sehen wir deutlich die Verbindung. Der Affekt der Freude verträgt z. B. die Isolierung nicht. In ihren Äußerungen: Aufsuchen der anderen, Umarmung usw. zeigt sich der Hang zum Mitspielen, zum Mitteilen und Mitgenießen. Auch die innere Haltung ist verbindend. Es ist sozusagen ein Händereichen, eine Wärme, die auf den anderen ausstrahlt und ihn ebenfalls erheben soll. Alle Elemente zum Zusammenschluss sind in diesem Gefühl vorhanden ... Die Freude ist eigentlich der richtige Ausdruck für die Überwindung von Schwierigkeiten. Hand in Hand mit ihr geht das Lachen in seiner befreienden Wirkung ... Es weist über die eigene Persönlichkeit hinaus und wirbt um die Sympathie des anderen."[2]

---

[1] Ansbacher, H. L. und Ansbacher, R. R.: Alfred Adlers Individualpsychologie. S. 221
[2] Ebda. S. 222

Viele Menschen wollen nicht gerne hören, dass sie ihre Gefühle selbst hervorrufen aufgrund der Ziele und Absichten, die sie verfolgen. Dennoch ist es leicht durch die eigenen Erfahrungen zu belegen. Wenn jemand morgens nicht aus seinem Bett will, dann braucht er Gefühle der Müdigkeit oder des Widerwillens. Solange er sich mit diesen Gefühlen beschäftigt, kommt er wirklich nicht aus dem Bett. Er kann sich aber auch auf sein Ziel - Arbeit - richten, das Gefühl nicht so wichtig machen und aufstehen. So machen wir es ja schließlich alle. Oder? Man kann die Gefühle benutzen, oder auch nicht. Wenn jemand eine vor ihm stehende Aufgabe nicht anpacken will, können ihm Gefühle der Angst die Rechtfertigung geben, nicht in Bewegung zu kommen. Er kann sich auf seine Angst berufen und zu Hause bleiben. Er benutzt so seine Angst, um sein Ziel - Aufgabe vermeiden - zu erreichen und macht sich selbst dadurch zum Opfer.
So brauchen wir auch unsere positiven Gefühle, wenn es um Liebe und Freude geht, um Zuversicht und Optimismus. Wir würden keinem Menschen strahlend um den Hals fallen, wenn wir dazu nicht die passenden Gefühle hätten.
Sie fragen jetzt vielleicht: „Ich habe zwar verstanden, dass es für die bewusste Gestaltung der Gefühle wichtig ist, meine verborgenen Ziele zu kennen, aber wie komme ich denn dahinter?“ Lesen Sie über Individualpsychologie! Sprechen Sie über Individualpsychologie! Lernen Sie bei Gelegenheit in einer individualpsychologischen Beratung Ihren Lebensstil kennen! Vielleicht hilft es Ihnen auch schon, anhand der folgenden Darstellung verschiedener Gefühle ein paar Möglichkeiten von unbewussten Zielen kennen zu lernen.[1]

Angst:

Angst ist dazu da, sich selbst zu schützen oder einen Grund zu haben, etwas nicht zu tun, weil man nicht versagen will;

---

[1] Ich stütze mich hierbei auch auf die Arbeit von McKay and Dinkmeyer: *How you feel is up to you.* Impact 1994

oder auch um Aufmerksamkeit und Zuwendung zu bekommen; vielleicht auch, um jemanden an sich zu binden; oder jemandem aus dem Weg zu gehen. Für manche Menschen ist Angst auch aufregend; sie kommen dadurch in Bewegung.

Ärger:

Sie sind verärgert. Das Ziel dieses Gefühls könnte heißen: Sie wollen Macht ausüben, um zu bekommen, was Sie haben wollen. Wenn wir uns über uns selbst ärgern, kann es das Ziel sein, uns selbst zu bestrafen oder uns selbst unter Druck zu setzen, etwas zu tun.

Entmutigung:

Entmutigt ist man dann, wenn man unzufrieden ist, mit den eigenen Leistungen oder mit denen anderer Personen. Menschen, die schnell entmutigt sind, sind oft solche, die stark nach oben streben und die sehr auf ihren Status und auf den Eindruck, den sie machen, bedacht sind. Wenn man entmutigt ist, hat man einen Grund sich eine Auszeit zu nehmen oder aufzugeben.

Enttäuschung:

Wir fühlen uns enttäuscht, wenn die Dinge nicht so laufen, wie wir sie uns vorgestellt haben. Wir können enttäuscht sein über Menschen, über Situationen und über uns selbst. In vielen Fällen ist Enttäuschung dazu da, um unsere Unzufriedenheit zu zeigen.

Langeweile:

Langeweile ist eine milde Form von Ärger. Möglicherweise benutzen wir sie, um anderen unsere Ablehnung oder unser Desinteresse zu zeigen.

Lustlosigkeit:

Lustlosigkeit ist eine Form von passivem Widerstand. Wir finden sie dann, wenn jemand nicht den Mut hat, sich offen zu konfrontieren. Das unbewusste Ziel ist, sich zu schützen.

Mitleid:

Wenn wir Mitleid mit uns selbst haben, setzen wir uns selbst herab und halten uns davon ab, positive Schritte zu unternehmen. Wenn wir bemitleidenswert sind, erwarten wir nicht viel von uns selbst. *Der Amerikaner John Callahan soll gesagt haben: Selbstmitleid ist, als würde man im Winter in die Hose machen – es gibt ein angenehmes warmes Gefühl, aber es dauert nur ganz kurz.*[1]

Wer Mitleid mit anderen hat, ist in der Gefahr sich überlegen zu fühlen. Man hat dadurch die Neigung, die Angelegenheiten für andere zu erledigen, weil wir nicht erwarten, dass sie selbst ihre Sachen auf die Reihe bekommen können.

Mitleid kann andererseits auch ein Ausdruck dafür sein, dass man sich um jemanden kümmert und ihn ermutigt und somit aufbaut.

Traurigkeit:

Traurigkeit oder eine depressive Verstimmung finden wir oft als eine stille Wut bei Menschen, die nicht wütend werden. Der andere, der das Ziel der Traurigkeit ist, fühlt sich schuldig und verantwortlich. Eine depressive Verstimmung kann zum Ziel haben, eine Zeitlang passiv sein zu können und anderen die Verantwortung zu überlassen. Das nächste Mal, wenn Sie traurig sind, können Sie sich mal die Frage stellen: „Worüber bin ich jetzt wütend?" Tiefe Traurigkeit ist natürlich auch ein Teil eines Trauerprozesses und ist in dem Fall völlig normal und Teil des Heilungsprozesses.

Schuldgefühle:

Schuldgefühle sind selten ein Antrieb, unser Verhalten zu ändern. Wir haben gelernt, dass wir uns schlecht fühlen müssen, wenn wir etwas falsch gemacht haben. Wir strafen damit uns selbst und leiden. Das Schlechtfühlen und das Leiden stehen an der Stelle, wo wir etwas ändern müssten. Wir leiden aber lieber. Wer Alkohol trinkt, kann an seinen Schuldgefühlen leiden, aber ändern tut er nichts. Wenn wir aktive Schritte machen und etwas zur Verbesserung der Situation

---

[1] Rietveld, E. und Wijma, N.: Humor als gereedschap voor managers. Baarn 2000. S. 88

unternehmen, anstatt passiv zu sein und uns schlecht zu fühlen, sind die Schuldgefühle weg. Das Ziel der Schuldgefühle kann also sein, nichts zu tun, nichts zu ändern, nichts zu lernen. *K. hat bei einer Autofahrt mit seiner Freundin eine Kurve falsch eingeschätzt und sich mit dem Wagen überschlagen. Seine Freundin hatte sich ein Bein gebrochen. K. beschimpft sich selbst nun schon seit Wochen über diese Unfähigkeit beim Autofahren, und hält sich ständig vor, dass er schuld ist an der Verletzung der Freundin. Seine Schuldgefühle führen zu Schlafstörungen und lenken ihn von der Arbeit ab.* In einer psychologischen Beratung versteht er, dass dieses sich selbst Beschimpfen kaum zu einer Verbesserung seiner Fahrkünste führt. Im Gegenteil. Er ist nur mit sich selbst beschäftigt und übernimmt nicht die Verantwortung für den Unfall, den er verschuldet hat. Er bemitleidet sich nur, mit dem unbewussten Ziel, dass ihn die anderen für seinen Fehler nicht zur Rechenschaft ziehen, dass sie schonend mit ihm umgehen, denn „er leidet ja bereits." Er kreist nur um sich selbst und kann deshalb auch nicht wirklich mit der Verletzung seiner Freundin mitempfinden.

Viele Menschen glauben, wie K. auch, sich für schuldig zu erklären, reiche aus. Man macht dann aber in der nächsten ähnlichen Situation genau wieder das gleiche, weil man sich nicht wirklich weiterentwickelt hat. K. würde in seiner Entwicklung weiterkommen, wenn er lernen würde, seine Kurven besser zu meistern, nicht weil er sich beschimpft und sich mit Schuldgefühlen gequält hat, sondern weil er zu seinem Fehler steht, bereut und künftig besser aufpasst.

Manche Menschen glauben, dass sich ein guter Mensch nach einem Fehler schuldig fühlen muss, und dass es unanständig ist, wenn man sich mit seinen „Sünden" nicht schlecht fühlt.

Verzweiflung:

Verzweiflung ist eine tiefe Form von Entmutigung. Es kann auftreten in einer Situation, in der wir schon öfter etwas versucht haben und stets erfolglos geblieben sind. Verzweiflung führt dann dazu, dass wir uns berechtigt fühlen, aufzugeben.

Wut:

In Wut ist immer der Versuch enthalten, die Situation zu seinen Gunsten zu ändern. Wir können das bei Kindern wie bei Erwachsenen, die Wutanfälle haben, beobachten. *Frau S. war beim Einkaufen. Kurz danach fällt ihr auf, dass sie zu wenig Geld zurückbekommen hat. Sie denkt: „Diese Gemeinheit, das hat er absichtlich gemacht, um mich zu betrügen." Wütend geht sie zurück zum Supermarkt.* Sie hat nicht Wut, weil er ihr zu wenig Geld zurückgegeben hat, sondern sie hat Wut, um stark genug zu sein, ihren Standpunkt entschieden zu vertreten und ihn eventuell einzuschüchtern. Wann ist ihre Wut wieder weg? Wenn sie ihr Ziel erreicht hat, ihn eingeschüchtert und ihr Geld zurück bekommen hat. Wir entwickeln unsere Gefühle in Übereinstimmung mit unseren Zielen. Wut kann auch der Anfang für einen entschiedenen Neuanfang sein.

Es kann, wie Sie ja wissen, alles auch anders sein. In diesem Sinne sind die auf den vorigen Seiten beschriebenen Gefühle und eventuellen Ziele als oft vorkommende Möglichkeiten zu verstehen. Sie können daran weiterdenken.
Beschrieben habe ich nur trennende Gefühle. Die Positiven brauchen wir nicht zu analysieren. Freuen wir uns lieber, dass wir sie haben. Die Analyse der Gefühle und die Erkenntnis ihrer Ziele, führen dazu, dass wir sie abschwächen.

11.4. Was tun?

Ein erfülltes Leben entsteht durch die mit positiven Gefühlen gelebten Lebensaufgaben. Wer sich mehr mit seinen Gefühlen, insbesondere mit den trennenden Gefühlen beschäftigt

als mit seinen Aufgaben, der kreist um sich selbst, wird unproduktiv und unausstehlich.
Ein guter Umgang mit den eigenen Gefühlen setzt einen guten Umgang mit sich selbst voraus. Ein guter Umgang mit sich selbst hat das Ziel, ein Leben in Selbstrespekt und Mut zu führen, um so nützliche Beiträge im Leben anderer Menschen zu leisten. Dabei kann die Individualpsychologie hilfreich sein. Natürlich neben den Hilfen, die Sie sicher sowieso nutzen wie vernünftige Ernährung, tägliche Bewegung zu Hause, auf der Straße oder im Fitnessstudio, Entspannungsübungen und Humor.

11.4.1. Führen Sie konstruktive Selbstgespräche

Alle Menschen sprechen mit sich selbst in Form eines Selbstgesprächs oder – wenn in der Vorstellung ein Gesprächspartner da ist – eines inneren Dialoges. Manchmal laut, meistens stimmlos mit oder ohne Lippenbewegungen. Schätzungen sagen, dass wir etwa drei bis viertausend Selbstgespräche innerhalb von 24 Stunden führen. Es sind ganze Sätze, halbe Sätze, Wörter, Wortfetzen, Bilder, Träume. Sie sind die Grundlage für unsere Gestimmtheit. Es wird gesagt, dass etwa 77 % dessen, was wir uns selbst erzählen, eher gegen als für uns wirkt. Es lohnt sich also, seine Selbstgespräche und die inneren Dialoge zu beobachten und zum Positiven hin zu lenken. So können wir unsere positive Grundstimmung selbst gestalten. Innere Freiheit haben wir dann, wenn wir unser Denken dahin lenken können, wo wir es haben wollen.

Sprechen Sie gut mit sich und sagen Sie sich:
„Ich bin nicht Opfer, ich kann was tun." Sagen Sie sich selbst: „Ich bin gut genug, so wie ich bin." Sagen Sie: „Ich schaff das schon." „Ich entscheide selbst." „Ich übernehme die Verantwortung." „Ich sehe das Positive."

✎ Wenn Sie merken, dass ein bestimmtes Gefühl, z. B. Angst wieder hochkommt, vergegenwärtigen Sie sich, dass Sie jetzt die Freiheit haben sich in dieses Gefühl reinzusteigern oder auch nicht. Wenn Sie merken, dass Sie die Situation nicht gestalten, sondern in der Opferrolle bleiben wollen, dann sagen Sie sich: „Ich will mir jetzt Angst machen, sonst hätte ich diese Angst nicht. Ich bleibe jetzt noch eine Weile in der Opferrolle." Sie können sich auch mal fragen: „Wie lange will ich diesmal drin bleiben? Noch eine Minute, noch zehn Minuten oder will ich mir damit die kommenden zwei Tage verderben?'"[1]
Oder Sie durchschauen das Ganze und sagen: „Keine Sekunde länger!"

Sprechen und schreiben sind Methoden, um die Geschwindigkeit der in uns kreisenden Gedanken zu bremsen und zu ordnen.

11.4.2. Schreiben Sie

✎ Schreiben Sie über Ihre Angst, über Ihr Leiden, Ihre Wut, Ihren Schmerz, über all das, was zurzeit vordergründig ist und was Sie am meisten beschäftigt.
Entdecken Sie im Schreiben, welche Gedanken es sind, die hinter Ihrem Angstgefühl stehen.
Und fragen Sie sich neugierig: Was will ich mit meiner Angst erreichen oder vermeiden?

✎ Welche Gedanken stehen hinter meinen Gefühlen? Schreiben Sie abends: Heute habe ich mich... gefühlt (natürlich nicht den ganzen Tag), aber so, dass ich mich daran erinnere. Positiv oder negativ. Erklären Sie diese mit

[1] Siehe Schoenaker, Theo: Worauf wartest du? Sinntal 2003 S. 66 f

Gedanken: „weil ich dachte... Beispiel.: „Heute habe ich mich wütend gefühlt, weil ich gedacht habe... (nicht: ..., weil er / sie machte oder sagte...)

Sie könnten sehr erhellende Antworten bekommen. Erinnern Sie sich an die erfolgreiche Geschäftsfrau, deren Antwort lautete: „Dann würde mein Mann mich nicht wahrnehmen.“ Damit hat sie auch die Antwort auf die Frage: Wozu habe ich eigentlich meine Angstanfälle, was will ich denn eigentlich damit? Genau das, was sie als Antwort auf die Frage „was wäre, wenn …“ bekam.

Stellen Sie sich mal die Frage:
Was wäre, wenn ich diese Gefühle nicht hätte?
Sie können die Frage auf ein eingrenzbares Gefühl z.B. Angst im Dunkeln, oder Angst, alleine zu sein, beziehen. Sie können die Frage „was wäre, wenn“ aber auch breiter anlegen und fragen: „Was wäre, wenn ich meine Probleme nicht hätte?“

Ein Mann leidet, hat depressive Verstimmungen. Er stellt sich beim Schreiben die Frage: „Was wäre, wenn ich dieses Leiden, die Traurigkeit, die depressiven Verstimmungen nicht hätte?“ Er antwortet sich: „Dann wäre mein Leben wieder leicht und fröhlich.“ Er stellt sich die Frage ein weiteres Mal: „Was wäre, wenn ich wieder leicht und fröhlich wäre?“ Seine Antwort: „Dann würde auch meine Frau sich wieder gut fühlen“ und er fügt hinzu: „Aber diese Freude kann ich ihr nicht machen, nachdem sie vor einem Jahr fremd gegangen ist.“ Die Antwort lässt erkennen, wie das Ziel, das er mit diesem Leiden, der Traurigkeit und depressiven Verstimmung verfolgt, heißt. Er will ihr das Gefühl geben, dass sie schlecht ist. Das tut er, indem er selbst leidet. Er macht ihr mit seinem Leiden Schuldgefühle. Es ist nicht einfach,

sich das einzugestehen, aber Ehrlichkeit währt am längsten, auch im Umgang mit sich selbst.
Frau L., die eine Antwort suchte auf die Frage: Was wäre, wenn ich nicht so ängstlich wäre, fiel Folgendes dazu ein: „Dann würde mein Mann nicht bei mir bleiben." Sie erkennt, dass sie mit ihrer Ängstlichkeit ihren Mann an sich bindet. Durch ihr regelmäßiges Schreiben, wobei sie ehrlich alle ihre Gedanken niederlegt, stellt sie fest, dass sie im Grunde eifersüchtig ist. Diese Eifersucht hat sie noch nie benannt. Das braucht sie auch nicht, denn solange sie mit Ihrer Ängstlichkeit ihren Mann binden kann, ihn zwingen kann, rechtzeitig nach Hause zu kommen, anzurufen, wenn er bei seiner Arbeitsstelle angekommen ist, usw. braucht sie, so schlussfolgert sie, nicht eifersüchtig zu sein. Sie ist am Kernproblem angekommen.

Wenn man diese Fallbeispiele so vor sich sieht, erscheint das alles so logisch, durchsichtig und nachvollziehbar, aber es erfordert etwas Mut, sich zu ehrlichen Antworten durchzuringen.
Verschlusssache: Wenn Sie vorhaben, sich in dieser Art um Selbsterkenntnis zu mühen, dann sorgen Sie dafür, dass Ihre schriftlichen Eintragungen höchste Geheimstufe, Verschlusssache sind. So können Sie ehrlich zu sich selbst sein. Zu einer späteren Zeit, nachdem Sie selbst Klarheit und Sicherheit gewonnen haben, können Sie, wenn das Ihr Wunsch ist, Ihre Erfahrungen mit vertrauten Personen teilen.

11.4.3. Der Weg nach außen

Suchen Sie Menschen auf. Zeigen Sie Interesse. Der Mensch ist ein Gemeinschaftswesen. Menschen brauchen einander. Die Batterie des Menschen lädt sich an der Batterie des anderen auf. Das haben Sie im Kapitel über das Gemeinschaftsgefühl bereits erkannt. Alles, was Sie aufrichtig mit anderen Menschen verbindet, ist gut für Sie und für die anderen.

Üben Sie es, andere Menschen wahrzunehmen. Es wird Ihnen sehr gut tun. Man kann zufrieden sein, man kann aus vielerlei Gründen und verschiedensten Anlässen Spaß haben. Glück ist ein zutiefst befriedigendes Gefühl, das aus dem Interesse für andere und aus dem aufrichtigen Umgang mit anderen Menschen entsteht. In diesem Zusammenhang gibt mir das folgende Zitat Orientierung. Vielleicht bedeutet es Ihnen auch etwas: „Sei nicht Sklave, sondern Herr deiner Stimmungen. Bist du aber so verärgert, so gedrückt, so wund, dass dein Geist selbst im Gebet nicht Erlösung und Ruhe findet, so gehe eilends hin und bereite einem Bekümmerten, einem schuldig oder unschuldig Leidenden eine Freude! Opfere dich, deine Gabe, deine Zeit, deine Ruhe einem anderen, einem, dem mehr als dir auferlegt ist und deine unglückliche Stimmung löst sich auf, in gottselige, gottzufriedene Ergebung.“[1]

11.5. Antworten auf häufig gestellte Fragen

Wie kann man seine negativen Gefühle bekämpfen?

Am besten versucht man nicht, sie zu bekämpfen. Betrachten Sie die negativen Gefühle als die Abwesenheit der positiven Gefühle. Bei negativen Gefühlen fehlt Ihnen etwas. Bei Angst fehlt Ihnen Mut. Bei Eifersucht fehlt Ihnen Vertrauen. Bei Hass fehlt Ihnen Liebe. Finden Sie heraus, was Ihnen fehlt und setzen Sie sich dafür ein. Wenn Sie Mut entwickeln, verringern Sie die Angst. Wenn Sie Vertrauen entwickeln, verringern Sie Ihre Eifersuchtsgefühle. Wenn Sie Liebe entwickeln, können Sie Hass zum Verschwinden bringen.

---

[1] Abdu'l-Bahá: Sonne der Wahrheit XIII /10. S. 103

Können wir unsere Gefühle selbst gestalten?

In dem Moment, in dem wir uns so fühlen, können wir nichts dafür, dass wir uns so fühlen. Wir können aber immer vertrauter werden mit der Idee, dass wir nicht Opfer unserer Gefühle sind. Wir können uns selbst neue Informationen durch Selbstgespräche geben. So gestalten wir unsere Gefühle. Das machen wir tagtäglich. Wer mit Kunden zu tun hat, kann ein Problem im privaten Leben haben und verärgert sein, aber wenn der Kunde kommt, gibt er sich einen Ruck und springt über seinen Schatten.

Wir können auch akzeptieren, dass wir es wohl so haben wollen, wie es ist. Wenn das störende Gefühl wieder auftaucht, dann lächeln Sie in sich hinein, und erkennen, dass Sie der Schöpfer dieses Gefühls sind. Schimpfen Sie nicht mit sich selbst. Solange Sie mit sich schimpfen, können Sie keine Fortschritte machen. Lächeln Sie nur und denken Sie: „Das habe ich wieder gut hingekriegt." Das genügt. Sie werden sich immer weniger überzeugt als Opfer Ihrer Gefühle fühlen können. Ihr Selbstvertrauen wird wachsen durch die Fortschritte, die Sie machen. Es kommt eine Zeit, in der Sie nach hinten schauen müssen, wenn Sie sich an die Zeit der Schwäche und des Unfriedens in sich selbst erinnern möchten.

Ist es nützlich, Gefühle abzureagieren? Hilft das?

Kurzfristig vielleicht ja. Solange Sie aber an Ihrer Einstellung, in Ihrem Denken nichts ändern, ist das Gefühl bald wieder da.

Manch einer fragt sich: „Wohin mit meiner Wut?" Sie können vielleicht mit Ihrer Wut einen Streit gewinnen oder dem anderen klar machen, dass Sie nicht mit ihm einverstanden sind. Sie können Ihre Wut auf sich selbst beziehen (weil Sie meinen, in Ihrem Leben vieles falsch gemacht zu haben), indem Sie Alkohol trinken und Süßes essen als Selbsttröster oder sich selbst verletzen. Sie können auch schreien, auf Kissen schlagen, einen Packen Zeitungen zerreißen oder Porzellan zerschlagen. Das kann eine kurzfristige Befreiung bringen, aber wenn es Ihre Einstellung, Ihr Denken nicht ändert, wird die Wut wiederkommen.

Kann man Gefühle verdrängen?

Der Glaube, dass man Gefühle verdrängen kann, kommt daher, dass man meint, Gefühle haben ein Eigenleben. Individualpsychologisch betrachtet, haben sie aber kein eigenes Leben, sondern sind das Produkt der kognitiven Prozesse. Was können wir also verdrängen? Gefühle? Nein. Gedanken? Ja. Wir verdrängen Gedanken, weil wir befürchten, dass sie Gefühle auslösen könnten, die wir nicht beherrschen können. Dazu eine witzige, aber erhellende Geschichte:

Drei Männer kamen in die Hölle. Ein Rabbi, ein Priester und ein Positiv-Denker. Die ersten Beiden spazieren auf und ab und sprechen über die Gründe ihres Hierseins. Der Rabbi sagt: „Ich gestehe es nicht gerne, aber ich habe dann und wann Schweinefleisch gegessen und den Sabbat nicht gehalten." Der Priester offenbart, dass er nicht immer zölibatär gelebt hat, dass er einige sexuellen Beziehungen hatte.
Auf einem glühenden Stein in der Ecke sitzt der Positiv-Denker. Sie fragen ihn: „Warum sind Sie hier?" Er schaut sie erstaunt an und antwortet: „Ich? Ich bin gar nicht hier."
Das ist Verdrängung. Man will die Wahrheit nicht wahrhaben.

Ist eine Katharsis heilsam?

Die Katharsis wird von der Psychoanalyse als ein Vorgehen betrachtet, mit der man durch mehrmaliges Durchleben seiner Gedanken und Gefühle zur geistig-seelischen Läuterung kommen kann. Sie wird im täglichen Sprachgebrauch hauptsächlich verbunden mit der Möglichkeit, durch Weinen zur inneren Freiheit zu kommen. Die Wirksamkeit der Methode ist nicht klar belegt. Das Weinen im Sinne einer Katharsis ist als ein Zeichen des Vertrauens für den Therapeuten zu sehen. Es ist auch eine Möglichkeit, Spannungen abzubauen. Danach fühlt man sich freier. Probleme werden dadurch wahrscheinlich nicht gelöst, es sei denn, der Vorgang ändert unsere Einstellung.

„Beginne den Tag so, als wäre es absichtlich“

Will Smith in dem Film: Hitch - Der Date Doktor

12. Verhalten selbst gestalten?

Grundgedanken

Das Wissen über den Lebensstil verbunden mit der Idee, dass die Vergangenheit so stark in uns lebt, dass wir vom „Kind in uns“ oder vom „inneren Kind“ sprechen, führt manch einen dazu, sich als Opfer der frühkindlichen Erfahrungen vorzukommen und zu leiden. In Wirklichkeit sind wir aber nicht Opfer, sondern oft willige Mitspieler, oft Urheber und kreative Gestalter der Situation. Jeder weiß, dass er einen Vorsatz abändern kann, sich anders entscheiden kann. Das gilt für unser Denken und für unser Handeln. Der Mensch hat einen freien Willen und damit ist die Verantwortung für das Handeln verbunden.

Welche Überlegungen können uns weiterhelfen? Die Individualpsychologie drückt mit ihrem Namen individual (lat.: Individuum = das Unteilbare) aus, dass der Mensch eine Einheit ist und dass er immer als eine Einheit Entscheidungen treffend durchs Leben geht. Wir nennen ihn Entscheidungen treffendes Wesen. Die Individualpsychologie teilt den Menschen nicht in mehrere Instanzen ein, die im Menschen wirken, wie „Ich“, „Es“, „Über-Ich“, „Eltern-Ich“, „Kind-Ich“ oder „Kopf und Bauch“. Sie lässt keinen Spielraum, uns für unsere Entscheidungen mit irgendwelchen Kräften in uns zu entschuldigen. Diese Ganzheit heißt „Ich“ oder „Du“, abhängig vom Standpunkt, ob man auf sich selbst oder auf andere schaut.

Wenn wir hier von Entscheidungen sprechen, meinen wir nicht nur die Handlungen, die wir nach einem klaren Vorsatz bewusst ausführen, sondern auch die, wovon wir rückblickend sagen, „ich habe mich entschieden, dies oder jenes zu tun.“ Alles, was der Mensch denkt, fühlt, träumt, erwartet und tut, konnte nicht ohne seine Entscheidung zustande kommen. Wir erkennen also auch nicht-bewusste Entscheidungen als Entscheidungen an. Lassen Sie sich mal auf dieses Konzept ein. Es wird Ihnen helfen, sich selbst zu erkennen, bewusster zu leben und sich freier zu fühlen. Als Gestalter eben.
Zum besseren Verständnis hier **einige Beispiele:**
Wenn Sie jetzt dieses Buch lesen, im Sitzen, dann war es wohl Ihre Entscheidung, sich zu setzen und zu lesen, sonst würden Sie ja nicht sitzen und lesen. Wenn Sie jetzt zustimmend nicken, war das Ihre Entscheidung zu nicken, sonst müssten wir ja davon ausgehen, dass Ihr Kopf ein Eigenleben führt, und unabhängig von Ihnen nickt, wann er will. Vieles von dem, was wir tun, tun wir unbewusst, aber es geschieht durch unsere Entscheidung.
Bis soweit ist das noch zu akzeptieren. Handelt es sich aber um negative Verhaltensweisen, insbesondere solche, die von der Gesellschaft abgelehnt werden, dann ist es nicht mehr so leicht, zu dem Prinzip „der Mensch ist ein Entscheidungen treffendes“ Wesen zu stehen. Wenn jemand im Supermarkt etwas stiehlt, wenn eine Erzieherin ein Kind schlägt, wenn der Ehemann wutentbrannt seine Frau anschreit, dann würden diese Personen lieber sagen: „Ich konnte nichts dafür.“ „Ich habe meine Fassung verloren.“ „Ich bin ausgeflippt.“ „Mir ist die Hand ausgerutscht“. Sie gehen in die Opferrolle. Es herrschen Entschuldigungen vor. Die Bedeutung unseres Verhaltens verstehen wir eher, wenn wir annehmen „ich wollte das so, denn ich habe es ja gemacht“. Sie wollte im Supermarkt etwas stehlen, sie wollte das Kind schlagen; er wollte seine Ehefrau anschreien. Die Kurzformel lautet:

„Wenn ich wissen will, was ich wirklich will, muss ich schauen, was ich tue“. Man kann das auch verneinen und bei der Entschuldigung „ich konnte nichts dafür“ bleiben, aber dann hört auch die Entwicklung auf. Dann braucht man nicht weiter über die Hintergründe nachzudenken. Dann ist man Opfer.

✎ Haben Sie sich auch schon mal gefragt, warum jemand, der an Einsamkeit leidet, nicht zu einem anderen Einsamen geht?[1]

Maria sagt: *„Ich wollte gar nicht* ***stehlen****, aber plötzlich hatte ich das Parfüm in der Hand und dann in der Tasche. Ich wollte es wirklich nicht.“* Maria macht sich zum Opfer von Kräften, die „nicht Ich“ sind. Damit hört das Denken auf. Einen weit gesünderen Weg würde sie so finden: *„Wenn ich wissen will, was ich wirklich will, muss ich schauen, was ich tue. Ich habe die Flasche Parfum gestohlen. Das wollte ich wohl so. Ich übernehme dafür die Verantwortung und überlege jetzt mal, wozu ich das nötig hatte und wie ich mich das nächste Mal anders verhalten kann.“*

Auch der Ehemann würde weiterkommen, wenn er annehmen würde: *„Ich tat so als könnte ich nichts dafür, aber ich gestehe ein, dass nur meine Entscheidung mich zum* ***Anschreien*** *führen konnte. Warum hatte ich das nötig?“* Solche Überlegungen führen weiter als die Opfertheorien.

Der Gedankengang „warum hatte ich das nötig? Wozu?“ gelten nicht nur für einzelne Handlungen wie z. B. schlagen, stehlen, lesen, sitzen oder essen, sondern auch für unsere Lebensgestaltung als Ganzes, die ja nichts anderes ist, als die Summe unserer einzelnen Entscheidungen. Ist man durch seine Arbeit reich geworden, dann heißt das „ich wollte reich werden“. Lebt man alleine ohne Partner, heißt das „ich will alleine ohne Partner leben.“ Zu positiv gefärbten Verhal-

---

[1] Antwort: Weil er einsam sein will.

tensweisen und Ergebnissen können wir leicht sagen, "ja, das wollte ich so." Bei eher negativen Verhaltensweisen fällt uns das schwer. Wenn wir traurig, depressiv sind, wollen wir uns nicht eingestehen, dass wir das in dem Moment unter diesen Bedingungen sein wollen. Wenn wir uns ärgern, uns selbst Vorwürfe machen, fällt es uns schwer, uns einzugestehen „ich will mich selbst klein machen und ärgern". Es scheint, dass wir uns lieber zum Opfer machen – „ich kann nichts dafür" – als die Verantwortung dafür zu übernehmen, dass wir die Gestalter unseres eigenen Lebens sind und uns auch anders entscheiden könnten.

Wie wir im vorigen Kapitel gesehen haben, gilt das insbesondere für Gefühle, wobei wir diese Freiheit nicht gerne wahr haben wollen. Vielleicht gerade noch, wenn es um Freude oder Fröhlichkeit geht, aber bei Ärger, Eifersucht, Wut, Hass und ähnlichen Gefühlen hätten wir lieber, dass wir dafür nicht verantwortlich wären.

Wenn Sie bis soweit wohlwollend mitgedacht haben, tauchen die Fragen auf: „Angenommen, es wäre wahr ...? Wenn ich aber doch daran leide, was macht es dann für einen Sinn?"

Den Sinn des Verhaltens kann man oft an dem Ziel bzw. den Folgen erkennen. Die Folgen können etwas mit den Reaktionen der anderen Menschen zu tun haben, wie in diesem Fall:

Ingo neigt dazu, bei vielen Gesprächen zu ***weinen****. Es ist kein ernstes Schluchzen. Es laufen ihm einfach die Tränen über die Wangen. Er sagt dann: "Ich kann nichts dafür, dass mir die Tränen laufen, das ist bei mir so. Beachten Sie sie nicht."*

Wir wissen aber, dass auch er ein Entscheidungen treffendes Wesen ist und dass sich die Entscheidung auch auf die Produktion von Tränen bezieht. Er kann noch nicht akzeptieren, dass er sich für die Tränen entscheidet, denn er erlebt es nicht so. Er erlebt sich selbst als Opfer irgendeiner ihm fremden Instanz, die seine Tränen produziert.

Schließlich hat er im guten Glauben an die Richtigkeit der Individualpsychologie das Prinzip, „der Mensch, ein Entscheidungen treffendes Wesen" akzeptiert und konnte sich nach solch einer Situation im Stillen sagen: „Ich habe mich wieder entschieden in dieser Situation zu weinen. Ich verstehe zwar noch nicht, warum ich das tue, aber es waren meine Tränen." Ingo ist ein erfolgreicher Geschäftsmann und ich habe ihn gefragt, ob er in harten Geschäftsverhandlungen auch weint. Wir sprachen dann darüber, dass solche Signale wie Tränen laufen lassen, erröten, lachen, stottern, Signale für den Gesprächspartner sind. Wenn zwei Menschen zusammenkommen, geht jeder erst mal davon aus, dass der andere innerhalb der normalen Spielregeln eines Gesprächs bleibt. Wenn einer plötzlich anfängt, zu weinen, zu erröten, an unpassender Stelle zu lachen oder zu stottern, dann verändert das die Qualität der Beziehung. Dem Zuhörer wird klar, dass er hier jemandem gegenübersteht, der nicht normal belastbar ist oder ganz eigenen Spielregeln folgt, dass er ihn schonen muss, oder bei dem er auf der Hut sein muss. Diese Wahrnehmungen und Schlussfolgerungen des Zuhörers werden mit den Eindrücken, die er durch das freundliche Gesicht seines netten Gegenübers bekommt, vermischt. Kurz: Das Symptom, das Signal dieses nonverbalen Verhaltens stellt die Weichen für die Beziehung und für den Verlauf des Gesprächs. Nein, Ingo lässt in Geschäftsverhandlungen keine Tränen laufen.

Da der Mensch ein soziales Wesen ist, hat Verhalten soziale Bedeutung und dadurch bekommt es seinen Sinn. So lautet die Kurzformel in ihrer vollständigen Form: „Wenn ich wissen will, was ich wirklich will, muss ich schauen, was ich tue **und was dadurch passiert**."

*Ich zeige mich **traurig**. Jemand kommt zu mir und interessiert sich für mich und dafür, wie es mir geht. Schlussfolgerung: Ich wollte mich traurig zeigen, damit jemand auf mich zukommt.*

*Er haut **wütend** mit der Faust auf den Tisch und der Kollege gibt seinen Widerstand auf. Das heißt: Ich habe mich entschieden, wütend auf den Tisch zu hauen, um dadurch die Verhältnisse zu meinen Gunsten zu ändern.*

*Das Kind war schon trocken und fängt nach der Geburt des Geschwisters wieder an **einzunässen**. Die Folge: Es bekommt jetzt zusätzliche Aufmerksamkeit und Zuwendung (nicht immer positiver Art) der Eltern. Das Kind hat sich „entschieden“, wieder einzunässen, damit es das, was ihm verloren zu gehen drohte, wieder bekommt.*

*Die zwei Geschwister **kämpfen** mal wieder miteinander, die Mutter regt sich auf, fährt dazwischen und beschäftigt sich mit den Kindern. Das ist es wohl, was sie wollten.*

So macht es Sinn.
Wenn Sie dieses Prinzip konsequent ohne Berücksichtigung dessen, was Sie sonst als Erklärung gedacht haben, verfolgen, werden Sie über das Verhalten anderer und über Ihr eigenes Verhalten immer öfter schmunzeln können.
Hier ist ein kleine Geschichte zum Schmunzeln: *Der Komponist Antonius Vivaldi (1675-1743) sollte Priester werden, obwohl ihm die Musik viel mehr bedeutete als die katholische Kirche. Er wurde 1702 zum Priester geweiht. Er musste sich einmal verantworten, dafür, dass er eine Messe unterbrochen hatte, um eine musikalische Eingebung aufzuschreiben. Später hat er den Dienst quittiert, weil er die Messen wegen chronischen Hustens nicht zu Ende lesen konnte.* Wenn man wissen will, was jemand wirklich will, muss man schauen, was er tut und was dadurch passiert. Wollte er Priester sein?

Wilhelm Busch hat die Menschen gut beobachtet und zeigt, dass er obige Prinzipien bejaht:

Selbstkritik hat viel für sich.
Gesetzt den Fall ich tadle mich;
So hab ich erstens den Gewinn,
dass ich so hübsch bescheiden bin;
zum zweiten denken sich die Leut',
der ist lauter Redlichkeit;
auch schnapp ich drittens diesen Bissen
vorweg den anderen Kritik-Küssen;
und viertens hoffe ich außerdem
auf Widerspruch, der mir genehm.
So kommt es dann zuletzt heraus,
dass ich ein ganz famoses Haus.

Wilhelm Busch

12.1. Die Beziehung zur Kindheit

Wie war das damals, als Sie Kind waren?
Sie fühlte sich als Kind nicht verstanden, ***ungerecht behandelt*** *und bekam keine Gelegenheit sich zu rechtfertigen. Jetzt macht sie eine Ausbildung und fühlt sich wieder in derselben Lage.*
Wie sie dahin kommt? Sie hält sich nicht an die Ausbildungsrichtlinien, muss dann die Konsequenzen tragen und ihre Gründe – privater oder organisatorischer Art – lässt man mit dem Hinweis auf die Ausbildungsrichtlinien nicht gelten. Wieder fühlt sie sich nicht verstanden, ungerecht behandelt und ihre Rechtfertigungen werden nicht akzeptiert, wie in der Kindheit.
Wenn sie ihre Kreativität, sich da hineinzumanövrieren, erkennt, und sieht, dass andere Azubis sich ja auch an die „Spielregeln“ halten, dann kann sie lernen sich einzuordnen, um nicht wieder an diesem Lebensstilaspekt anzukommen.

Die „anderen“ sind dann nicht mehr die „Bösen“ und sie ist nicht mehr das Opfer der Ungerechtigkeit. Will sie das? Oder will sie weiterhin die anderen herabsetzen und so ihre Überlegenheit erleben? Wir werden sehen, denn „wenn man wissen will, was sie wirklich will, muss man schauen, was sie tut und was dadurch passiert.

Wer die Lebensaufgabe **Partnerschaft** auch nach mehreren Versuchen nicht befriedigend löst, würde gut daran tun, sich einzugestehen: „Ich will wohl keine Partnerschaft.“ Dann kann er mithilfe der Kenntnisse über den eigenen Lebensstil feststellen, welches Bild er sich in der Kindheit vom anderen Geschlecht gemacht hat. Z. B. Frauen herrschen. Männer sind wie Kinder. Die vielen schlechten Erfahrungen, die er in den vergangenen Jahren bei der Partnersuche machte, bestätigten ihm diese frühkindliche Meinung. Das ist es wohl, was er bis jetzt wollte. Jetzt versteht er besser, warum die Beziehungen bis jetzt so gelaufen sind. Er kann jetzt besser wahrnehmen, was er tut.

Es kann eine echte Hilfe sein, sich selbst von außen mit Abstand zu betrachten und zu sehen, was „dieser Mensch da“ tut und welches die Folgen sind. Humor kann dabei helfen.

Herr P. kann, wenn er in der Kantine oder an einer Autobahnraststätte vor einem Urinal neben anderen Männern steht, nicht ***urinieren****. Er versucht und drückt. Der Harnleiter kommt ihm wie verschlossen vor. Traurig verlässt er dann den Platz, steigt wieder in den Wagen und erledigt sein Bedürfnis am Straßenrand, im Wald oder zu Hause. Da geht es dann wohl. In seinen Selbstgesprächen schimpft er sich selbst: „Du Weichling! Du bist kein ganzer Mann. So wirst du nie eine Freundin haben können. Für eine Partnerschaft bist du nicht gut genug.“*

Wenn er das Prinzip „der Mensch ist ein Entscheidungen treffendes Wesen“ annehmen kann, dann kann er es am besten mit etwas Humor auf diese Situation anwenden. Er könnte den Gedanken „ich kann nicht“, in „ich will nicht“ verändern und sehen, was am Ende dabei herauskommt. Er könnte, wenn er wieder auf der Autobahn unterwegs ist und spürt, dass er Wasser lassen muss, im Sinne eines Selbstgespräches einen guten Freund in seiner Fantasie sprechen lassen, z. B. so: (Er spricht laut, als würde er seine Situation als Außenstehender beschreiben): *„Jetzt muss er wieder Wasser lassen. Bald wird er anhalten und wieder Theater machen. Er wird den Wagen abstellen und sich auf dem Weg zur Toilette aufregen und sich sagen, dass es wohl wieder nicht gehen wird, aber es muss doch gehen. Er könnte sich auf die Toilette setzen, wo es ja ginge, aber nein, er wird sich vor das Urinal stellen und so tun, als ob er Wasser lassen will. Nach einer Weile wird er wieder traurig mit seinem Wasser weggehen. Auf der weiteren Fahrt macht er sich dann den Kopf verrückt mit Gedanken an eine Frau, die er meint, nie kriegen zu können, weil er kein echter Mann sei. Ob er dieses Ergebnis nicht auch ohne diesen Hokuspokus haben kann?“*

Dies ist ein Beispiel dafür, dass wir uns nicht als Opfer, sondern mit etwas Humor als Schöpfer der Situation sehen können.

Jetzt, wo er anfängt, aus der Opferrolle herauszukrabbeln, wo er sein Problem nicht dadurch schlimmer macht, dass unbedingt etwas muss, was nicht geht, kann er freier über Alternativen nachdenken. Er kann erst mal den Druck herausnehmen, indem er akzeptiert, dass „es“ nicht geht und kann das Klosett anstatt das Urinal wählen. Er kann sich sagen, dass er sich ja nicht immer beweisen muss, dass seine Schwester recht hatte, als sie ihn Weichling schimpfte und zeigte, dass sie als Vaters Liebling mehr Manns sei als er. Auch weitere Beratung oder Therapie könnte ihm gut tun. Jedenfalls ist er auf dem besten Weg, weil er den Druck herausgenommen und sich von der Opferrolle befreit hat. Er fängt an zu gestalten.

Ich habe in den vielen Jahren, in denen ich mit erwachsenen Menschen, die stottern, arbeitete, das Phänomen „so tun, als ob man etwas will, und sich so verhalten, dass es nicht geht" immer wieder beobachten können. Hier ein Beispiel:
Herr B. arbeitet in einem Großraumbüro. Er hat gleitende Arbeitszeiten, kann also früher oder etwas später anfangen. Er ***stottert*** *auffällig und lautstark. Jeden Morgen hat er Schwierigkeiten, „Guten Morgen" zu sagen, wenn er seinen Arbeitsplatz betritt, wo die meisten anderen bereits anwesend sind. Schon auf dem Weg vom Parkplatz zur Bürotür macht er sich den Kopf verrückt, indem er sich sagt, dass er ja ein halber Idiot ist, weil er nicht normal „Guten Morgen" sagen kann und dass ein normaler Mensch das ja können muss. Wenn er die Tür öffnet, ist er schon angespannt und aufgeregt und stottert lautstark mit einem roten Kopf das Wort „Guten Morgen."*
Es ist ähnlich wie bei dem Mann, der nicht Wasser lassen kann. Auch hier fixiert sich jemand derart auf sein Symptom und bereitet sich innerlich so gezielt auf das Misslingen vor, dass man von Zufall oder von Opfersein gar nicht mehr reden kann. Er will das so. Wenn Herr B. – so wie Herr P. mit seinem Thema „Urinieren am Urinal"–, das Thema „Guten Morgen sagen wollen" nicht so wichtig machen würde, den Druck herausnehmen würde, dann wäre er schon auf dem Weg der Besserung. Er könnte anstatt unbedingt Guten Morgen sagen zu wollen, auch hoi, hallo oder gar nichts sagen. Er will aber stottern, sich schämen, Versagenserlebnisse haben, sich dann hinter seinem Schreibtisch zurückziehen und sich schlecht fühlen. Würde er das nicht so machen, dann würde er nicht so auffallen. Er bräuchte sich dann nicht so schlecht zu fühlen und würde sich nicht hinter seinem Schreibtisch verkriechen müssen. Er könnte die gleitende Arbeitszeit nutzen und vor allen anderen mit der Arbeit anfangen. Mit ein bisschen Kreativität gäbe es viele Lösungsmöglichkeiten.

Wenn Herr B. wirklich aus der Opferrolle raus will, dann gilt auch für ihn, dass er erst mal akzeptiert, dass er die Situation so gestaltet wie er sie haben will. Er kann aber auch schauen, was dadurch passiert... . Was ist nun der Sinn oder das Ziel seines Verhaltens? Außerhalb der Arbeit lebt er wie ein Einzelgänger, hat wenig soziale Kontakte und kommt alleine ganz gut zurecht. Auf meine Frage hin: „Angenommen, Sie hätten dieses Stotterproblem nicht, was wäre dann anders am Arbeitsplatz?" Er sagt: „Dann würde ich mich nicht schlecht fühlen und mich nicht schämen müssen. Ich wäre dann lockerer und würde auch ein paar Mal am Tag mit einigen Akten durch das Büro gehen und hier und da ein kleines Gespräch führen. Aber die anderen würden mir dann auch näher kommen und mich vielleicht besuchen wollen. Und so nah will ich die Leute nicht an mich herankommen lassen." Das ist es also. Er will keinen Kontakt mit den Kollegen. Er schützt sich mit seinem Stottern. Die weiteren Zusammenhänge mit schlechten Erfahrungen, die er mit anderen Menschen in seiner Kindheit machte, sind für das Verständnis dieses Beispiels unerheblich.
Anmerkung:
Wenn ich mal den Begriff „Theatermachen" benutzte, dann habe ich das nicht als Abwertung gemeint, sondern um klar zu machen, dass es aus der Sicht des Unbeteiligten als Dramatisieren wirken kann. Und es ist nicht von Nachteil, wenn man sich selbst bei dem Theatermachen ertappt.
Auch wenn wir aus der Beobachterposition leichter als der Betreffende selbst feststellen können, dass er sich für sein Verhalten entscheidet, ist trotzdem das Leiden des Mannes, der nicht Wasser lassen kann, oder stottert, echt und verdient eher unser Mitgefühl als unsere Abwertung.

Ist folgendes Beispiel so absurd, oder kommt es Ihnen doch vertraut vor?
Sie meint, sie ***esse*** *zu viele Pralinen und macht sich deswegen selbst Vorwürfe. Eines Tages sagt sie sich laut: „Ich esse keine Pralinen mehr". Abends sitzt sie vor dem Ferneseher und ist in Gedanken bei ihren Pralinen. Sie schaut auf die Pralinenschachtel und merkt, dass ihr rechter Arm langsam in Bewegung kommt und ihre Hand sich auf die Pralinen zubewegt. Sie sagt sich: „Ich will keine Pralinen essen" und schlägt sich mit der linken Hand auf die rechte. So kämpft sie eine Weile mit sich, bis sie den Kampf „verliert" und schlechten Gewissens ihre Pralinen isst.*
Was wollte sie nun wirklich nach unserer Regel „wenn ich wissen will, was ich wirklich will, muss ich schauen, was ich tue und was dadurch passiert?" Sie wollte Pralinen essen, Schuldgefühle haben, und sich sagen können: „Ich wollte ja keine Pralinen essen, aber ich schaffe es einfach nicht." So bleibt alles beim Alten. Aber sie kann nichts dafür, sagt sie.
Beim Versuch, das Rauchen aufzuhören, ist es nicht anders.

Wir sind im Grunde freier als wir wollen. Der Mensch tut immer was er will, auch wenn er selbst nicht weiß, dass er das will. So kommt er auch in Situationen, die er sich wünscht, auch wenn er nicht weiß, dass er sie sich wünscht. Das hängt, wie Sie verstehen, damit zusammen, dass uns viele Aspekte unseres Lebensstils noch nicht bekannt sind.
Nein, angenehm sind die Erkenntnisse, zu der die Individualpsychologie uns verhilft nicht immer, aber nützlich sind sie. Sie helfen weiter. Seien Sie mutig. Beobachten Sie sich. Ob es nun Nicht-Schlafen-Können, Impotenz, schlechte Angewohnheiten oder Essstörungen sind, immer sind Sie es selbst, der diesen Zustand hervorruft. Wenn wir dieses Prinzip außer Acht lassen, reden wir über unsere Symptome, ohne zu wissen, was wir sagen, weil wir sie selbst nicht verstehen. Alfred Adler hat in diesem Zusammenhang folgende

einprägsame Aussage gemacht: „Manchmal lügt der Mund oder der Kopf versteht es nicht, aber die Körperfunktionen sagen immer die Wahrheit.“[1] Trotzdem bei aller Liebe zur Psychologie: Erst kommt der Arzt, dann der Psychologe. Tun Sie bei körperlichen Symptomen das, was Ihr Arzt Ihnen rät. Parallel dazu oder danach arbeiten Sie dann mit den Hilfen der psychologischen Wissenschaft.
Diese Beispiele mögen genügen, um Ihre Kreativität auf den Weg zur Selbsterkenntnis in Bewegung zu bringen.

Zum Schluss noch eine Überlegung: Die Psychologie ist ein großes Geschenk an die Menschheit. Mit ihr gibt es Verständnis, gezielte Hilfsmöglichkeiten, psychische Hygiene und inneren Frieden. So ist sie eine mächtige Kraft, die auch missbraucht werden kann. Psychologisches Wissen fordert uns zur Mitmenschlichkeit auf. Möge es uns nicht verführen, es in moralischer Überlegenheit gegen andere zu richten.

Hinweis:
Wenn Sie merken, dass Sie sich wehren gegen eine Theorie, die Ihnen so viel Verantwortung aufbürdet, dann helfen Sie sich selbst am besten, wenn Sie weitere Beispiele suchen, worin Sie erkennen, dass es ja doch stimmt. So verhindern sie, dass Sie anfangen, Fluchtwege zu bauen.

---

[1] Ansbacher, H. L. und Ansbacher, R. R.: Alfred Adlers Individualpsychologie. München 1972. S. 397

Die Menschen neigen zur Entfremdung. Eine freundliche Zunge ist der Magnet der Menschenherzen.

Abdu'l-Báhá

13. Die Macht der Sprache

Grundgedanken

Am Anfang ist das Wort. Dann die Wirkung der Information auf das Denken und Handeln. Der Verkäufer, der Politiker, der Verliebte, der Verführer, der Führer, der Coach, der Priester, die Fans, ich und alle anderen, sie alle benutzen die Macht des Wortes um Wirkung in ihrem Sinne zu erzielen ... wenn sie gehört werden:

Die Fabel vom Frosch

Es war einmal ein Wettlauf der Frösche. Das Ziel war es, auf den höchsten Punkt eines hohen Turmes zu gelangen. Es versammelten sich viele andere Frösche, um zuzusehen und ihre Artgenossen anzufeuern. Der Wettlauf begann. In Wirklichkeit glaubte keiner von den Zuschauern daran, dass auch nur ein Frosch auf die Spitze des Turmes gelangen könnte, und alles, was man hörte, waren Sätze wie: „Die Armen! Sie werden es nie schaffen!" Einer nach dem anderen gab auf. Die Zuschauer fuhren fort zu sagen: „Die Armen! Sie werden es nie schaffen! ..." Und die Frösche gaben sich geschlagen, außer einem, der weiterhin versuchte, auf die Spitze des Turmes zu klettern. Schließlich hatten alle Frösche ihr Vorhaben abgebrochen – nur jener Frosch hatte alleine und unter großer Anstrengung die Spitze des Turmes erreicht. Die anderen fragten ihn, wie er das geschafft hatte. Dann merkten sie, dass er taub war!

Quelle: unbekannt

Das Wort, die Sprache ist ein Instrument des Denkens. Denkprozesse entwickeln sich im Sprechen. Die Aufforderung „erst denken, dann sprechen“ klingt vernünftiger als sie ist. Sicher, es ist vernünftig zu wissen, worüber man sprechen will und wer die Zielperson sein wird, sodass man nicht der Person, die man zur Rede stellen wollte, eine Liebeserklärung macht. Mit dem Sprechen entsteht Struktur im Denken und Wirkung auf andere und auf uns selbst. Die Sprache, die man verwendet, bestimmt die Stimmung. Es gibt eine liebliche, eine blumenreiche, eine hasserfüllte, eine schnodderige, eine edle, eine erhabene Sprache, um nur einige zu nennen. Alle haben sie ihre Rückkoppelung auf unser Seelenleben und beeinflussen die Lebensqualität.

13.1. Eine Untersuchung

In einer Gruppensitzung gab ich den Teilnehmern den Auftrag, den anderen Gruppenmitgliedern über einen Menschen von außerhalb der Gruppe, mit dem sie Schwierigkeiten haben, zu erzählen. Sie sollten sich in die Konfliktsituation hineindenken und die negative Seite des Betreffenden (ohne dessen Identität preiszugeben) und die Problematik, so wie sie sie erlebten, ganz offen darstellen. Und das in 60 Sekunden.

Als die Teilnehmer ihren Auftrag erfüllt hatten, beantwortete jeder schriftlich vier Fragen, die die Aspekte Kognition, Gefühle, Verhalten und die Physiologie berücksichtigten.

1. Was spüren Sie jetzt körperlich? (Die Physiologie)
2. Wie fühlen Sie sich jetzt emotional? (Das Fühlen)
3. Welche Gedanken sind vordergründig? Schreiben Sie sie auf, so wie sie kommen. (Die Kognition)
4. Wenn Sie frei wären, zu tun, was sie wollten, was würden sie dann jetzt am liebsten tun? Stehen Sie dazu. (Das Handeln)

Hier eine Auswahl der Antworten, unzusammenhängend aneinandergereiht:

1. **Ich spüre körperlich:**
   Ich schwitze. Ich spüre Anspannung. Mein Herz rast. Meine Augen werden feucht. Meine Gesichtsmuskeln sind verkrampft. Ich habe Bauchschmerze. Ich fühle mich kraftlos, kurzatmig. Ich bekomme Kopfschmerzen. Ich bin zittrig. Ich habe einen Kloß im Hals. Ich fühle mich übel.
2. **Ich fühle mich emotional:**
   Wütend. Hilflos. Traurig und auch befreit. Unsicher. Ängstlich. Ich fühle mich schuldig. Enttäuscht, verletzt und allein gelassen. Ich bin sauer und werde noch wütender.
   Ich bin fassungslos und fühle Hass. Ich fühle mich nicht anerkannt. Unzufrieden. Genervt. Ich fühle mich aufgewühlt und habe Rachegelüste. Ärgerlich, ohnmächtig. Trotzig. Ich fühle Ablehnung. Ich will mich nicht mehr unterbuttern lassen.
3. **Vordergründige Gedanken sind:**
   Pass auf, jetzt darfst du keine Fehler machen.
   Du verkommst noch mal in deinem eigenen Dreck.
   Warum kannst du mir nicht helfen? Warum kriege ich von dir immer wieder ein Nein? Ich hab's doch gewusst; warum tue ich mir das immer wieder an? Wenn sie mal ihre Besserwisserei beiseiteschieben würde, dann hätten wir beide ein besseres Leben. Ich will meine Ruhe, ich will sie nicht mehr sehen. Sie hat ihren Erfolg und ihr Glück nicht verdient. Ich würde ihr einen Reinfall gönnen. Wenn du immer alles durcheinanderbringst, kann ich meine Sachen auch nicht finden. Was denkst du dir eigentlich dabei? Bin ich blöd und naiv? Hoffentlich muss ich in Zukunft nicht viel mit dir zu tun haben.
   Immer willst du bestimmen. Immer denkst du nur an dich. Warum merkst du nicht, wie weh du mir damit tust?

Du bist ein Egoist. Ich höre auf, sie zu beachten, indem ich mich zurückziehe. Am liebsten würde ich mich von den Leuten trennen, bei denen ich mich nicht öffnen kann, aber dann bin ich ja alleine. Blöde Kuh. Ich finde diese Haltung zum Kotzen.

4. **Wenn ich frei wäre, zu tun, was ich wollte, dann würde ich am liebsten Folgendes tun:**
   Ich möchte sie schütteln und schlagen. Ich würde ihr ihre eigenen Versäumnisse vorhalten und ihr zuschreien, welch eine unmögliche Vorgesetzte sie ist. Ich würde ihn rauswerfen, und mich abwenden. Ich würde sagen, wie mich das verletzt und ich würde keine Rücksicht mehr nehmen. Ich würde die Freundschaft kündigen. Ich würde ihm gerne meine negativen Erfahrungen mit ihm darlegen und dabei würde ich gerne so souverän erscheinen, als stünde ich über ihm. Im Grunde möchte ich heulen.
   Ich würde ihn ignorieren, ihn gehen lassen und mich selbst entfernen, innerlich und äußerlich. Ich würde mich rächen. Ich würde sie zerstören. Ich würde ihren Heiligenschein zerstören. Ich würde ihr schleimiges Gehabe aufdecken. Ich würde meine Sachen zusammenpacken, und umziehen. Ich würde schreien. Ich würde ihn zu einem Gespräch bitten und alles raus lassen, was mich stört. Ich würde ihn anschreien, ihm die Meinung sagen und meine verletzten Gefühle zeigen. Ich würde aus dem Haus gehen und erst etwas kaputt schlagen.

Ist das nicht beeindruckend? Unsere Sprache als Träger des negativen Denkens weckt Emotionen und drängt uns zum Handeln, das Krieg bedeuten kann. Und das in 60 Sekunden.

13.1.1. Die andere Seite der Untersuchung

Alle bekamen anschließend den Auftrag, über dieselbe Person nur das Gute zu erwähnen und dann wieder dieselben

Fragen zu beantworten. Dieses Mal gab ich 2 Mal 60 Sekunden Zeit, weil ich die Tatsache berücksichtigte, dass sich vorher negative Gefühle entwickelt hatten, die jetzt im Sprechen überwunden werden mussten.

1. **Ich spüre körperlich:**
   Leichtigkeit. Eine freie Atmung. Einen aufrechten Gang. Ich trage meinen Kopf hoch. Ich bin entspannt und habe ein gutes Körpergefühl. Ich bin locker. Gelassen. Leicht. Ausgeglichen. Stark. Ich kann meine Arme frei bewegen. Ich fühle mich groß und aufgerichtet.
2. **Ich fühle mich emotional:**
   Warm, verträumt glücklich und stolz. Zufrieden und froh. Ich habe Vertrauen. Ich bin zuversichtlich und fühle Liebe. Ich bin offen und tolerant. Ich fühle mich sicher, freudig, friedvoll. Ich bin voller Liebe. Ich fühle mich ruhig, gelassen, beschwingt. Ich bin voller Tatendrang. Ich fühle Respekt und Bewunderung. Ich bin verständnisvoll und ausgeglichen. Ich bin hingewandt und fühle mich ehrlich.
3. **Vordergründige Gedanken sind:**
   Es ist wunderbar, was sich an Qualitäten in einer Person sammelt. Du bist ein großartiges Kind, es ist gut, dass es dich gibt. Ich kann mehr Verständnis für sie aufbringen. Blöd, dass ich nicht vorher mal darüber nachgedacht habe, sie ist eine großartige Frau, die das Schicksal auf diesen Platz gestellt hat. Sie ist doch in vielerlei Hinsicht gut. Ich habe Vertrauen zu ihr. Sie hatte es auch nicht leicht. Sie bemüht sich ja wirklich und sie tut viel Gutes. Ich will wieder an unserer Freundschaft anknüpfen. Schön, dass sie so zuverlässig ist. Gut, dass sie Dinge abgeben kann, sie erleichtert mir meine Arbeit, hält mir meinen Rücken frei. Ich freue mich für sie. Er schlägt sich gut durch. Bis jetzt hat ja alles auch geklappt.

Er bemüht sich ja nach Möglichkeiten. Im Grunde bewundere ich diese Person. Es gibt ja doch einige gute Seiten, die ich oft nicht sehe, weil ich die negativen Seiten vor Augen habe. Es muss doch einen Weg geben. Ich frage mich, warum mir das alles so zu schaffen macht, ich möchte jetzt am liebsten weinen. Sie hat gute Seiten, doch ich kann sie nicht immer sehen. Mir fällt es schwer, von negativ auf positiv umzuschalten. Im Grunde kann ich mich auf dich verlassen. Du nimmst dein Leben selbst in die Hand.

4. **Wenn ich frei wäre, zu tun, was ich wollte, dann würde ich am liebsten Folgendes tun:**

Ich möchte den Zwerg knuddeln und ihm seine Qualitäten deutlich machen. Ich möchte ihr sagen, dass sie sehr wichtig für mich ist. Ich möchte gerne mit ihr sprechen, ihr sagen, für wie kompetent ich sie halte und dass ich mich freue, von ihr lernen zu können. Ich möchte ihn in den Arm nehmen. Ich möchte mich mit ihr unterhalten und mir Zeit für sie nehmen. Ich möchte einen netten Abend mit ihr verbringen. Ich möchte ihr die Hand reichen und mich bedanken. Ich möchte ihr freundlich begegnen. Ich möchte gemeinsam ein schönes Wochenende verbringen. Ich möchte ihn in den Arm nehmen und Dankbarkeit ausdrücken. Ich möchte ihm meine Bewunderung zeigen und dafür loben, dass er es so weit gebracht hat im Leben. Ich will ihm auch einige Dinge verzeihen, weil ich verstehe, dass er nicht anders handeln konnte. Ich möchte mit ihr spazieren gehen und Tee trinken. Ich würde jetzt am liebsten weggehen, denn ich bin mit dieser Übung an meine Grenzen gestoßen. Ich will in Bezug auf sie direkt, gar nichts machen; ich will nur objektiver überlegen, ob ich sie weiterhin als Freundin haben will und mich immer mit ihrer Persönlichkeit auseinandersetzen will; sie bringt mir immer nur Probleme. Ich würde ihr sagen, was mir an ihr gefällt.

Diesen Vorgang habe ich mit anderen Gruppen wiederholt. Die Ergebnisse wiederholen sich.
Wir gestalten auch mit unserer Sprache die Qualität unseres Lebens. Der Einfluss unserer Selbstgespräche auf unser Fühlen und Handeln ist gewaltig. Jeder hat die Fähigkeit, sich selbst in kurzer Zeit in eine depressive Verstimmung zu versetzen. Man muss sich nur damit beschäftigen, wie wenig Verständnis die anderen haben, wie ungerecht das Leben oder die Menschen sind, wie wenig Interesse sie zeigen, und wie wenig man selbst dagegen ausrichten kann, dann sacken bald die Stimmung, der Energiespiegel, die Arbeitsqualität und die Liebesfähigkeit ab. Wir sprechen dann von negativen Selbstgesprächen.

✎ Machen Sie doch mal die Erfahrung, wie Sie durch eine bewusst gewählte positive, liebevolle freundliche Sprache Ihre Stimmung heben können.
Schreiben Sie dazu in Ihr Wachstumsbuch einen kleinen Aufsatz über die Bedeutung der Dankbarkeit und der Liebe in Ihrem Leben.

13.2. Negative Selbstgespräche

✎ Es lohnt sich, die negativen Denkprozesse besser kennen zu lernen. Schreiben Sie sie auf. Sie verstehen dann Ihre Stimmungen und Stimmungsveränderungen. Je besser Sie verstehen, wie Sie das machen, desto eher können Sie Einfluss nehmen und Sie fühlen sich als Gestalter.

Es kann sein, dass es Ihnen so geht, wie der Teilnehmerin Marina, die erzählte: *Ich habe 14 Tage lang meine negativen Selbstgespräche aufgeschrieben. Sie sind mir dadurch nicht nur bewusster geworden, ich erkenne auch, dass sie sich immer wieder um dieselben Sachverhalte kreisen. Wenn ich sie jetzt aufschreiben will, denke ich: nein, das brauche ich nicht mehr, das kenne ich doch schon. Es ist mir, als ob ich für den Moment neben mir stehe und den Lauf der Dinge selbst gestalten kann. Ich unterbreche mich selbst, indem ich mir sage: „Nein, heute nicht! (Und mit einem kleinen Lächeln) Morgen vielleicht wieder. Heute will ich so nicht denken. Ich fühle mich stark, selbstbewusst und habe schon 6 Kilo abgenommen, weil ich mir weniger Frust mache."*

13.2.1. Beispiele von negativen Selbstgesprächen

Verstehen Sie, warum es den Personen mit folgenden Selbstgesprächen nicht gut geht? Warum sie abends müde und irritierbar sind?

Abteilungsleiterin:

Der wird noch sehen, dass ich Recht habe.
Ich hoffe er fällt auf die Nase. Hätte er nur auf mich gehört.
Der meint, wieder Recht zu haben.
Der meint, was zu wissen, aber ich muss ihm sagen, wie es wirklich ist.
Du bist auf dem falschen Weg.
Schau dir das an, der meint, auch was zu können. Ich könnte ihm sagen, wie es ist, er müsste mich nur fragen.
Die reden wieder über mich.
Diese Ignoranz, diese Interessenlosigkeit.

Sie sagte:
Diese Aufgabe, meine negativen Selbstgespräche zu notieren, hat mich richtig schockiert, denn sie zeigen mir schwarz auf weiß, wie viel Zeit und Energie ich zur Kompensation meiner Selbstentmutigung in meinem Arbeitsalltag aufwende. Die Überlegenheit, die ich mir anmaße, tut mir nicht gut. Mithilfe einer Kehrtwende bin ich entspannter und zugänglicher. Es beschäftigt mich nicht mehr, ob andere blöd oder ignorant sind.

Hausfrau und Mutter:

Im Badezimmer: Ein Kilo zu viel. Ich fühle mich so unattraktiv und ich kriege es einfach nicht weg.
Ich hasse den Haushalt. Immer wieder von vorne anfangen.
Ich bin unmöglich fett. Wer kann mich denn mögen.
In der Küche: Sch..., wie sieht es denn hier wieder aus. Ich finde die Schere einfach nicht; ich hab einen Schlamperladen.
Auf dem Weg in den Kindergarten mit beiden Kindern: Viel zu spät, und das nur wegen mir, ich krieg die Sache nicht auf die Reihe, ich fühle mich völlig erschöpft, ich bin genervt.

Erzieherin: (im Selbstgespräch zu ihrer Kollegin)

Ich will nicht arbeiten.
Halt du doch endlich mal den Mund und red nicht ununterbrochen, das hält ja niemand aus.
Ich will nicht mit dir reden. Du bist einfach nicht ehrlich mit mir. Immer musst du Recht haben, dabei bist du ja so blöd.
Du redest nur von Krankheiten. Das interessiert mich nicht. Hast du denn nichts anderes im Kopf?
Ich habe Kopfschmerzen, ich will meine Ruhe, ich bin müde.
Immer diese blöden Bemerkungen.

Gewerkschaftsvorsitzender:

Klasse, noch eine Kollegin krank; ich drehe noch durch.
Ich habe es so satt, ich halte den Stress nicht mehr aus.
Furchtbar, wie der Chef mit den Kollegen umgeht, der lernt es auch nie.
Ich hab ja so viel Arbeit und jetzt muss ich auch zu Hause noch die Tapeten abmachen.
Wieder Betriebsversammlung, ich hasse solche Tage. Ich fühle mich so unfähig, ich kann mir nichts merken. Mir gelingt nichts und dabei hatte ich mich so gut vorbereitet. Niemand hat Verständnis für mich.

Diese Fähigkeit, unser Fühlen und Handeln durch Selbstgespräche zu beeinflussen, nutzen wir im positiven Sinne für die individualpsychologische Lebensgestaltung. Aus den vielen Möglichkeiten zu gestalten, beschreibe ich in Folge die Kehrtwende, den situativen Zielsatz und das ABC der Emotionen.

13.3. Die Kehrtwende

All zu oft belasten wir uns mit negativem Material im Sinne von negativen Gedanken, die uns nicht bewusst sind. Damit können wir aber keine guten Leistungen erbringen oder befriedigende Beziehungen pflegen.
Wir haben nicht immer die Kontrolle über unsere Gedankengänge und so können wir nicht immer verhindern, dass sich negatives Gedankengut breitmacht. Wir können aber eine Kehrtwende machen. Wir können die selbstschädigenden Gedanken von negativ auf positiv wenden. Das Wort Kehrtwende sagt "Umkehren".
Machen Sie mal eine neue Erfahrung. Die Kehrtwende hat schon viele Menschen beflügelt und ihrem Denken eine neue Richtung verliehen.
Eine Teilnehmerin berichtet:
Ich sitze an meinem Schreibtisch. Ich schiebe die Arbeit an meiner Diplomarbeit schon seit einiger Zeit vor mir her. Ich habe alle Fakten gesammelt. Ich muss sie nur noch zusammenschreiben. Wenn ich anfangen will, fällt mir plötzlich etwas anderes ein, was mir dann ganz wichtig ist. Manchmal fühle ich mich sehr müde. Ich meine, es könnte ja an meiner Art, mich zu ernähren liegen. Darüber muss ich mal was lesen. Und so vertue ich meine Zeit mit Orientierungslosigkeit bzw. mit allen möglichen Sachen, die nichts mit meiner Diplomarbeit zu tun haben. Ich schimpfe mit mir, fühle mich leer und lege mich hin. Ich schlafe eine Stunde. Dann mache ich

einen Spaziergang ... So geht das nun schon drei Monate. Im Grunde ist es klar. Ich will nicht.

Sie bekommt die Aufgabe, jeden Tag ein paar negative Kerngedanken zu notieren, sobald sie ihr bewusst werden. Und so notiert sie im Laufe von mehreren Tagen:
Ich bin müde.
Ich kann nicht denken.
Ich habe keine Ideen.
Ich kann mich nicht konzentrieren.
Ich habe keinen Antrieb.
Ich habe Angst, nicht gut genug zu sein.
Ich bin lustlos.
Ich fühle mich schwach.
Ich habe keine Energie.
Ich muss schlafen. Meine Augen wollen zu.
Ich weiß nicht, was ich will.
Ich habe keine Kraft.
Die nächste Aufgabe lautete:
Schreiben Sie diese Kerngedanken auf ein großes Blatt Papier und hängen Sie es an die Wand, sodass Sie sie auch auf Abstand sehen können. Sie erzählt:
Diese Kernsätze sagen mir: „Ja, so ist das". Ich merke, wie diese Gedanken immer wieder in mir hoch kommen und mich lähmen. Nach etwa drei Tagen stellt sich mir die Frage, ob das nicht ein bisschen übertrieben ist. Ich habe ja schon einige gute Semesterarbeiten geschrieben und blöd bin ich ja auch nicht. Wenn ich spazieren gehe, bin ich ja auch nicht müde. Ich fühle mich nur so, wenn ich meine Diplomarbeit schreiben will.
Ich will mich aber nicht so fühlen!
Nachdem diese Entscheidung gefallen ist, ist sie reif, eine Kehrtwende zu schreiben, d. h.: Jeder einzelne negative Satz wird ins Gegenteil umgekehrt. Sie schreibt:
Ich bin wach.

Ich kann gut denken.
Ich habe originelle Ideen.
Ich kann mich gut konzentrieren.
Ich fühle Kraft, Lust und Antrieb.
Ich bin gut genug, ich muss nichts beweisen.
Ich habe Spaß daran.
Ich habe Auftrieb und spüre Energie.
Ich bin ausgeruht.
Ich habe einen klaren Blick.
Ich weiß genau, was ich will und mache die richtigen Schritte. Ich fühle mich stark.

Sie hängt die positiven Gedanken anstelle der negativen an die Wand. Danach schrieb sie:
Meine Erkenntnis: *Ich spüre Auftrieb. Zwar nur kurz, aber ich lese die positiven Sätze immer wieder und wieder und hole mir zu jedem Satz ein Erinnerungsbild, das mir bestätigt, dass ich das ja aus Erfahrung weiß. Ich fange an und schreibe an diesem Tag die ersten fünf Seiten meiner Diplomarbeit. Mit dem Anfang ist auch der Glaube an mich selbst wieder da. Der Durchbruch ist geschafft. Ich lache wieder und finde wieder Bestätigung für die positiven Sätze an der Wand.*
Mir ist bewusster geworden, wann ich die negativen Selbstgespräche habe, nämlich dann, wenn mir das Zugehörigkeitsgefühl verloren geht. Dieser Verlust hängt eng zusammen mit dem Gefühl von Inkompetenz. Das Gefühl inkompetent zu sein, habe ich immer dann, wenn ich nur ahne, dass andere mir überlegen sein könnten; ich habe Angst, nicht gut genug zu sein. Jetzt habe ich wieder Vertrauen zu mir.

✎ Beobachten Sie Ihre negativen Selbstgespräche in Bezug auf die Lebensaufgabe, an der sie arbeiten möchten. Diese negativen Selbstgespräche schreiben Sie – als Kernsätze – auf. 10 bis 15 Sätze genügen. Diese Kernsätze sind das „ursprüngliche Material".

13.3.1. Anleitung für die Kehrtwende

Ursprüngliches Material:	**Die Kehrtwende:**
1. Jetzt muss ich wieder in die stressige Klasse. Ich habe keine Lust.	1. Ich gehe gerne und mit Leichtigkeit in die Klasse.
2. Die Kollegen sind stinklangweilig. Wie die immer untereinander auf die Schüler schimpfen.	2. Ich tue das Beste, was ich kann. Und so ist das auch mit meinen Kolleginnen und Kollegen. Sie sind anders als ich, aber in ihrer Art okay.
3. Ich glaube, ich habe den falschen Beruf.	3. Ich mache meine Arbeit gerne und gut. Die Schüler mögen mich. Ich bin eine gute Lehrerin.

✎ Suchen Sie nun aus Ihrem eigenen negativen Material 3 Sätze, die Sie besonders nach unten ziehen oder generell nicht gut tun.

➢ Machen Sie auf Ihrem Blatt Papier zwei Spalten. Schreiben Sie dann nach angegebenem Modell diese 3 negativen Sätze in die linke Spalte unter „Ursprüngliches Material".

➢ Lesen Sie die Sätze unter „Ursprüngliches Material" laut und überzeugt vor. Spüren Sie dann, wie diese auf Ihre Stimmung wirken. Warten Sie und spüren Sie.

- Schreiben Sie in die rechte Spalte Ihre Kehrtwende. D. h. kehren Sie jeden dieser Sätze ins Gegenteil um. Sie können noch einige Überlegungen oder Begründungen hinzufügen.
  Schreiben Sie jeden Satz in der grammatikalischen Gegenwartsform.
- Machen Sie dann das gleiche mit den drei Sätzen der Kehrtwende. Lesen Sie sie laut und völlig überzeugt. Achten Sie darauf, wie sich Ihre Stimmung verändert.
- Den Kehrtwende-Text können Sie an die Wand hängen, oder/und auswendig lernen. Er wird Ihnen eine Zeitlang helfen. Danach brauchen Sie ihn vielleicht nicht mehr. Dann machen Sie eine neue Kehrtwende mit anderen Themen.

13.4. Der situative Zielsatz

Der situative Zielsatz ist ein weiteres erprobtes und wirksames Werkzeug zur Kontrolle und Veränderung der Selbstgespräche. Selbstgespräche berühren direkt die ersten drei Faktoren der Informationskette. Der situative Zielsatz ist dazu da, sich selbst neue nützliche Informationen zu geben, die schließlich dahin führen, dass man sich in Bezug auf eine spezifische Situation besser fühlen und dann auch effektiver, zufriedenstellender, erfolgreicher handeln kann.

Typisch für den situativen Zielsatz ist:

a. Der Anfang mit einer Verneinung, gefolgt von aufbauenden Gedanken.
b. Seine sachliche und direkte Art.

Wie der Name sagt, bezieht er sich auf eine ganz bestimmte Situation, und beantwortet die Frage: „Was will ich nicht mehr?“

13.4.1. Ein pragmatischer Ansatz

Dieser Ansatz ist pragmatisch, weil wir im Allgemeinen besser wissen, was wir nicht wollen, als was wir wollen. Wer erst mal klar formulieren kann, was er nicht will, kommt der Frage „was will ich statt dessen?“ schon näher. Z. B. „ich will mich nicht mehr ärgern.“ „Ich will nicht mehr immer *ja* sagen.“ „Ich will mich nicht mehr unter Druck fühlen.“ „Ich will nicht bei unwichtigen Anlässen ausrasten.“ „Ich will nicht eifersüchtig auf meine Kollegen schauen.“ „Ich will nicht mehr so hektisch arbeiten.“ „Ich will nicht mehr schnell meine Tätigkeit ändern, wenn der Chef reinkommt“. Etc.

Ziele werden normalerweise in einem positiven (nicht verneinenden) Sprachgebrauch formuliert. Der situative Zielsatz aber spricht direkt das Problem an, verneint es und formuliert wenn möglich, eine Alternative mit dem Wort „sondern“. Ähnlich wie im „Vater unser“: „Und führe uns nicht in Versuchung, **sondern**, erlöse uns von dem Bösen.“ Wenn wir so formulieren, drücken wir damit unsere feste Absicht aus, nicht das eine, sondern das andere zu tun.

Das „(ich) ... nicht“ mit anschließender Begründung oder Alternative, ist eine Vorgehensweise, die wir auch aus der Erziehung gut kennen. Man sagt einem Kind „nein, jetzt wird **nicht** gespielt, **sondern** Hausaufgaben gemacht“ evtl. ergänzt durch eine Begründung, z. B.: Denn wir wollen heute Abend gemeinsam ein Fernsehprogramm sehen. Oder: Jetzt gibt es **kein** Butterbrot, **sondern** nur einen Becher Schokoladenmilch, denn in einer Stunde steht das Essen auf dem Tisch. In manchen Fällen kommt man auch nur mit „sondern“ oder nur mit „denn“ aus.

13.4.2. Anleitung für einen situativen Zielsatz

1. Stellen Sie sich eine Problemsituation vor und spüren Sie, wie es Ihnen da geht.
2. Was wollen Sie <u>nicht mehr</u>?
   Gefühl oder Verhalten. Z. B.: Mich ärgern, schimpfen und mich selbst als eine schlechte Mutter betrachten.
   Stellen Sie sich die Situation vor und sagen Sie:
   Z. B.: ***Nein, ich ärgere mich nicht!***
3. Was wollen Sie <u>stattdessen</u>?
   Gehen Sie hier weiter mit ..., sondern...
   z.B.: Nein, ich ärgere mich nicht, ***sondern ich schaue ihn an und denke „mach's nicht so wichtig – lass ihn!"***
4. Erleben Sie Ihren Körper. Spüren Sie sich und überlegen sie, was Sie <u>tun wollen</u>.
   Z. B.: Nein, ich ärgere mich nicht, sondern ich schaue ihn an und denke „mach's nicht so wichtig – lass ihn!" ***Ich lächle in mich hinein und spüre meine entspannten Schultern.***
5. Formulieren Sie <u>zum Schluss einen Satz</u>, mit dem Sie den situativen Zielsatz feierlich besiegeln.
   Z. B.: Nein, ich ärgere mich nicht, sondern ich schaue ihn an und denke „mach's nicht so wichtig – lass ihn!" Ich lächle in mich hinein und spüre meine entspannten Schultern. ***Ich bin eine liebende Mutter!***
6. Streichen Sie jetzt <u>sondern weg</u>. Sprechen Sie Ihren situativen Zielsatz laut und überzeugt.
   Z. B.: ***Nein, ich ärgere mich nicht! Ich schaue ihn an und denke „mach's nicht so wichtig – lass ihn." Ich lächle in mich hinein und spüre meine entspannten Schultern.***
   Ich bin eine liebende Mutter!

Der situative Zielsatz kann eine sofortige Änderung von Gefühlen oder Verhalten bewirken. Wichtiger als die sofortige

Veränderung ist es, den Zielsatz in der jeweiligen Situation bewusst zu denken, auch wenn Sie wieder im alten Muster handeln. Das ist paradox, aber es wirkt. Sie ärgern sich und sagen: „Ich ärgere mich nicht." Machen Sie ruhig weiter mit dem Ärgern. Der Widerspruch löst sich auf in Besinnung und Entspannung. Ein bisschen Humor kann nicht schaden.

Lernen Sie den Text auswendig. Sie werden sich am Anfang zu spät, aber danach immer schneller daran erinnern. Sie werden das erste Nein, mal besinnlich, mal trotzig sagen oder denken. Aber in allen Fällen werden Sie sich als Gestalter stark fühlen.

Eine Gruppenteilnehmerin schreibt über ihre **Erfahrungen mit dem situativen Zielsatz** Folgendes:

Meinen situativen Zielsatz, der sich auf meine morgendliche Hektik bezieht, habe ich im Nachhinein etwas gekürzt, da ich schon nach drei Tagen merkte, dass mir 5 Sätze morgens einfach zu lang sind. Er lautet nun:

Nein, ich fühle mich heute nicht überlastet. Ich kriege alles gut auf die Reihe und fühle mich entspannt. Ich bin Silvia, die gut Organisierte.

Der Erfolg ist bahnbrechend. Allein, wenn ich nur die schlechte Stimmung spüre und ein Nein denke, schleicht sich schon ein Lächeln auf mein Gesicht, und weg ist der Stress. Ich hatte seit Monaten keinen chaotischen Morgen mehr, denn sobald ich mein altes Muster bemerke, kann ich das auch annehmen und etwas Gutes denken.

Wenn bei Ihnen ein gut gebauter situativer Zielsatz trotzdem nicht wirkt, dann akzeptieren Sie am besten, dass Sie den alten Zustand offensichtlich noch nicht aufgeben wollen. Also nicht ärgern, nicht mit sich kämpfen, keine Schuldgefühle machen. Besser: Machs nicht so wichtig! Morgen kommt wieder ein Tag.

13.5. Ein Lob dem Nein

Eine von Rudolf Dreikurs' anregenden Aussagen in Bezug auf Kindererziehung lautet: „Es ist nicht immer leicht zu wissen, was wir tun sollen, aber es hilft auch schon zu wissen, was wir nicht tun sollen."
Übersetzt auf das tägliche Leben heißt das: Wenn Sie nicht wissen, was Sie wollen, wenn Ihnen die Ziele zum Handeln jetzt oder für die Zukunft fehlen, dann fragen Sie sich, was Sie auf jeden Fall nicht tun oder haben wollen.

✎ *Schreiben Sie alles, was Ihnen in den Sinn kommt, auf, schreiben Sie jedes Problem, jede Quelle von Unbehagen, alle Sorgen, alle negativen Dinge, die Sie sich vorstellen können, auch wenn Sie sie in Ihrem Leben noch nicht erfahren haben. So kommen Sie zu einem Nein, das eine ganz klare Richtung hervorrufen kann.*

Das Nein stand am Anfang großer Veränderungen, politischer, gesellschaftlicher, persönlicher Art. Die Französische Revolution, der Fall der Mauer und die anschließende Vereinigung von Ost- und Westdeutschland, um nur zwei zu nennen, fingen mit einem Nein an.
Viele Menschen kommen in ihrer Entwicklung weiter, wenn aus der Tiefe Ihres Herzens das Nein kommt, z. B. zu Alkohol, zu Drogen, zu Diebstahl, zu Betrug, zu Wischiwaschi-Beziehungen, zu Gleichgültigkeit, zu übler Nachrede, zu der nächsten Zigarette, oder nein zu den falschen Zielen. Dieses Nein kann uns sehr stark motivieren. Es gibt erfolgreiche Menschen, die schlechte Startbedingungen in ihrem Leben hatten. Armut, Desinteresse vonseiten der Eltern, Mangel an inspirierenden Modellen, Gewalt in der Familie und Gleichgültigkeit in Bezug auf persönliche Weiterentwicklung. Schon sehr früh stand ein klares Nein für sie fest. Sie wussten, was sie nicht wollten. „So nicht!" Der Rest war klar.

Auch Sie werden durch das Nein die Energie spüren, die Sie brauchen.
Wir gehen davon aus, dass die Charakterbildung in den ersten sechs Lebensjahren stattfindet. Aber auch in der Pubertät können noch ganz entscheidende Weichenstellungen stattfinden. Vielleicht erinnern Sie sich an den Moment, in dem Sie zwischen 11 und 15 Jahren Ihre Eltern beobachtet haben und aus tiefstem Herzen gesagt/gedacht haben: „Nie werde ich so leben." Oder: „Nie werde ich mich meinem Partner oder Kindern gegenüber so verhalten." Dann sind Sie eigene Wege gegangen und in vielen Fällen erfolgreich.

13.6. Das ABC der Emotionen

Ich will das Feld der Selbstgespräche nicht verlassen, ohne Sie mit dem amerikanischen Individualpsychologen Albert Ellis[1] und seinem ABC der Emotionen bekannt zu machen.
Der Kern des ABC der Emotionen:

A Die Situation: Z. B.: Jemand wartet auf schriftliche Informationen von Ihnen. Sie haben sie vergessen.
B Ihre Gedanken über die Situation
C Ihre Gefühle: Entmutigt, ängstlich

Sie haben etwas vergessen (A) und Sie fühlen sich entmutigt und ängstlich (C). Sie können sich aber nur entmutigt fühlen, wenn Sie sich selbst abwerte; vielleicht so: „Ich hätte das nicht vergessen dürfen und jetzt, wo ich diese schreckliche Dummheit begangen habe, stehe ich wie ein Dummkopf da. Das ist sehr schlimm." (B)
Es ist verständlich, dass Sie sich durch diese Selbstabwertung entmutigt fühlen. Sie werden sich auch so lange so fühlen, wie Sie diese Gedanken denken.

---

[1] www.rebt.org

Die Gedanken, die Sie unter B denken, nennt Ellis selbstschädigende Gedanken, denn sie verursachen trennende Gefühle und stören Ihre Beziehung zu der jeweiligen Person. Sie können anfangen, mit sich selbst zu reden und sich andere Gedanken zurechtzulegen, um so die störenden Gefühle abzuschwächen. Eine Schwierigkeit ist, dass wir in jeder Situation aufs Neue unsere störenden Gedanken suchen müssen, bevor wir sie umdenken können. Trotzdem haben alle unglücklich machenden, selbstschädigenden Gedanken miteinander gemeinsam, dass sie eins der folgenden Wortinhalte haben. Es geht um die Worte „schrecklich“ und „muss“.
Wir sprechen absichtlich über Wortinhalte, weil man anstatt schrecklich auch Wörter im Kopf haben kann, wie schlimm, furchtbar, entsetzlich, eine Katastrophe, ein Weltuntergang usw. und anstatt „muss“ kann man auch mit dem Umgekehrten leben wie „darf nicht“ oder mit Abschwächungen wie „müsste“, „sollte“ usw. Beide Begriffskomplexe steigern unsere Emotionen. Deshalb sollten wir diese Wörter besser aus unserem Wortschatz streichen.
„**Schrecklich**“ und ähnliche Wörter sind grenzenlose Übertreibungen und nehmen uns die Möglichkeit, mit den so benannten Situationen fertig zu werden. Wenn wir sagen, dass etwas schrecklich, furchtbar oder eine Katastrophe ist, dann erklären wir uns der Situation unterlegen. Wenn wir vernünftig denken, werden wir diese Wörter ersetzen durch mehr reale der Situation angepassten Umschreibungen. Wir werden dann nicht sagen, dass es furchtbar, schrecklich oder scheußlich ist, wenn wir etwas vergessen haben und man uns für einen Dummkopf hält. Wir werden sagen, dass das zwar unangenehm ist und dass wir das nicht gerne haben, dass es jedoch nicht scheußlich, keine Katastrophe, kein Weltuntergang darstellt.
Mit dem Wort „**muss**“ und ähnlichen Wörtern zwingen wir uns in eine Jacke, die jedem zu klein ist. Wir können uns darin nicht bewegen. Wir können uns jedes Mal fragen, „wa-

rum muss es?“ Und die Antwort wird immer sein, „es muss nicht – nichts muss, wenn ich bereit bin, die Konsequenzen zu tragen.“ Man kann anstatt „muss“ immer etwas anderes denken. Man kann immer Wörter finden, die für uns selbst und für die Beziehung zu anderen Menschen günstiger sind.

Fallen Ihnen Sätze mit „muss“ oder „darf nicht“ ein, die Sie immer wieder denken, oder die Sie hemmen oder unglücklich machen. Schreiben Sie sie auf. Z. B.:
„Ich darf nicht zu spät kommen“. „Ich darf keine Fehler machen“. „Ich muss bei allen Leuten beliebt sein“

Wenn Sie das gemacht haben, versuchen Sie, an diese Sätze folgendermaßen heranzugehen, indem Sie mit sich sprechen. Etwa so:

„Ich darf nicht zu spät kommen“
Warum darf ich nicht zu spät kommen?
Antwort: „Natürlich darf ich zu spät kommen, nur würde mir das in dieser Situation möglicherweise schaden. Es ist deshalb besser, dass ich rechtzeitig anwesend bin. Ich werde mich deshalb richtig auf die Situation vorbereiten und rechtzeitig von zu Hause wegfahren. Es kann immer etwas Unvorhergesehenes passieren, und wenn ich dadurch zu spät ankomme, kann ich mich entschuldigen oder die Konsequenzen tragen. Angst oder Aufregung wird mir jedoch nicht helfen.“

„Ich darf keine Fehler machen“
Warum darf ich keine Fehler machen?
Antwort: „Alle Menschen machen Fehler, weil Menschen unvollkommen sind. Wenn ich an mich selbst den Anspruch erhebe, vollkommen sein zu müssen, müsste ich ja Gott sein. Ich werde frei und ungezwungen an diese Sache herangehen. Ich habe Vertrauen zu meinen Fähigkeiten, dass ich das Bes-

te daraus mache. Wenn ich einen Fehler mache, beweist das höchstens, dass ich ein Mensch bin wie alle anderen."

„Ich muss bei allen Leuten beliebt sein"
Warum muss ich eigentlich?
Antwort: „Ich muss überhaupt nicht, nur mir ist sehr viel daran gelegen, dass die Leute mich mögen. Andererseits mag ich auch nicht alle Menschen gleich gerne. Wenn ich mich bei allen Leuten immer beliebt machen will, dann habe ich ja eigentlich überhaupt kein eigenes Leben. Ich werde mich den Leuten gegenüber anständig verhalten und es würde mich freuen, wenn sie mich dann mögen würden, aber wenn das nicht so ist, werde ich daran auch nicht zugrunde gehen. Ich werde lernen, mit dieser Realität meines Lebens zu leben."

Wenn wir über andere Menschen oder über das Leben, z. B. das Wetter mit dem Begriff „muss" denken, werden wir schon bald feststellen, dass auch in dem Bereich nichts muss. Wenn Sie meinen, dass Sie unbedingt diesen Kinofilm sehen müssen und Sie haben im letzten Augenblick kein Geld dabei, dann können Sie meinen, dass Sie müssen und dass es furchtbar ist, wenn Sie ihn nicht sehen, aber Sie werden feststellen, dass es nicht muss, denn ohne Geld kommen Sie nicht hinein.
Die Dinge des Lebens sind nun mal so, wie sie sind und nicht so, wie wir sie gerne haben wollen. Die Realität ist auch, dass nichts und niemand verpflichtet ist, unser Bedürfnis nach Liebe, Achtung, Gehorsam, Erfolg usw. zu erfüllen. Solange wir nicht Herrscher dieser Welt sind, werden wir erleben, dass hinter jedem Ding ein eigenes Gesetz und hinter jedem lebenden Wesen ein Stück eigene Freiheit steckt.

✎ Machen Sie jetzt eine Anzahl Sätze, die die Wörter „müsste" oder „sollte" beinhalten. Erkennen Sie, dass es diese Sätze sind, die das ausdrücken, was Sie nicht tun.

und dass gerade diese Gedanken Sie unzufrieden machen. Z. B.:

„Ich müsste mehr arbeiten“, „ich müsste mich mehr um eine Arbeitsstelle kümmern“, „ich müsste mehr lernen“, „ich müsste meine Sachen aufräumen“, „ich müsste zum Zahnarzt gehen“, „ich sollte nicht so viel essen“, „ich sollte aufgeschlossener, kontaktfreudiger sein“.

Fangen sie an, solche Sätze umzudenken, indem Sie mit sich selbst über den Inhalt solcher Sätze sprechen. Sagen Sie sich, dass es schön wäre, wenn Sie das tun würden, und machen Sie, wenn Ihnen diese Dinge wirklich wichtig sind, einen kleinen Plan mit einem kleinen ersten Schritt. Nehmen Sie den Druck raus.

Ich fasse zusammen:

Albert Ellis spricht von A, B und C und meint damit:

1. **A** die Situation oder den Anlass (A steht für: **A**ctivating event)
   B die Gedanken, die wir über A denken (B steht für: irrational **B**elief)
   C die Gefühle, die dadurch entstehen (C steht für: **C**onsequences)
2. Unsere Gefühle entstehen durch die Art unseres Denkens.
3. Wir können uns diese B Gedanken bewusst machen und aufschreiben.
4. Wir werden dann feststellen, dass in den selbstschädigenden B Gedanken immer eines der beiden folgenden Wortkategorien vorkommt wie: schrecklich (bzw. furchtbar, schlimm, Katastrophe etc.) und muss (bzw. darf nicht, sollte, müsste).
5. Gerade diese beiden Wortkomplexe steigern unsere Emotionen unnötig.

6. **D** Wir diskutieren unsere irrationalen Gedanken mit unserem gesunden Menschenverstand. (D steht für: to **D**ispute)
7. **E** Als Folge entsteht dann ein besseres Gefühl. (E steht für: **E**ffect)

Für die individualpsychologische Lebensgestaltung ist klar: Selbstgespräche geben durch die Gestaltung der Gefühle unserem Handeln Richtung. Die Richtung wird nicht durch die persönliche Befriedigung, sondern durch das Gemeinschaftsgefühl bestimmt.

14. Ermutigung versus Entmutigung

Grundgedanken

Ermutigung ist die einzige Kraft, die das natürliche Entwicklungspotenzial des Menschen zur Entfaltung bringen kann.
Ermutigung ist alles, was mutig(er) macht und Wachstum ermöglicht: Hoffnung macht mutig. Freude macht mutig. Glauben macht mutig. Sicherheit macht mutig. Übung macht mutig. Akzeptanz macht mutig. Liebe macht mutig. Wer sich ermutigt fühlt, kann sich selbst vergessen und konzentriert und kreativ seine Beiträge in den Lebensaufgaben leisten.

14.1. Entmutigung

„Blue-eyed“: Ein amerikanisches Experiment [1]

„Sitz gerade und halte den Mund.“
„Nimm die Hand vom Gesicht, und stell die Füße auf den Boden.“
„Schreib auf. Ich diktiere dir: Erwachsene tun am besten, was ihnen gesagt wird, wenn sie keine Wahl haben. Schreibe es auf! Jetzt! Bevor dein schwaches Gedächtnis es vergisst! Zeig her. Warum hast du kein Komma gesetzt?“
„Weil Sie keines diktiert haben.“
„Machst du immer nur, was man dir sagt? Kannst du nicht selbst denken? Nein, das kannst du nicht. Das sieht man an deinen Augen.“
Diese und ähnliche Worte benutzte eine amerikanische Psychologin. Sie wollte zeigen, wie es ist, in Amerika ein Schwarzer zu sein. Die Teilnehmer dieses Experiments wa-

[1] Aus dem gleichnamigen Fernsehfilm von Bertram Verhaag in der Reihe: Gemeinsam Gegen Gewalt. 3 Sat 2005.

ren Freiwillige. Sie bildeten zwei Gruppen. Die Blauäugigen und die anderen. Die zwölf Teilnehmer mit den blauen Augen wurden von Anfang an unfreundlich behandelt. Sie bekamen ein Tuch um den Hals und wurden bei hohen Außentemperaturen in einen nicht ventilierten Raum ohne Stühle geführt. Da sollten sie warten, bis sie gerufen wurden; keiner wusste wie lange. Die Mitglieder der anderen Gruppe – die nicht Blauäugigen, die meisten von ihnen Schwarze, mit dunklen Augen – saßen zusammen in einem freundlich eingerichteten Raum, auf Stühlen und bekamen mit freundlicher Stimme ihre Anweisungen in etwa so: *„Wenn nachher die Blauäugigen – mit dem gelben Schal um den Hals, als Zeichen ihrer Minderwertigkeit – hereinkommen, schauen Sie sie nicht an. Sie sollen in den zwei Stunden, die wir zusammen sein werden, erfahren, wie es sich anfühlt, ausgegrenzt zu sein. Nicht anlächeln. Nennen Sie keinen beim Namen. Seien Sie unfreundlich. Ich werde mit ihnen sprechen, und ich werde es ihnen nicht leicht machen. Zeigen Sie kein Mitleid. Bleiben Sie kühl und abweisend.“*

Die Psychologin hat die Blauäugigen, die schließlich auf dem Boden vor den anderen saßen, mit Fragen angesprochen und dann die Reaktionen scharf kritisiert, abgewertet und lächerlich gemacht. Sie hat sie provoziert und die verletzten Reaktionen bis hin zum Weinen mit deren schwachen Charakter, den sie schon an den blauen Augen erkannt hätte, erklärt. *„Die Blauäugigen sind alle so. Mit soviel Dummheit und mangelnder Selbstkontrolle seid ihr eine Gefahr für unsere Gesellschaft. Deshalb der gelbe Schal.“* Sie wurden stigmatisiert. Sie wurden verunsichert, indem Regeln, die kurz zuvor wichtig gemacht waren, ohne Vorwarnung abgeändert wurden. Nach einer Stunde zeigten die Erwachsenen Verhaltensweisen von ängstlichen Kindern.

In der Nachbesprechung wurden sie gefragt, wie sie sich fühlen. Die Antworten: Alleingelassen, verängstigt, wütend, ohnmächtig, dumm ... und auch nicht zugehörig zu der eigenen Gruppe, weil keiner den Mut hatte, einem anderen zu helfen, oder zu verteidigen. Einige zeigten psychosomatische Beschwerden, wie Kopfschmerzen, Magen-, Darm- und Herzbeschwerden. Andere konnten nur noch anteilnahmslos dasitzen und nicht mehr denken. Sie zweifelten an ihrer eigenen Urteilsfähigkeit. Die Teilnehmer waren normale Menschen, wie Sie und ich. Sie wussten, dass es um ein Experiment ging. Sie wussten, dass es insgesamt nur 2,5 Stunden dauern würde. Sie hatten gedacht, es wäre ein Spiel. Am Anfang versuchten sie sich innerlich von dem Prozess der Entmutigung zu distanzieren, konnten sich aber der verheerenden Wirkung dieser Behandlung nicht entziehen. Es war kein Spiel, denn es gab nur eine Möglichkeit: zu verlieren.

Was ich beschrieben habe, ist Entmutigung im großen Stil. Es macht Menschen krank. Es ist entwürdigend und deshalb gegen die Menschenrechte, die bestimmen, dass die Würde eines jeden Menschen unantastbar ist. Dies war nur ein Experiment. Aber kommt es uns so außergewöhnlich vor?
Wo keine Ermutigungskultur versucht wird, da herrscht Gleichgültigkeit, Angst, Erniedrigung, Abwertung und Strafe in dem Glauben, dadurch Menschen gefügig oder gehorsam machen zu können, und so die eigene Macht zu sichern. Es passiert in Partnerschaften, in Familien, in Schulen, an Arbeitsplätzen und in Ländern, wo Personen und Gruppen stigmatisiert und zu Minderwertigen gemacht werden. Wer es weiß, und nichts dagegen tut, macht sich mitschuldig an solchen Zuständen.

14.2. Alte und neue Methoden

Es gibt weit bessere Methoden für den Umgang miteinander als die oben beschriebene. Schauen wir uns noch einmal die zentralen Begriffe aus dem Experiment an: Alleinlassen, ausgrenzen, Unfreundlichkeit, befehlen, stigmatisieren, erniedrigen, nicht anschauen, die Regel ändern, lächerlich machen, kritisieren, strafen, keine Wahl lassen, Recht haben wollen. Übertragen in die Praxis des Lebens, bilden diese Begriffe die Basis für Entfremdung, für Feindschaft und Kampf mit allen Folgen, die sich in gestörten menschlichen Beziehungen entwickeln können. So verlieren Menschen ihr inneres Gleichgewicht, bis sie sich nicht mehr gut fühlen können.

Wir müssen diese Verhaltenweisen aufgeben und ersetzen durch die ermutigenden Qualitäten[1]:

Interesse für andere. Aufmerksames Zuhören. Begeisterung. Geduld. Freundlicher Blick. Freundliche Stimme. Das Gute erkennen. Versuche und Fortschritte anerkennen. Selbstverantwortliches Handeln. Körpernähe (-kontakt). Humor.

Es sind alles Begriffe, die im Kern Ermutigung bedeuten. Sie definieren den Unterschied zwischen einer alten (autokratischen) Kultur und einer neuen Ermutigungskultur. Das Hoffnungsvolle an dem Konzept der Mitmenschlichkeit ist, dass es lernbar ist, und dass viele Menschen in unserer Zeit es lernen wollen, weil sie die Folgen der einen und der andern Handlungsweise kennen.

Der Psychiater William Glasser,[2] Individualpsychologe und Begründer der Reality Therapy, bietet sinngemäß folgende Überlegung an: Es scheint, dass wir uns alle bewusst sind, dass wir gute Freunde, die wir nicht verlieren wollen, nicht so behandeln dürfen wie unsere Ehepartner, unsere Kinder, unsere Studenten und unsere Mitarbeiter. Deswegen werden wir sie normalerweise nicht zwingen, etwas zu tun, was sie nicht wollen. Es scheint, dass man zwei Gruppen unterscheiden kann. Die eine Gruppe besteht aus den eben erwähnten Personen, die wir offensichtlich als unser Eigentum betrach-

---

[1] Siehe Schoenaker, Theo: Mut tut gut. Kap. 4 (Ausführliche Beschreibung mit Beispielen). Sinntal 2002

[2] Glasser, W.: Choice theory 1999 NY. S. 14/15

ten. Wir kritisieren sie, setzen sie unter Druck, kontrollieren ihr Verhalten, und behandeln sie unfreundlich. Wir meinen, das Recht dazu zu haben. Die andere Gruppe besteht aus unseren besten Freunden, unseren Vorgesetzten und Fremden, die wir nie so behandeln würden.
Nun kann man sich fragen, mit welcher Gruppe wir – und warum – am meisten Schwierigkeiten haben? Die Antwort ist klar. Die Probleme sind dort, wo wir uns erlauben, andere zu entmutigen, denn etwas anderes ist es nicht, wozu wir in der Partnerschaft, in der Kindererziehung, im Umgang mit Schülern, Auszubildenden und „Untergebenen" neigen. Die Zeit, in der man Menschen als Eigentum behandeln konnte, ist vorbei. Die Methoden der Ermutigungskultur öffnen neue Möglichkeiten. Sie wurden jedoch bis jetzt nicht wirklich konsequent probiert. Deshalb der Unfrieden in Familien und die kreativitätsblockierende Atmosphäre in Schulen und am Arbeitsplatz.

14.3. Die Gleichwertigkeit

Wir machen so große Fortschritte im wissenschaftlichen, technischen und wirtschaftlichen Bereich, und wir sprechen von einer neuen Weltordnung. Aber im Bereich des Umgangs der Menschen untereinander scheinen wir kaum Fortschritte zu machen. Es gibt wenig Lehrer, die berichten können, dass der Umgang mit Kindern leichter geworden ist, und nur wenige schaffen es, eine auf Gleichwertigkeit basierende Klassengemeinschaft herzustellen. Die Art, wie Paare in der Partnerschaft miteinander umgehen, die Art, wie Eltern mit ihren Kindern umgehen, ist noch sehr ähnlich wie vor fünfzig oder hundert Jahren. Es ist der Stil, den wir von einem alten autokratischen System herleiten, in dem derjenige der sich oben befindet, Druck und Kontrolle ausübt auf denjenigen, der unter ihm ist. Er macht Vorschriften, verbreitet

Angst und weckt Schuldgefühle. Es sind neben der Einschüchterung alles Mittel um das Ziel der Unterordnung zu erreichen. Rudolf Dreikurs, der hervorragendste Schüler von Alfred Adler hat ausführlich und für jeden verständlich auf diese Tatsache hingewiesen.[1]

Was sich aber wohl geändert hat, ist das Bewusstsein und die Forderung nach Gleichwertigkeit. Diese Forderung geht hauptsächlich von den früher unterdrückten Gruppen aus. Sie fordern Anerkennung ihrer Menschenwürde und Menschenrechte. Dazu gehören die Frauen, die Kinder und die Arbeitnehmer. Sie wollen gehört und ernst genommen werden. Ebenso die früher unterdrückten Rassen und Nationen. Frauen fordern ihre respektvolle gleichberechtigte Behandlung ein. Auch die Kinder tun es. Die Zeit, dass wir jemanden zwingen konnten, durch Vorschriften, Druck, Strafe und Kontrolle etwas zu tun, was er nicht will, ist endgültig vorbei.

Eine Mutter spricht mit mir über die Schwierigkeiten, die sie mit ihrem 16-jährigen Sohn hat. Sie sagt:

„Seit kurzem nimmt er Drogen wie Tabak, Alkohol und Marihuana. Er kifft und ich bekomme keinen Kontakt zu ihm.“

Sie ist sehr aufgeregt und erzählt sogar mehr oder weniger stolz – wartend auf meine Zustimmung–, dass sie ihn kontrolliert und straft. Sie durchschnüffelt seine Taschen und guckt in seine Schulhefte. Sie schaut in sein Portemonnaie, was mit seinem Taschengeld ist; und sie droht ihm, dass er nicht mit auf Klassenfahrt gehen darf, wenn er sich nicht ändert. Sie hält das, unterstützt von ihren Freundinnen und ihrem Ehemann für die richtige Art, mit dem Jugendlichen umzugehen. *„Man kann sich schließlich nicht alles gefallen lassen“*, meint sie.

---

[1] Siehe: Dreikurs, R.: Grundbegriffe der Individualpsychologie S. 15 ff. Selbstbewusst S. 11 ff und Die Ehe, eine Herausforderung S. 11 ff.

Hinter der Aufregung erkenne ich die hilflose und wütende Mutter. Ich spreche mit ihr über die Frage, was der Junge zurzeit braucht und was ihn dazu bringen könnte, freiwillig die Drogen aufzugeben und sich anzupassen an den Stil, den Vater und Mutter in der Familie bevorzugen. Es ist nicht einfach für sie zu verstehen, dass der Sohn von so einer Mutter nichts hat, dass er so eine Mutter entbehren kann. Es ist schwierig für sie zu begreifen, dass er vielmehr eine Mutter braucht, die ihm signalisiert: Ich verstehe, dass du in diesem Alter deine Probleme hast, aber wir haben Vertrauen zu dir, dass du diese Probleme lösen wirst. Er braucht eine Mutter, die aufhört, ihn zu belehren, die aufhört zu kritisieren, zu meckern, zu nörgeln, die nicht ihre Überlegenheit zeigt und ihn zum „schlechten Jungen" macht. Er braucht eine Mutter, die ihn in den Arm nimmt und ihm Verständnis und Liebe signalisiert.

Es ist für Eltern und für alle, die in verantwortungsvollen Funktionen mit anderen Menschen zu tun haben, schwierig einzusehen, zu akzeptieren und zuzugeben, dass sie die Macht über andere verloren haben. Sie fallen in Verhaltensweisen zurück, die wir bei dem Experiment mit den Blauäugigen kennen gelernt haben; Verhaltensweisen wie Unfreundlichkeit, befehlen, nicht anschauen, kritisieren, strafen, keine Wahl lassen, Gehorsam fordern. Mit den Ergebnissen dieser „alten" Methoden sind sie natürlich nicht zufrieden. Nein, sie sind unglücklich. Das Kind auch!

Sicher ist, wir können keinen Menschen zwingen, etwas zu tun, was er nicht will. Ermutigung, Zugehörigkeitsgefühl kann Menschen von innen heraus zu nützlichem Verhalten und zur Zusammenarbeit motivieren.

Der 64-jährige Vater ist sehr irritiert und entrüstet, weil sein 36-jähriger Sohn sich ganz unerwartet von seiner Frau und seinen drei Kindern getrennt hat. Er versteht sein Verhalten nicht. Wenn Menschen das Verhalten anderer nicht verstehen, bekommen sie Angst und wollen eingreifen, damit das

Verhalten wieder in für sie verständlichen Bahnen verläuft. Dann sind die Beziehungen wieder sicher und überschaubar. *So fordert er von seinem Sohn, der 400 km entfernt wohnt, dass er zu ihm kommt und ihm erklärt, warum er das gemacht hat. Der erwachsene Sohn, der in einer Beziehung mit einer „neuen" Partnerin lebt, denkt nicht daran, zu seinem Vater zu gehen, sich wie ein kleiner Junge behandeln und „sich beschimpfen zu lassen", wie er selbst sagt.*

Auch dieser Vater versteht nicht, dass er die Macht über sein „Kind" verloren hat und dass das einzig Nützliche, das er tun kann, ist, die Entscheidung seines Sohnes zu akzeptieren. Es wäre besser, er würde Interesse für das jetzige Leben seines Sohnes mit seiner neuen Partnerin zeigen. Er könnte ihm signalisieren: Wenn du mich bzw. meine Hilfe brauchst, bin ich für dich da. *Er sagt, dass er einsieht, dass das die richtigen Verhaltensweisen sind, aber erst will er, dass sein Sohn zu ihm kommt und ihm erklärt, warum er das getan hat.* – Er hat's nicht verstanden.

Ein Mann sagt: „Ich weiß jetzt schon so viel von Ermutigung und ich weiß auch, was ermutigend für meine Frau wäre. Ich verstehe nicht, warum ich trotzdem so viele entmutigende Verhaltensweisen an den Tag lege."

Auch hier können wir erkennen, dass dieser Mann gefangen ist in dem alten Bild des Mannes, der Führung gibt, der entscheidet, der bestimmt, der sagt, wo es lang geht. Dieses Bild ist seine primäre Information aus seiner Kindheit. So war der Vater auch, so waren die Männer um ihn herum und deswegen ist die erste Reaktion, wenn ihm etwas nicht passt, oder wenn er etwas durchsetzen will, die des früheren Modells. Dann setzt er Kritik, Abwertung, Druck, Liebesentzug, Gleichgültigkeit ein. Kurz danach, wenn die Aufregung wieder vorbei ist, kommt er bei der sekundären Information an, die er über Gleichwertigkeit und Ermutigung gespeichert hat. Dann versteht er, dass sein Verhalten nicht gleichwertig war.

Manchmal ist er zu stolz, sich zu entschuldigen, manchmal auch einsichtig genug, das zu tun.

In diesem Entwicklungsprozess von einer autokratischen Vergangenheit hin zu einem respektvollen gleichwertigen Umgang sind wir alle Beteiligte und deswegen ist gerade dieses Thema die Herausforderung unserer heutigen Zeit. Die Entwicklungen, die auf bessere Zeiten hoffen lassen, fangen an mit dem Bewusstwerden dieser Tatsachen und dem Bewusstwerden des eigenen Verhaltens.
In einer Gruppe von Paaren stellte ich einmal die Frage: Womit entmutigen Sie Ihren Partner? Und etwas später fragte ich: Was ist gut für eine Partnerschaft?

Folgende Antworten ergaben sich:

Entmutigend wirkt:

- Liebesentzug
- Zärtlichkeiten und Sex vorenthalten
- Keine Zeit, anderes ist wichtiger
- Böse Blicke
- Sich zurückziehen, schweigen und aussitzen
- Konzentration auf das Negative
- Kritisieren
- Partner nicht ernst nehmen
- Den Partner mit anderen vergleichen
- Mangelnde Wertschätzung
- Partner vor anderen bloßstellen
- Fehler wiederholt vorhalten
- Ermutigung oder Lob mit Kritik verbinden
- Fremdgehen
- Gewalt verbal und/oder körperlich

Gut für eine Partnerschaft ist:

- Gemeinsame Zeit
- Gemeinsame Aktivitäten
- Körperkontakt
- Erotik und Sexualität
- Toleranz dem Partner gegenüber
- Miteinander lachen, reden und zuhören
- Den anderen ausreden lassen
- Nicht aufhören, den anderen kennen lernen zu wollen
- Geistig und körperlich attraktiv bleiben
- Eigenständigkeit behalten und dem anderen seinen Freiraum lassen
- Dem Partner Vertrauen schenken
- Den Partner annehmen, wie er ist
- Verzeihen
- Das Gefühl der Liebe aussprechen
- So viel wie es geht, ermutigen
- zuverlässig sein

Und wieder stand die Frage im Raum, warum Menschen, die so gut wissen, was gut ist für eine Partnerschaft und die so gut verstehen, dass Entmutigung auf Dauer ein Partnerschaftskiller ist, sich nicht freiwillig auf die nützliche Seite bewegen. Und wieder lautet die Antwort: Sie würden die Macht verlieren und müssten lernen in Gleichwertigkeit miteinander zu leben. Das ist das Neue, das unsicher macht. Wir aber wissen, dass es lernbar ist und zu mehr Zufriedenheit und Glück führt.
Die Einsicht alleine ist aber nicht imstande, die überkommenen und nutzlosen Verhaltensmuster der Entmutigung zu ändern. Zuzugeben, dass man in der kritischen Begegnung mit dem Partner, mit dem Kind, mit den Schülern, mit den Arbeitnehmern machtlos ist, würde uns ein starkes Gefühl der Hilflosigkeit geben. So verharren wir trotz besserer Einsicht in alten Schutz- und Angriffsmechanismen.
Dazu kommt, dass wir nicht das Vertrauen haben, dass der andere sein Verhalten ändern wird, wenn wir unseren Druck wegnehmen. *Sie glaubt nicht, dass ihr Mann mit dem Trinken aufhören wird, wenn sie ihre Kontrolle, ihren Liebesentzug und ihre vorwurfsvollen Blicke ersetzt, durch das, was gut für eine Partnerschaft ist.*
Er glaubt nicht, dass der immer störende Schüler sein Verhalten ändern wird, wenn er ihn nicht mehr bestraft, sondern ein Klassengespräch anregt, in dem die Meinung der Klasse und das Benennen der positiven Seiten des Schülers die Motivation ändern könnte.
Und doch kann jeder erkennen, dass überall dort, wo Menschen versuchen sich gegenseitig zu kontrollieren und Vorschriften zu machen, dass dort die Beziehungen problematisch sind. Und wir erleben auch, dass in guten langjährigen Freundschaften, in denen man sich gegenseitig lässt und jeder für sich entscheidet, was er für richtig hält, genau diese Kontrolle und diese Vorschriften mit dem Versuch, den anderen zu ändern, fehlen.

Ich will, dass du ..., du sollst ..., du darfst nicht ..., ich erwarte von dir, dass du ..., sind Ausdrücke einer inneren Haltung, die partnerschaftliche Beziehungen auf Dauer unmöglich machen.

Beschreiben Sie in Ihrem Wachstumsbuch das Problem, das Sie mit irgendjemandem – Kind oder Erwachsener – haben. Benutzen Sie dabei soviel wie möglich die oben erwähnten Anlaufsätze wie: Ich will, dass du... du sollst... usw.

Nehmen Sie's ernst, aber verbieten Sie sich dabei das Lachen nicht.

14.4. Ermutigung

Die Stärkung des Gefühls, dazuzugehören, und des Glaubens, gebraucht zu werden, nennen wir existenzielle Ermutigung. Durch Ermutigung kommt ein Prozess in Gang, der dazu führt, dass der Empfänger mehr an sich und an seine Möglichkeiten glaubt. An sich glauben heißt: „Ich bin so wie ich bin in Ordnung, nicht perfekt, aber gut genug für die Aufgaben, die ich zu erfüllen habe." An seine Möglichkeiten glauben, heißt: „Ich kann etwas bewirken. Ich kann beitragen. Ich schaff das schon."

14.4.1. Ermutigung ohne Worte

Die sichersten Ermutigungen finden ohne Worte statt, z.B. durch Zuwendung, einen freundlichen Blick, eine freundliche Stimme, Körpernähe oder Körperkontakt, durch Zuhören, Geduld, Begeisterung, um nur einige zu nennen. Sie wachsen aus einer inneren Haltung, die Menschen nicht vom Standpunkt ihrer Fehler aus betrachtet, sondern von ihren Stärken aus beurteilt. Es geht bei Ermutigung in erster Linie

um die Wahrnehmung des Guten. Allein nur das Wahrnehmen von Gutem bringt schon kleine Wunder hervor.
Zwölf verheiratete Personen, die in einer Ehekrise lebten und deren Partner nicht bereit waren, an der Verbesserung der Beziehung zu arbeiten, bekamen den Auftrag, sich auf das Gute des Partners auszurichten und täglich – ohne mit ihm darüber zu sprechen – über einen Zeitraum von 14 Tagen, drei bis fünf Dinge aufzuschreiben, die sie an ihrem Partner gut fanden, schätzten, liebten.
Die Ergebnisse:
„Mit meiner neuen inneren Einstellung geht es mir beim Beobachten meines Partners und beim Aufschreiben meiner Wahrnehmungen einfach gut; ein Lächeln spielt dabei über mein Gesicht. Ich bin froh, dass ich diesen Partner habe. Das, womit ich nicht so zufrieden bin, ist nicht mehr so wichtig, denn das, worin er sich auszeichnet, bringt viel mehr Gewicht in die Waagschale. Mein Partner ist in dieser Woche merkwürdigerweise viel rücksichtsvoller und hilfsbereiter und ich fühle mich nicht mehr als Opfer, sondern als Gestalter der Situation.

Ich bin zuversichtlicher. Ich meckere, nörgle und kritisiere nicht mehr so viel und mein Partner ist ruhiger und redet öfter mit mir. Ich fühle mich wieder als Teil seines Lebens.
Abends auf der Couch beim Fernsehen denke ich an das, was ich nachher aufschreiben will. Ich schmunzele und lehne mich an ihn. Nach einer Weile schaltet er den Fernseher aus. Wir haben noch schöne, entspannte Stunden wie schon lange nicht mehr.

Übernehmen Sie das als eine persönliche Übung und als Beitrag für Ihr Wachstumsbuch. Schreiben Sie über einen Zeitraum von 14 Tagen, drei bis fünf Dinge auf, die Sie an Ihrem/r Partner/in gut finden, schätzen, lieben.

Sprechen Sie nicht mit ihr/ihm darüber. Achten sie auf die Veränderungen in der Beziehung.

14.4.2. Ermutigung mit Worten

Die Haltung, die das Gute sehen will, bewirkt, dass der andere sich akzeptiert (= zugehörig) fühlt. Mit dieser Haltung kann sich Ermutigung in Form von Worten entwickeln. Worte, die sagen, was Sie wahrgenommen haben und wie Sie dazu stehen:

- Ich finde gut, dass du bei unserer Teamsitzung sachlich und fest in deiner Meinung geblieben bist.
- Ich schätze deinen gleichwertigen Umgang mit den Kindern.
- Du bringst Humor und Leichtigkeit in unser Leben.
- Deine optimistische Grundhaltung hilft mir, weiter zu machen.
- Deine Ideen sind hilfreich. Sie sind kreativ und umsetzbar.

Es geht um die Umkehrung des heute so üblichen Vorganges. Wir schauen auf die Fehler, kritisieren, und halten den Mund, wenn jemand etwas richtig macht. Wer sich darin übt, die richtige stärkenorientierte Haltung mit den richtigen Worten zur rechten Zeit zu vereinigen, der schaut auf das Gute und benennt es. Er hält den Mund, wenn er kritisieren wollte. In holländischen Kindergärten galt zu meiner Kindheit: „Bringe das Gute zur Entfaltung, dann brauchst du dich um das Böse nicht zu kümmern."

Zu Alfred Adler kam ein Lehrer. Er zeigte ihm das Heft eines Schülers und fragte: „Was wollen Sie denn da noch ermutigen Dr. Adler?" Adler blätterte ein wenig und sagte: „Ja, das Kind braucht viel Ermutigung. Es ist unleserlich. Aber sehen Sie hier, das kleine g ist doch recht ordentlich."

Wir alle haben Schwierigkeiten zu glauben, dass wir Schwächen im einen Bereich beheben können, wenn wir uns auf die Stärken in einem anderen Bereich konzentrieren.

Ein 36 jähriger Mann erzählte: *Als meine Mutter starb, war ich 4 Jahre alt. Sie war alles, was ich hatte. Mein Vater war nie da. Ich beschloss, nicht mehr zu sprechen. Ich spielte immer allein. Als ich eingeschult wurde, hatte ich einen großen Rückstand und dazu noch eine Rechtschreibschwäche. Ich war ein lästiges Kind. Insbesondere der Deutschlehrer hatte seine liebe Not mit mir. Er hat mich weiter entmutigt.*
In der 3. Klasse bekam ich einen neuen Klassenlehrer. Er hatte in der Zeitung gelesen, dass ich an einem Sportwettbewerb auf Landesebene einen Preis erhielt. Er interessierte sich für mich und fragte immer mal wieder nach meinen sportlichen Entwicklungen. Seit dieser Zeit interessierte ich mich wieder mehr für Deutsch, weil ich den Lehrer mochte. Ich wurde besser. Er hat Fehler nie wichtig gemacht. Er hat an mich geglaubt.
Auch Kinder verstehen offensichtlich etwas von Ermutigung. Eine Encouraging-Trainerin berichtete:
Als ich nach meinem Trainingsabend ins Bett ging, lag auf meinem Kissen ein Briefchen von meinem 10-jährigen Sohn, worauf stand: Mama, ich finde es gut, dass du anderen Menschen hilfst und sie ermutigst. Ich habe eine Zeitlang an der Tür gelauscht. Es war wie im Himmel und ich wurde ganz ruhig.
Eine Empfehlung von Abdu'l-Bahá lautet: *„Wir müssen einander allezeit loben. Wir müssen von allen Menschen mit Anerkennung sprechen und dadurch den Unfrieden und Hass beseitigen, die die Menschen einander entfremdet haben."*[1]
Das ist ein Versprechen und eine im praktischen Leben ständig wiederholbare Erfahrung in allen Lebenslagen. Partnerschaften, in denen man sich akzeptiert und auch ausspricht, was man aneinander gut findet oder liebt, erleben ein Auf-

---

[1] Abdu'l-Bahá: Kleine Auswahl aus seinen Schriften. Bahá'í-Verlag, Hofheim-Langenhain. 1980

flammen der Anfangsliebe. Kinder, die spüren, dass man ihnen vertraut, und die sich nicht ängstlich zurückziehen oder lügen müssen, nachdem sie einen Fehler gemacht haben, entwickeln Zugehörigkeitsgefühl und die Bereitschaft zur Zusammenarbeit. Am Arbeitsplatz verändert sich die Atmosphäre zum Guten. Die Teamarbeit richtet sich wieder respektvoll auf gemeinsame Ziele. Die üble Nachrede verliert ihren Lebensraum. Menschen wirken entspannter. Mauern fallen. Auf dem Mut zur Unvollkommenheit wachsen Kreativität und Lachen.
Loben oder Ermutigen setzt natürlich voraus, dass wir die Bedeutung von Fehlern und Mängeln verringern und den Nutzen von Kritisieren hinterfragen. Kritik ist eine bewertende Aussage, womit man sich über den anderen erhebt. Auch die sogenannte konstruktive Kritik ist ein Ausdruck des Fehlersuchens. Konstruktiv ist vielleicht die Absicht des Senders, aber selten ist sie konstruktiv für den Empfänger.
Wir sind nicht auf dieser Welt, um einander zu kritisieren, zu verletzen, zu richten, abzulehnen oder zu erniedrigen. Wir sind hier, um eine Kultur der Ermutigung, der gegenseitigen Hilfe, der Zusammenarbeit und des Friedens, kurz: des Gemeinschaftsgefühls aufzurichten. Ohne Ermutigung und mutiges Verhalten ist das Ziel nicht erreichbar.

14.4.3. Encouraging-Learning

Ich plädiere in Beratung, Therapie und Pädagogik für solche Methoden, die das Vergessen durch Überlappung verhindern. Das geht mit Besinnung und Ermutigung. Ein Grund für das Vergessen ist die Vielzahl der Informationen. Das „Vorige“ wird durch das „Nächste“ überlappt, überlagert. Wir brauchen Zeit und einen ermutigenden Rahmen, um empfangene Informationen zu verarbeiten und zu vertiefen. Das von mir 1996 entwickelte und erprobte Encouraging-Learning berücksichtigt diese Lernbedürfnisse.

Encouraging-Learning (ermutigendes Lernen) erfordert von allen Beteiligten eine Grundhaltung, die Wachstum ermöglicht. Die Lehrerin, die Dozentin, der Coach, der Gruppenleiter hat ein Thema erklärt oder durch Übung Erkenntnisse vermittelt (1). Bevor nun etwas Neues kommt, setzen sich Kleingruppen – Erfahrungswert höchstens sieben Personen – zusammen (2). Ein Teilnehmer stellt sich – das Gewicht gleichmäßig auf beide Füße verteilt – vor diese Gruppe und spricht von dem, was er verstanden hat, und welche Bedeutung das Gehörte/Erfahrene für das oder sein eigenes Leben hat. Man kann sich dabei auf maximal zwei Minuten oder weniger einigen. Wenn sich der Betreffende wieder gesetzt hat, haben die anderen Teilnehmer – die Zuhörer – Gelegenheit auszudrücken, was ihnen an der Wiedergabe gefallen hat, oder was sie dadurch Neues erkannt haben. Sie sprechen dabei den Redner mit Namen an. So kommt jeder aus der Kleingruppe an die Reihe. Auch der, der meint, nichts Neues hinzufügen zu können. Er kann es in seiner Art machen. Wenn zwei das Gleiche erzählen, ist es nicht das Gleiche (3). Zurück in der Großgruppe können Fragen gestellt werden und Unklarheiten geklärt werden (4). Aus jeder Kleingruppe entscheidet sich eine Person, über das behandelte Thema, einen Kurzvortrag für das nächste Studientreffen zu halten. Es genügt, wenn sie sich auf die empfangene Information beschränkt. Es steht ihr aber frei, weitere Literatur oder Informationsquellen zu benutzen. Das wird aber nicht extra ermutigt (5).
So lernt man nicht nur das Thema besser kennen und verstehen; man übt auch ermutigendes Zuhören und entwickelt eine ermutigende Haltung.

Das Encouraging-Learning im Überblick:
(1) Vermittlung durch Theorie oder Erfahrung
(2) Vertiefung / Verarbeitung durch Vorträge in der Kleingruppe

(3) Ermutigung durch die Zuhörer
(4) Klärung von aufgekommenen Fragen in der Großgruppe durch Leiter oder Teilnehmer
(5) Vortragsentscheidung

Die Bedeutung von Zeit zum Lernen, um Zeit zu gewinnen, kann nicht genug betont werden. Zeit zum Nachdenken, Zeit zur Wiederholung, Zeit zum Austausch, Zeit zur Ermutigung. So lernen Kinder und Erwachsene schneller. Manche Kinder haben das Glück, eine Lehrerin zu haben, die nach dem Encouraging-Learning arbeitet. Sie erklärt ein Thema und lässt die Kinder so arbeiten. Die Hausaufgaben schließen daran an. Es gibt keine Schwierigkeiten mit den Hausaufgaben, wenn die Eltern sie nicht machen durch Überfürsorglichkeit und falsch verstandener Verantwortung. Manchmal macht sie es auch so: Sie lässt die Kinder den anderen Kindern zu dem Thema Fragen stellen. Kinder lernen, Fragen zu formulieren und zu beantworten. Und sie lernen, dass Fragen stellen nicht dumm ist. Die ermutigende Atmosphäre lässt die Kinder Mut zur Unvollkommenheit entwickeln. Sie haben keine Angst Fragen zu stellen, und auch keine Angst, eine falsche Antwort zu geben. Gute Erfahrungen macht man mit Encouraging-Learning verständlicher Weise in der Erwachsenenbildung. Aber auch in der psychologischen Beratung und der Psychotherapie ist es kein Zeitverlust, am Ende der Sitzung die behandelte Thematik zu vertiefen und zu festigen, indem der/die Klient/in zusammenfasst, was er/sie verstanden hat, und was das mit der Praxis seines/ihres Lebens zu tun hat. Der Therapeut oder Berater sorgt für aufrichtige Anerkennung. So kann man lernen und wachsen und man kommt gerne wieder.

✎ Sind Ihnen beim Lesen Ideen gekommen, wo Sie das Encouraging-Learning vorschlagen oder selbst initiieren können?

14.5. Fremdermutigung

Die meisten Menschen wissen, dass es besser ist, andere zu ermutigen als zu entmutigen. Es wurde schon viel über Ermutigung geschrieben. Dennoch ist es weder in der Pädagogik noch im Leben der Familien oder am Arbeitsplatz selbstverständlich, dass man für gelungene Aufgaben und Fortschritte ermutigt und für ein Klima der gegenseitigen Achtung sorgt. Es fehlt generell nicht das Wissen um den Nutzen von Ermutigung. Es fehlt offensichtlich die Haltung, aus der heraus man Gutes bewirken könnte.
So können Sie sich mit dieser These im Hinterkopf die Frage stellen: „Angenommen, ich würde jemanden ermutigen wollen, wer wäre das, und **wie würde ich es machen?“** Da der Anlaufssatz „Angenommen, Sie würden ..., wie oder was würden Sie dann ...?“ den Einzelnen in seiner Aussage nicht festlegt, nimmt er alle blockierenden Widerstandstendenzen weg und regt die Fantasie des Einzelnen sehr an.
Teilnehmer/innen in einer Gruppe jonglierten mit Möglichkeiten, ohne sich dazu verpflichten zu müssen, aber die Vorstellungen wurden in Ihnen geweckt. Wir wissen, dass Vorstellungen die Neigung haben, sich selbst zu verwirklichen und dass die Worte über die Vorstellung kreative und motorische Kraft haben. Die Frage „Warum mache ich das eigentlich nicht“, war hier implizit gegeben, stand aber nicht als Forderung im Raum.

Einige der Antworten lauteten:
Meine alte Mutter kommt in die Küche und will mir helfen, den Tisch zu decken. Ich mache das lieber selber. Ich würde sie aber trotzdem helfen lassen, weil ich weiß, dass es ihr gut tut, eine Aufgabe zu haben.

☙

Ich würde unserer Tochter Gutes von ihrem Vater – meinem geschiedenen Mann – erzählen.

☙

Ich würde mich mehr auf das Gespräch mit meinem Mann konzentrieren und mich nicht so oft von den Kindern ablenken lassen.

☙

Ich würde mich in der Kindererziehung mehr hinter meinen Mann stellen.

Obwohl es bei dieser Übung nur um das Spielen mit der Frage „Angenommen, Sie würden ermutigen wollen" ging, hatten einige alsbald das Bedürfnis, die Antworten, die sie auf die Frage gaben, umzusetzen. Zehn Tage später, erhielt ich mehrere E-Mails über **die Wirkung** dieser Übung:
Eine Hausfrau und Mutter schrieb:
Beim Schreiben habe ich schon gemerkt, dass der Gedanke sich gerne in Taten umsetzen will. Ich spüre ganz deutlich eine veränderte Einstellung zu bestimmten Personen und Situationen. Ich bin aufmerksamer für die Menschen um mich herum. Im Umgang mit meinem Sohn bin ich wacher. Mit „Angenommen ..." weicht erst einmal der Druck und stattdessen kommt die Freude mit dem Blick auf das mögliche Ergebnis.

☙

Ein Abteilungsleiter schrieb:
Meine Antworten lauteten: Ich würde meiner Kollegin sagen, dass es mir gut tut, dass sie sich nicht so leicht auf den Schlips getreten fühlt. Ich würde zur nächsten Teambesprechung Plätzchen mitbringen. Ich würde Herrn B. mit meinen Blicken mehr Aufmerksamkeit signalisieren. Ich würde die Schreibtische so hinstellen, dass Herr A. sich in unserem Raum auch zugehörig fühlt.
Die Wirkung:
Ich habe mit der Anwendung der Übungen mehr Spaß an der Arbeit gefunden. Ich bin gelöster, die Verkrampfung, die bei mir in erhöhten Stresssituationen auftritt, ließ nach. Ich war

nicht mehr nur auf die Aufgaben fokussiert. Ich hatte bewusster meine Kollegen im Blick. Ich habe eine positivere Einstellung und mich deutlich als Leiter meines Teams angenommen gefühlt.

Wir sehen, dass wenn man weiß, wie man ermutigen kann, sich auch die Grundhaltung ändert. Das ist grundsätzlich so. **Man kann seine Haltung erst ändern, wenn man weiß, was man tun kann.**

✎ Angenommen, Sie würden jemanden ermutigen wollen, wer wäre das und wie würden Sie es machen? Vielleicht fällt es Ihnen heute Abend im Bett noch einmal ein.

14.6. Selbstermutigung

Man kann nicht geben, was man selbst nicht hat. Lehrer, Eltern, Vorgesetzte, die entmutigt sind, können den ihnen anvertrauten Kindern und Mitarbeitern keine wirkliche Stütze sein, und sie können keine ermutigende Atmosphäre schaffen. Wer selbst nicht ermutigt ist, zweifelt an seinen Möglichkeiten und fühlt sich minderwertig. Selbstermutigung ist angesagt, bevor Sie den Wippeneffekt (siehe Kap. Minderwertigkeitsgefühle) auslösen. Sich selbst ermutigen, heißt sich selbst annehmen, mit den Fehlern, mit den Schwächen und den Stärken und dabei das Augenmerk auf die Stärken legen. Sie werden im Laufe der Zeit lernen, sachlich ihre Ressourcen zu erkennen und anzuerkennen.
Selbstermutigung soll nicht zur Ichbezogenheit führen, sondern zu dem Bewusstsein, dass Sie keinen günstigen Einfluss auf soziale Strukturen, in die Sie selbst eingebunden sind, ausüben können, wenn Sie sich durch Fehlerorientiertheit selbst entmutigt haben. Deshalb hier eine Übung zur Selbstermutigung.

✎ Beantworten Sie folgende Fragen:

a. Was finde ich gut an meiner Art, mich in Beziehungen zu anderen Menschen zu verhalten?
b. Wo mache ich Fortschritte?
c. Durch welche Stärken stehe ich im Leben dort, wo ich jetzt bin?

Suchen und Schreiben Sie eine Woche lang täglich Ihre Antworten in Ihr Wachstumsbuch (ohne „..., aber").

Halten Sie die Veränderung, die Sie in Ihrer Haltung und Ihrem Gefühl den Menschen gegenüber wahrnehmen, schriftlich fest.

Bei Selbstermutigung geht es nicht um Selbststolz, sondern vielmehr um eine Haltung der Dankbarkeit für Fortschritte, Talente, Möglichkeiten, Beiträge.
Ein Bankkaufmann schreibt:
Dadurch dass ich angefangen habe über meine Selbstermutigung nachzudenken und die Möglichkeiten aufzuschreiben, hatte ich am dritten Übungstag eine ganz positive Grundeinstellung. So konnte ich meine Mitarbeiterinnen und Mitarbeiter gut ermutigen. Eine Kollegin, die mich morgens nie grüßte, habe ich bewusst mit Namen angesprochen. An den folgenden Arbeitstagen grüßte sie mich zurück. Ich glaube sie hatte Angst vor mir. Ich habe ihr wohl damit eine Brücke gebaut. Einer anderen Kollegin habe ich gesagt, dass ich froh bin, dass wir uns wieder besser verstehen. Sie war verblüfft, freute sich aber und die nächsten Tage begegneten wir uns öfter mal mit einem Lächeln.
Ich konnte mir nicht vorstellen, dass dieser innere Wandel so schnell passiert. Die Veränderung tut wirklich gut und zwar allen. Ich merke mehr und mehr, dass Selbstermutigung die Beziehung zu anderen verbessert.

Eine andere bewährte Übung zur Selbstermutigung:

✎ „Die drei Fragen"

Nehmen Sie sich am Abend 10-15 Minuten Zeit. Setzen Sie sich ruhig hin und legen Sie etwas zum Schreiben bereit. Nachdem Sie ruhig geworden sind, blicken Sie auf den Tag zurück.

Erstens: Fragen Sie sich: Was habe ich heute gut gemacht? Geben Sie fünf Antworten, am besten solche, die etwas zu tun haben mit Ihrem Verhalten anderen Menschen gegenüber.

Zweitens: Geben Sie fünf Antworten auf die Frage: Wofür bin ich dankbar?

Drittens: Was werde ich morgen besser machen? Die Entscheidung etwas besser zu machen soll sich auf Ihren Umgang mit einem anderen Menschen beziehen. Geben Sie nur eine Antwort.

Diese Übung bekommt um so mehr Wert, je länger Sie sie konsequent jeden Abend machen. Sie lernen konstruktiver über sich zu denken und mit sich selbst umzugehen, und Sie lernen, sich sozialer auszurichten, weg von der Ichbezogenheit, die immer mit den negativen Emotionen einhergeht.

Eine effektive Übung, die Alfred Adler einem seiner Patienten, der unter Schlafstörungen litt, mit nach Hause gab, ist Folgende:

✎ Fragen Sie sich am Abend vor dem Schlafengehen, welchen zwei Menschen Sie morgen eine Freude machen wollen. Praktizieren Sie das 14 Tage lang.

Auch hier erkennen Sie den Weg von sich selbst weg, umgewandelt in Interesse für andere Menschen. Das trägt zu Ihrem Wohlbefinden bei. Auch das ist Selbstermutigung.

15. Stolpersteine und deren Überwindung

Grundgedanken

Das Wort stolpern sagt, dass wir fast über etwas fallen, weil wir „mit steifen Schritten" gehen. Steine, die aus dem Pflaster hervorragen, sind Stolpersteine. Sie hindern uns im Vorwärtskommen, sie machen uns das Leben schwer. Können wir sie rechtzeitig erkennen? Und flexibler gehen lernen?
Geheimnisse, Schuldgefühle, Perfektionismus, das „Andere" wichtiger machen, Erwartungen und Halbherzigkeiten sind einige solcher Stolpersteine in zwischenmenschlichen Beziehungen und der persönlichen Entwicklung des Einzelnen.

15.1. Geheimnisse

Geheimnisse lassen uns stolpern, weil sie Energiefresser sind. Mühsame Versteckspiele und Schuldgefühle, Heimlichkeiten, Selbsttäuschung und Herabsetzung der anderen im Sinne von „sie würden es nicht verkraften" blockieren unsere Kreativität, Fröhlichkeit und Spontaneität.
Die Erfahrungen, die Menschen machen, wenn sie beschlossen haben, ihre Geheimnisse mitzuteilen, sind – mit wenigen Ausnahmen – erfreulich befreiend.
In einer Gruppenarbeit schreiben alle Teilnehmer anonym ihr größtes Geheimnis in Blockschrift auf einen kleinen Zettel. Diese werden gesammelt und gemischt. Dann werden sie wieder ausgeteilt und vorgelesen. Die Reaktionen der einzelnen Gruppenmitglieder sind nicht nur verständnisvoll, sie lassen auch erkennen: „Ich bin ein Mensch und nichts Menschliches ist mir fremd." Solch eine Begegnung ist er-

leichternd, befreiend, ermutigend. Machen Sie mal einen ersten Schritt hin zur Offenheit und Ehrlichkeit.

✎ Denken Sie an die Gedanken und Handlungen, wofür Sie sich am meisten schämen. Schreiben Sie sie auf. Lesen Sie sie so, als wären es Mitteilungen einer anderen Person. Was würden Sie dieser Person sagen? Stellen Sie sich vor, sie säße neben Ihnen. Sagen Sie es ihr laut.

Zum „Gestalten" gehört Offenheit. Insbesondere in Partnerschaften gehören keine Geheimnisse. Wenn Sie ein Geheimnis vor Ihrem Partner haben, gehen Sie doch denselben Weg, wie in der vorigen Übung.

✎ Schreiben Sie das Geheimnis, das Sie vor Ihrem Partner haben, auf. Lesen Sie es laut, als würde es Ihnen ein anderer sagen. Reagieren Sie darauf. Wiederholen Sie den Vorgang an einem anderen Tag. Sprechen Sie dann mit Ihrem Partner darüber.

Entscheiden Sie sich für eine erwachsene Haltung. Akzeptieren und verzeihen Sie sich Ihre Fehler. Seien Sie gute Eltern für sich selbst. Eltern, die ihren Kindern nicht ihre Liebe entziehen, wenn sie Fehler gemacht haben. Das steckt nämlich hinter den Geheimnissen. Wir alle sehnen uns nach Liebe. Als Kind glauben wir, nicht in Ordnung zu sein, wenn wir „schlechte Gedanken" haben oder „Schlechtes" tun. Wir versuchen es zu vertuschen, weil wir befürchten, sonst die Liebe der Eltern zu verlieren. Jetzt sind Sie aber erwachsen. Ihre Welt besteht nicht mehr aus Ihnen und Vater und Mutter. Akzeptieren Sie sich selbst und werden Sie aktiv und offen für ein intimes liebevolles Leben mit dem Menschen, mit dem Sie in gegenseitigem Vertrauen leben wollen.

15.2. Schuldgefühle

Wer mit Schuldgefühlen lebt, stolpert durchs Leben. Er ist derart an seine vergangenen Taten gebunden, dass er versäumt, die Freuden von jetzt zu leben. Er zieht andere mit in seine Stimmung hinein. Und er meint, dass es gut ist, sich schlecht zu fühlen, weil er Schlechtes tat. Wir quälen uns mit dem Glauben an unsere Schuld und sind überzeugt, dass sich das so gehört. Wir bleiben an unseren Fehlern, an unserer Unachtsamkeit, an unseren Sünden hängen, indem wir sie uns immer und immer wieder vorwerfen. Wir glauben, uns selbst damit bestrafen zu müssen. Es kommt nichts Nützliches dabei heraus. Stattdessen fühlen wir uns dadurch schlecht und unzulänglich. Wir stolpern, wir blockieren unser Vorwärtskommen. Wir verlieren das Interesse für die anderen in unserem Leben. Wir leisten keinen Beitrag in deren Leben, weil wir zu „ichbezogen" sind, weil wir nur mit unserer Schuld beschäftigt sind. Genau das kann es sein, was wir mit dem Schlechtfühlen wollen: Andere strafen, oder uns selbst strafen und uns zurückziehen.

Wer Schuldgefühle spürt, über vergangene Handlungen oder Gedanken, kann sich an die Tatsache erinnern: „Das war damals. Heute ist heute. Und heute gestalte ich mein Leben. Dabei kann ich keine Schuldgefühle brauchen. (Mit einem Lächeln: Heute nicht, morgen vielleicht wieder)." Wir können Schuldgefühle haben. Wir müssen nicht. Die Gedanken sind frei und damit die Gefühle. Wer sich entscheidet, aktiv zu werden, etwas wieder gut zu machen, oder Gutes zu tun, der ist frei von Schuldgefühlen. Es ist wieder Platz für Leichtigkeit, Lächeln und Interesse. Wir können uns aber auch entscheiden, uns weiterhin schlecht zu fühlen.

15.3. Perfektionismus

Jeder weiß es. Vielen kommt es leicht von den Lippen: „Fehler machen ist menschlich." Trotzdem finden viele Menschen, dass sie keine Fehler machen dürfen. Sie finden es schrecklich, Fehler zu machen. Sie können sie nicht tolerieren. Nicht bei sich selbst und kaum bei anderen. Sie sind Perfektionisten. Wer aber perfekt sein will, fühlt sich schuldig, wenn er Fehler macht. Dabei ist er so empfindlich für Kritik. Es ist ein Fallen und Aufstehen. Sein Ehrgeiz lässt ihn aufstehen. Seine Fehler lassen ihn fallen. Er stolpert. Fehler oder nicht, die Musik spielt weiter.

Ich spiele in einem Streichquintett. Eine junge Geigerin hatte noch kaum Erfahrung im Zusammenspiel. Sie hatte noch nicht gelernt, den Fluss der Musik im Takt mitzugestalten trotz Fehler, trotz falscher Noten. Sie hörte bei einem Fehler immer wieder auf und entschuldigte sich.

So wichtig darf man sich und seine Fehler nicht machen. Zusammenbleiben und zusammen am Ende des Stückes ankommen, egal, ob man zwischen Anfang und Ende Fehler machte. Das ist das Gleichnis mit dem Leben. Fehlermachen und weitermachen. Zusammenbleiben. Dann kommen wir am Ende auch zusammen an. Das nächste Mal geht es schon besser; und umso besser, je weniger wichtig sich jeder Einzelne macht. Mit dem „Mut, unvollkommen zu sein" lernen wir, Fehler zu korrigieren und unsere Fortschritte und Erfolge zu schätzen. So werden wir weniger Fehler machen. Das ist das Geheimnis des Annehmens von Fehlern. So helfen wir auch anderen, wenn wir deren Fehler verkleinern. Unsere Geigerin hat es schnell gelernt.

✎ In welchen Situationen fühlen Sie sich unfrei, nicht kreativ? Ist es, weil Sie Angst haben, Fehler zu machen? Ist es, weil Sie unbedingt einen guten Eindruck machen wollen? Wollen Sie dabei bleiben? Gut ist auf jeden Fall, in

Ihre täglichen Selbstgespräche einzubauen: „Ich bin ein Mensch und unvollkommen, und das ist gut so."

15.4. „Das Andere" wichtiger machen

Im Kleinen und im Großen stolpern wir so durchs Leben, wenn „das Andere" wichtiger wird, als das „Hier". „Das Andere" kann wichtiger werden, wenn:

- Sorgen über die Vergangenheit oder die Zukunft wichtiger werden, als die vor uns liegende Sache.
- wir über mehrere Dinge auf einmal nachdenken wollen.
- wir Eindruck machen wollen.
- wir uns mit unserem Selbstzweifel beschäftigen.
- wir in die nächste Aufgabe hineingehen und an der vorigen hängen bleiben.

✎ Sind Sie schon mal mit jemandem zusammen gewesen, der nicht „hier" war?
Sind Sie schon mal mit jemandem zusammen gewesen, wobei <u>Sie</u> nicht „hier" waren? Wo das „andere" wichtiger war als das „Hier".
Sind Sie schon mal nach Hause gekommen und hatten den Kopf in der Arbeit gelassen?

Kennen Sie das auch?

Ich steige aufs Fahrrad und hole Brötchen beim Bäcker um die Ecke. Als ich wieder zu Hause bin, wird mir bewusst, dass ich nicht bemerkt habe, wie das Wetter ist. Ich habe die Luft, die Bewegung, die Farben der Natur, die Menschen unterwegs nicht wahrgenommen. Ich war zu sehr beschäftigt mit dem Problem einer Klientin.

In der Teambesprechung beschreibt Frank die finanzielle Situation und fragt: „Was meinen Sie? Sollen wir im Moment überhaupt investieren?" Der Kollege: „Bitte? ... Tut mir leid, was sagten Sie?" „Das Andere" war wichtiger als das „Hier".

☙

Der 12-jährige Oliver erzählt seinem Vater begeistert über das neue Schulprojekt. Vater hatte die letzte Krisensitzung vom Arbeitsplatz im Kopf. Plötzlich hört Oliver auf zu erzählen und sagt: „Vater, du hörst mir gar nicht zu!"

Das sind die kleinen Erfahrungen im täglichen Leben, wo die Qualität unseres Familien- und Arbeitslebens leidet unter unserer Neigung, „Das Andere" wichtiger zu machen als das „Hier". Wir sind nicht wirklich interessiert, hören nicht zu; wir sind nicht ermutigend und nicht so kreativ, wie wir sein könnten, weil wir etwas anderes wichtiger machen. Der große Komponist Max Bruch spricht in beeindruckender Weise darüber.
Ihm wurde 1907[1] *die Frage gestellt: „Welches Ansehen werden Sie als Komponist in fünfzig Jahren, verglichen mit Brahms genießen? Heute erfreuen Sie sich ja größerer Beliebtheit als er." Max Bruch sagt dann voraus, dass Brahms in Zukunft mehr geschätzt werden wird, während die meisten seiner Werke – mit Ausnahme seines g-Moll Violinkonzertes – nach und nach in Vergessenheit geraten werden. In seiner Begründung sagt er, dass er im Gegensatz zu Brahms eine Familie zu ernähren und für die Ausbildung der Kinder zu sorgen hat. Er müsse mit seinen Kompositionen Geld verdienen. Brahms könne – ohne Ehe und ohne Kinder – seinen eigenen Weg gehen, unbeeindruckt von der Meinung der Kritiker. Für Max Bruch wurde das Geld verdienen („das Andere") wichtiger als der freie Fluss der Inspiration (das „Hier"). Und er wusste darum.*

---

[1] Gespräche mit berühmen Komponisten. Arthur M. Abel. Flensburg 1962 / 1981. 4. Aufl.

Hier bleiben

Die Fähigkeit, sich zu konzentrieren auf das, was man gerade tut, ist „hier bleiben". „Hier bleiben" setzt uns in einen wachen Kontakt mit anderen und mit unseren Aufgaben. Es macht uns zu verständnisvollen Zuhörern und achtsamen Mitarbeitern. Wir sind ruhiger und friedlicher. Andere fühlen sich wahrgenommen und respektiert.

Wir können uns entscheiden, die Lebensaufgabe Liebe von der Arbeit zu trennen und mehr „hier" anwesend zu sein.

Klaus hat sich angewöhnt, die Trennungslinie zwischen Arbeit und Freizeit ganz bewusst zu ziehen. Wenn seine Arbeitszeit zu Ende geht, notiert er die Themen, die ihn bestimmt noch beschäftigen werden auf einem Zettel. Diesen Zettel legt er in eine Schublade seines Schreibtisches, schließt diese behutsam und bewegt sich bewusst langsam zur Tür. Bevor er die Tür öffnet, schaut er noch einmal um, zeigt mit dem Finger auf die Schublade und ruft streng: „Bleiben!" Dann fühlt er sich frei für zu Hause.

Ein Kollege hat in seiner Garage an der Wand, auf die er zufährt, wenn er nach Hause kommt, ein Schild mit großen Buchstaben, die ihm sagen: „Hier bleiben."

Wenn ich meine Brötchen hole und ich neige dazu, nicht „hier" zu sein, dann atme ich bewusst die Luft, schaue auf die Farben der Natur, spüre die Bewegung meiner Beine beim Fahrrad fahren und denke „hier bleiben", grüße einige Passanten oder interessiere mich mit einer Frage für sie. Sie fühlen sich gut und ich auch.

Bernd erzählt folgende Erfahrung, die er – wie er sagt – nicht jedem erzählen würde. Auf meine Bitte hin erlaubt er mir, sie hier aufzuschreiben:

Ich werde nachts wach, weil ich zur Toilette muss. Es ist 2.00 Uhr. - Ich setze mich aufs WC in derselben Stimmung, womit ich aufgewacht bin und führe meinen Angriffsdialog mit meinem Chef, von dem ich mich zu Unrecht zurückgesetzt fühle, fort. Ich rege mich auf. Dann hebe ich den Kopf und sehe mich im Spiegel. Ich stellte fest: Ich lebe in zwei Welten. Die eine, in der ich meinen Chef anbrülle, (was ich mir in der Wirklichkeit nie erlauben würde) und eine andere, wo ich auf dem WC sitze. Die Erste ist mir bewusster als die Zweite. „Hier bleiben" kommt mir in den Sinn. Ich schüttle mit dem Kopf, schaue bewusst in den Spiegel vor mir und lächle. Ich spüre, wie ich hier sitze, indem ich mir sage: „Hier bleiben! Vor mir befindet sich der Spiegel, ich sitze hier und sehe mich. Da ist die Decke, da ist das Handtuch. Ich entleere gerade meine Blase und dann schlafe ich wieder." Wieder im Bett angekommen, sage ich mir noch einmal: „Hier bleiben". Ich spüre bewusst die Matratze unter meinem Rücken, atme bewusst etwas länger aus und schlafe im „Hier bleiben" ruhig ein.

✎ In welchen Situationen wollen Sie sich öfter an „hier bleiben" erinnern? Und wie?

Hörst du mir zu?

Am nötigsten ist Hierbleiben, wenn uns jemand über sich selbst erzählen will und uns bittet, ihm zuzuhören. Auch hier gibt es Gestaltungsmöglichkeiten. Die erste Entscheidung ist: sich interessieren wollen. Alice, eine Verkaufsleiterin, sagt, als wir über Hierbleiben sprechen: *„Ich kenne das gut. Mir passiert es, dass ich beim Abendtisch sitze, mein Mann hat das Essen gekocht und erzählt mir von seinem Tag. Ich löffle meine Suppe, schaue ihn dann und wann an und nicke ihm zustimmend zu. Ich schaue ihn an und habe vage Bilder von meinen Mitarbeiterinnen und von Kunden vor meinen Augen. Ich schaue ihn an und sehe ihn nicht. Ich höre ihn reden und* *verstehe nicht. Ich bin nicht hier. Ich sage: „Liebster, entschuldige, ich merke, dass ich dich nicht sehe und dir nicht gut zuhören kann. Darf ich erst mal was von heute erzählen. Mein Mann hat Verständnis und interessiert sich auch. Er ist hier. Er fragt nach. Nach 5 Minuten bin ich frei für ihn. Ich bin dankbar, gebe ihm einen Kuss und bitte ihn, zu erzählen. Jetzt bin ich auch hier.*

ଓ

Ralf ist begeisterter Lehrer. Seine Frau kann besser sprechen als er. Wahrscheinlich ist er deswegen eher ruhig. Heute, sie sitzen im Wohnzimmer, erzählt er angeregt von seinem Tag und den neuen Methoden, die er in seiner Klasse eingeführt hat. Mitten im Gespräch ruft Elisabeth, indem sie gleichzeitig in den Garten hineinzeigt: „Sieh mal, ein Rotkehlchen, das habe ich schon lange nicht mehr gesehen. Ach, ist das schön." Ralf steht auf und geht in sein Arbeitszimmer.

ଓ

Ute und Marcel wollen sich trennen. Er hat eine Freundin. Sie sprechen jetzt mehr als vor der Krise. Sie sitzen nebeneinander auf der Coach. Ute spricht von sich, von ihren Verletzungen und auch davon, was sie als ihre Fehler erkennt. So viel hat sie schon lange nicht mehr von sich erzählt. Er ist ruhig. Sie freut sich, dass er ihr nicht ins Wort fällt und endlich zuhört. Dann hört sie seinen tiefen Atem. Er ist eingeschlafen. Zum ersten Mal in ihrer 22-jährigen Ehe verpasst sie ihm eine Ohrfeige und geht.

Zuhören und verstehen wollen, wertet den anderen auf. Die meisten Menschen können ihre Probleme selbst lösen, wenn sie nur ein verstehendes Ohr finden. Sie fühlen sich freier und kreativer. Einen guten Rat brauchen Sie nicht. Sie brauchen einen Zuhörer, der „hier" ist. Das macht Mut. Dann kommen Sie selbst auf gute Ideen.
Wenn jemand soviel Vertrauen hat, dass er erzählen kann, wie er sich fühlt, braucht er jemand, der zuhört und sich ein-

fühlt: *Sie erzählt ihrem Mann, wie klein und minderwertig sie sich manchmal vorkommt. Er versucht sie zu überzeugen, dass sie gar keinen Grund hat, sich so zu fühlen. Sie fühlt sich von ihm unverstanden.*
Das war es nicht, was sie gebraucht hat. Eine Umarmung hätte mehr bewirkt.
Wenn Sie „hier" und interessiert beim anderen bleiben, kommen Sie vielleicht auch nicht auf die Idee, dass Sie helfen müssen und das Problem lösen müssen. Das müssen Sie nicht, gerade nicht. Der andere ist nicht hilflos, vielleicht entmutigt, aber nicht hilflos. Hilfe an der falschen Stelle vertieft die Angst und das Gefühl von Schwäche. Wenn Sie helfen wollen, dann fragen Sie besser: „Darf ich sagen, was ich dazu meine?" oder „Soll ich dazu etwas sagen?"

Menschen fühlen sich durch Beten gestärkt und geholfen. Vielleicht weil Gott zuhört, nicht dazwischen redet und nicht die Scherben zusammenklebt. Er hört zu und lässt uns unsere Sachen selbst machen. Er traut uns zu, dass wir das schon schaffen. Das ist sehr ermutigend.

15.5. Erwartungen

Es ist wohl für niemanden leicht, ohne Erwartungen zu leben. Würden die anderen Menschen so leben, wie wir es uns vorstellen, wäre alles vielleicht eintönig, aber auf jeden Fall berechenbar. Wir wüssten dann, was in den zwischenmenschlichen Beziehungen passieren würde. Da aber alle Menschen eigenständig denkende Wesen sind, mit einer eigenen Persönlichkeit und eigenen Lebenserfahrung, haben sie auch ihre eigenen Vorstellungen von leben, lieben und arbeiten. Menschen wollen nicht unter Erwartungsdruck stehen, wollen nicht müssen, und wollen und dürfen nicht Ihr

Diener sein. Erwartungen werden Anlass zum Kampf und zur Quelle der Enttäuschung.

Erwartungen und Wünsche liegen dicht beieinander. Der wesentlichste Unterschied ist aber der emotionale Zustand. Wer einen Wunsch hat, meint: „Ich hätte gerne, dass du ..., aber wenn nicht, dann ist es auch in Ordnung." Wer eine Erwartung hat, meint: „Ich erwarte von dir, dass du ..., und wenn nicht, dann bin ich sauer bzw. böse oder schwer enttäuscht."

Auch im Bereich der täglichen Arbeit gibt es immer wieder Enttäuschungen. Sie haben zu tun mit Erwartungen. So ist bei jeder Enttäuschung die Frage berechtigt, „Was hatte ich erwartet?"

Wenn uns jemand ungerecht behandelt, sind wir darüber enttäuscht; vielleicht mit Recht, denn man kann in einem zivilisierten Umgang miteinander erwarten, dass man gerecht behandelt wird. Trotzdem gilt auch hier, uns darin zu üben, unsere eigenen Sachen so gut wie möglich zu machen und mit möglichst wenigen Erwartungen zu leben.

✎ Spüren Sie Enttäuschung, dann sagen Sie zu sich selbst: „Machs nicht so wichtig", und dann setzen Sie Ihren situativen Zielsatz (siehe Kap. 13.4.) ein.

Wenn wir schwer enttäuscht sind, können wir weglaufen oder kämpfen. Die bessere Wahl ist, sich zu bemühen, den anderen zu verstehen, den Ist-Zustand anzunehmen und über Verzeihen nachzudenken.

Verzeihen[1] im Bereich der Arbeit ist kein sehr übliches Gesprächsthema, aber es ist dort genauso notwendig wie in Freundschaften, Partnerschaft und Kindererziehung. Wer verzeihen kann, trägt wesentlich bei, Konflikte in der tägli-

---

[1] Siehe auch: Schoenaker, Theo: Die kreative Partnerschaft. Sinntal 2003 und Schoenaker, Th.: Worauf wartest du? Sinntal 2003 und Schoenaker, Th.: Loslassen, damit das Leben weitergeht. Bocholt 2005

chen Arbeit zu mildern und Zusammenarbeit zu stimulieren. Verzeihen gehört zu Strategien der Problemlösung, wodurch Ärger, Groll und negative Beurteilung (inklusive üble Nachrede) des „Schuldigen“ verringert werden. Verzeihen heißt auch „nicht so wichtig machen“, ausatmen und „loslassen“. Wer verzeiht, der verzeiht das Missgeschick, das Unglück. Er bezieht sich auf die Sache, nicht auf den „Gegner“, den „Bösen“.
Das Verb verzeihen mit seiner Vorsilbe „ver“ und dem Kernwort „zeihen“ bedeutet: weg (=ver) mit der Anklage (=zeihen). Natürlich hat verzeihen auch etwas mit dem Verständnis für den Standpunkt des anderen zu tun, aber am wichtigsten ist, die Entscheidung zu treffen, verzeihen zu wollen. Das bedeutet, dass wir die Enttäuschung oder Verletzung durch gute Selbstgespräche bzw. situativen Zielsatz nicht so wichtig machen und äußerlich (üble Nachrede) wie innerlich (anklagende Selbstgespräche) mit der Anklage aufhören.

15.6. Halbherzigkeiten

Jetzt haben Sie einige Stolpersteine kennen gelernt, daran gearbeitet und festgestellt, dass das Leben eine interessante aber nicht immer einfache Aufgabe für Sie bereithält. Aber egal, in welcher Situation Sie stehen, sie ist immer wichtig genug, sich voll zu engagieren. Entwicklung bedarf der Übung. Für Halbherzigkeiten ist das Leben zu kurz und es belohnt uns dafür nicht. Der Einsatz ist wichtiger als das Ergebnis. Wenn Sie alles geben, was Sie haben, alles, was Sie können, dann ist es egal, ob Sie gewinnen oder verlieren. Sie werden Spuren hinterlassen, die andere als Orientierung nehmen werden.

In diesem Sinne sagt Alfred Adler[1]: „Wenn der Mensch für alle ein guter Kamerad sein kann und durch nützliche Arbeit und eine glückliche Ehe zum Wohl des Ganzen beiträgt, wird er sich nie anderen unterlegen oder von ihnen unterdrückt fühlen! Er ist im Universum zu Hause, an einem freundlichen Ort, unter Leuten, die er schätzt, und allen Schwierigkeiten gewachsen. Er hat das Gefühl: Diese Welt ist meine Welt. Ich muss handeln und organisieren, nicht warten und zusehen. Er wird völlig sicher sein, dass die gegenwärtige Zeit nur eine von vielen Zeiten in der Geschichte der Menschheit ist und dass er zu der ganzen menschlichen Geschichte – Vergangenheit, Gegenwart, Zukunft – gehört; aber er wird auch wissen, dass er nur hier und heute seine schöpferischen Aufgaben erfüllen kann und seinen Beitrag zur menschlichen Entwicklung zu leisten vermag. Zwar gibt es in dieser Welt Leiden, Schwierigkeiten, Vorurteile und Unheil, aber es ist unsere Welt, und ihre guten und schlechten Seiten gehören zu uns. Wir können an unserer Welt arbeiten und sie verbessern, und wir können hoffen, dass es vorwärts geht, wenn jeder, der seine Aufgabe richtig ausführt, seinen Teil zu ihrer Verbesserung beiträgt."

---

[1] Adler, Alfred: Wozu leben wir. Fischer Taschenbuch 780. 1931. S. 205

16. In Form bleiben

Genug gelernt über individualpsychologische Prinzipien, über die Sie jetzt nachdenken und mit denen Sie in der Praxis des täglichen Lebens arbeiten können. Es wird Ihnen besser gehen. Sie werden Dinge entdecken, woran Sie bis jetzt nie gedacht hatten. Auf dieser neuen Reise tun Sie auch das Richtige für Ihren Körper. Sie kennen bestimmt selbst einige gute Wege.
Daneben gibt es verschiedene Formen der Entspannung, die erfrischend wirken. Einige aktive Methoden kann ich aus eigener Erfahrung empfehlen.

16.1. Körper-Check[1]

Die Entspannung beginnt mit: Aufstehen, Recken, Strecken, Dehnen, Gähnen. Dann folgen Muskelanspannungen, die jeweils drei Sekunden gehalten werden (in Gedanken auf drei zählen):

1. Sich auf die Zehen stellen
2. Linken Fuß anwinkeln
3. Rechten Fuß anwinkeln
4. Linkes Bein anwinkeln und das Knie mit der Hand unterstützen
5. Rechtes Bein anwinkeln und wieder Knie mit der Hand unterstützen
6. Linken Fuß zum Gesäß
7. Rechten Fuß zum Gesäß
8. Beine und Gesäß anspannen

---

[1] Nach Lothar Boländer: Der 1-Minuten Körper-Check. Bio Ritter Verlag 82327 Tutzing. ISBN 3-920788-35-4

9. Bauchmuskeln anspannen (Bauchpresse)
10. Brust heraus
11. Ellbogen nach hinten drücken
12. Langsam nach vorne beugen und ausatmen
13. Handflächen gegeneinander drücken
14. Finger beider Hände ineinander haken und auseinanderziehen
15. Schultern hochziehen
16. Arme langsam und kraftvoll von oben nach unten bewegen wie beim Klimmzug
17. Kopf nach links
18. Kopf nach rechts
19. Mund weit auf (und wenn ein Gähnen kommt, gähnen)
20. Wangen aufblasen
21. Stirn hochziehen
22. Glücklich und entspannt lächeln

Setzen Sie sich, schließen Sie die Augen und spüren Sie sich selbst. Denken Sie zwei bis drei gute Gedanken und sprechen Sie diese aus.

16.2. Progressive Muskelentspannung[1]

Eine weitere Form der Entspannung ist die progressive Muskelentspannung nach Dr. Edmund Jacobson. Eine Methode, die er schon 1925 vorstellte und die noch immer in der Stressbewältigung benutzt wird. Die Methode beruht, wie der Körper-Check auch, auf der Erkenntnis, dass die Muskulatur nach jeder starken Anspannung eine Eigentendenz zur Entspannung zeigt. Mit der progressiven Muskelentspannung kommt mehr Ruhe in Ihr Leben. Sie üben im Sitzen oder im Liegen. Sie spannen eine Muskelgruppe an, halten die Spannung etwa fünf Sekunden, dann lassen Sie wieder los. Z.B.

[1] Jacobson, E.: Progressive Relaxation. American Journal of Psychology 36, 73. 1925

den linken Arm. Sie machen eine Faust und strecken den linken Arm unter starker Anspannung. Sie halten diese Spannung etwa 5 Sekunden. Nicht übertreiben. Dann lassen Sie die Spannung langsam los und legen den Arm wieder in die Ausgangslage. Danach spüren Sie, wie der Arm durch die gesteigerte Durchblutung langsam wärmer wird. Dieses Sicheinfühlen ist wichtiger als die Stärke der Anspannung der Muskeln. Nehmen Sie sich Zeit dafür, bis Sie den Arm gut spüren können. So geben Sie den Muskeln Zeit, sich zu entspannen. Diesen Vorgang führen Sie mit mehreren Muskelgruppen des Körpers durch.

Diese Technik kann man auch gut zwischen andere Tätigkeiten einschieben, wenn man nur die verspannten Körperteile bearbeitet. *Ein Freund von mir wendet diese Methode oft während Teambesprechungen an. Wenn er sich nach seiner Einschätzung einen Moment zurückhalten kann, spannt er, ohne dass andere das merken, seine beiden Füße maximal an und entspannt sie wieder, spürt die Durchblutung und geht in derselben Weise zu seinen Oberschenkeln, dann zu den Gesäßmuskeln, den Bauchmuskeln und erlaubt sich anschließend einen tiefen Atemzug. Dabei reckt er sich aus. Dann ist er wieder voll konzentriert.*

Viele Menschen verkrampfen im Laufe des Tages die Muskeln des Kopfes, des Nackens und der Schulter, insbesondere wenn der PC-Bildschirm zu hoch steht. Wenn das auch auf Sie zutrifft, können Sie Folgendes tun:
Gesicht: Machen Sie Ihr Gesicht so klein wie Sie können – Stirn nach unten, Augen zupressen, Nase rümpfen, Zähne zusammenbeißen – dann loslassen und sich in den Entspannungsprozess einfühlen.
Dann das Umgekehrte: Stirn nach oben, Augen und Mund weit auf, Zunge weit ausgestreckt und ... loslassen.
Nacken: Kopf in den Nacken ... loslassen.

Kinn auf die Brust ... loslassen.
Linkes Ohr zur linken Schulter ... und zurück. Rechtes Ohr zur rechten Schulter und zurück.
Schultern: Beide Schultern hochziehen zu den Ohren hin ... und zurück. Dann nur mit der rechten Schulter und zurück. Dann nur mit der linken Schulter und zurück. Das Ganze noch mal wiederholen und immer nach dem Loslassen beobachten, wie die Muskelgruppe sich entspannt. Man nennt es eintasten oder scannen. Übrigens ... können Sie den Bildschirm Ihres PCs tiefer stellen?

Progressive Muskelentspannung ist eine echte Hilfe, um mit einem klaren Kopf durch den Tag zu kommen. Tägliche Übung macht den Meister, und Meister üben am meisten!

16.3. Nervenstärkende Atmung

Als ich als Atemtherapeut für Asthma und Bronchitispatienten arbeitete, habe ich neben anderen Übungen die nervenstärkende Atmung eingesetzt, die ich in der Yoga-Literatur gefunden hatte. Einige Patienten sagten, dass sie diese Übung am liebsten machten und dass sie glaubten, dass sie ihnen am meisten hilft. Das ist jetzt vierzig Jahre her, aber diese Übung begleitet mich und ich mache sie - in der frischen Luft, sogar beim Fahrradfahren - immer mal wieder. Danach fühle ich mich erfrischt. Mehr als ohne sie.

Setzen Sie sich für die Übung am besten in eine ruhige Haltung.
Sie atmen durch ein Nasenloch aus und ein. Mit dem Daumen der rechten Hand schließen Sie das rechte Nasenloch. Der Ringfinger liegt am linken Nasenloch an. Sie atmen durch das linke Nasenloch aus, links wieder ein und halten die Luft etwa sechs Sekunden an.

Dann schließen Sie das linke Nasenloch und atmen durch das rechte Nasenloch aus und wieder ein und halten die Luft wieder etwa sechs Sekunden an. Dann wechseln Sie wieder. So machen Sie das etwa zehn Mal.

16.4. Gähnen

Gähnen verbessert Ihren Sauerstoffspiegel. Sie können Ihren Gähnreflex reizen, indem Sie Gähnen simulieren. Tun Sie einfach als ob, mit weit geöffnetem Mund. Machen Sie dabei die Ausatmung größer als die Einatmung. Es kann etwas dauern, bis Sie aufrichtig gähnen können. Aber geben Sie nicht so schnell auf.
Sie können auch bei geschlossenem Mund die Zungenwurzel nach unten drücken. (Der „Adamsapfel" geht nach unten) und ein unterdrücktes „zivilisiertes" Gähnen imitieren.
Beide Möglichkeiten brauchen Zeit. Bleiben Sie dran. Sie werden das Üben nicht bereuen. Gähnen erfrischt.

16.5. Singen und Tanzen

Viele Aussagen machen auch Sinn, wenn man sie umkehrt. „Wir singen, wenn wir glücklich sind" und „wir sind glücklich, wenn wir singen". Warum dann warten, bis Sie glücklich sind. Fangen Sie an mit Singen. So ist es auch mit Tanzen. Wenn Sie sagen: „Mir ist nicht nach Tanzen oder nach Singen", dann ist das, weil Sie nicht anfangen. Es kostet höchstens eine Minute, um die entsprechenden Gefühle zu wecken. Bleiben Sie bei der Entscheidung zu lachen, zu tanzen, auch wenn Sie sich dabei anfänglich lächerlich vorkommen. Singen Sie das lustigste Lied, das Sie kennen, und tanzen Sie so, wie Sie tanzen würden, wenn Sie der glücklichste Mensch der Welt wären. Es wirkt! Nicht sofort. Es wirkt, wenn Sie trotz Lächerlichfühlens, dranbleiben. Schauen Sie sich's bei den Kindern ab. Eines fängt an zu kichern und die anderen lachen mit. Lachen führt Sie zum Lachen, Gähnen zum Gähnen, tanzen zum Tanzen.

„Singen ist gesund“

Ein Lied auf den Lippen scheint nicht nur gut für die Stimmung zu sein, sondern auch für ein gestärktes Immunsystem. Einer Studie zufolge steigert Gesang u. a. im Körper die Konzentration von Immunglobulin A. Ein Laienchor half dabei, die Wirkung des Singens auf das Immunsystem zu testen: Bei den Chormitgliedern, die Mozartmusik probten, wurden u. a. die Konzentration von Cortisol und Immunglobulin A bestimmt. Nach den Worten von Günther Kreuz vom Institut für Musikpädagogik der Johann Wolfgang Goethe Universität Frankfurt, weisen die Ergebnisse auf eine signifikante positive Veränderung der Immunkompetenz durch das Singen hin.

Wenn ich mich lustlos fühle, setze ich mich hinter den Flügel und singe, auch wenn ich dazu nicht in Stimmung bin. Eine Viertelstunde genügt, dann geht's mir besser und ich habe wieder einen klaren Kopf und Lust zum Arbeiten.

Diese vier Methoden bilden mein bescheidenes Repertoire. Ich lebe gut damit. Ich bleibe in Form. Das wünsche ich Ihnen auch.

Anhang A

Die 14 Lebensstiltypen nach Harold H. Mosak[1]

Lebensstiltypologien tun dem einzelnen Menschen in seiner Einzigartigkeit immer unrecht, da man ihn mit vielen anderen unter einer Überschrift beschreibt. Sie sind aber trotzdem ein hilfreicher Beitrag zur Selbsterkenntnis und zur Menschenkenntnis.

Der Individualpsychologe Harold H. Mosak hat 14 oft vorkommende Lebensstile kurz skizziert. Vielleicht erkennen Sie sich selbst, bei einem der beschriebenen Typen oder in einer Sammlung von einzelnen Sätzen der unterschiedlichen Typen.

Diese Information, Ihr Platz in der Kinderreihe und Ihre Überlegungen über Ihre eigenen Kindheitserinnerungen werden Ihnen auf dem Weg zur Selbsterkenntnis wesentlich weiterhelfen.

Die 14 Lebensstile:

1. Ich stelle gern die anderen Menschen in meinen Dienst, wobei ich mich aktiv oder passiv verhalten kann. Um dieses Ziel zu erreichen, kann ich andere einschüchtern, charmant, launisch oder auch schüchtern sein.
   Ich sehe das Leben oft als ungerecht an, da es mir häufig versagt, was ich für mein gutes Recht halte. Ich bin eigentlich nie richtig zufrieden.

2. Ich bin fast ständig in Bewegung und habe dabei das Gefühl, ich müsse mich beeilen, um all‘ das zu Ende zu bringen, was ich noch tun sollte. Ich bin so gewissenhaft

---

[1] Aus „Technics for Behavior Change“ S. 77-81 v. Arthur G. Nikelly
Bearbeitet von Theo Schoenaker und Dieter Hamm 1974

und meinen Zielen so hingegeben, dass ich mir nur selten Ruhe und Muße gönnen kann. Ich spüre dabei jedoch so etwas wie eine Angst, ich könnte ein Versager sein, und die übersteigerte Aktivität könnte vielleicht ein Mittel sein, um diese Angst zu überdecken.

3. Ich möchte mein Leben unter Kontrolle haben. Überraschungen schätze ich im Allgemeinen nicht. Auch spontane Reaktionen suche ich möglichst zu vermeiden, und ich zeige auch nicht gerne meine Gefühle, da sie meine Selbstkontrolle beeinträchtigen könnten. Dem gegenüber bewege ich mich lieber in geistigen Bereichen. Ich halte auf Ordnung. Von mir fordere ich, dass ich das Rechte tue, und ich stelle so hohe Erwartungen an mich, wie kein anderer. Etwas besser komme ich mir schon vor, wenn ich sehe, womit sich die anderen begnügen.

4. Ich muss Recht haben und Recht behalten. Auf diese Weise kann ich mich über die anderen stellen. Richtig und falsch sind für mich die eigentlichen Kriterien. Für Unklarheiten und Ziellosigkeit habe ich kein Verständnis. Es ist für mich wichtig, möglichst wenig Fehler zu machen. Werden mir aber trotzdem Fehler nachgewiesen, suche ich mich zu verteidigen, indem ich auf die Fehler der anderen hinweise.

5. Ich funktioniere am besten, wenn ich mich überlegen fühle, und meide gerne Situationen, in denen ich nicht im Mittelpunkt oder vorne stehen kann. Um mich in solchen Fällen von den anderen fernhalten zu können, vergrabe ich mich auch schon mal für längere Zeit in ein Hobby oder tue etwas, was eigentlich nichts bringt. Wenn ich nicht unter den Ersten oder Besten sein kann, bin ich unter den Letzten oder Schlechtesten, oder ich mache überhaupt nicht mehr mit.

6. Es ist für mich ganz wichtig, dass mich alle mögen. Schon wenn Einzelne mich ablehnen, fühle ich mich irritiert und gestört. Ich reagiere auf Kritik besonders empfindlich und halte es für eine Niederlage, wenn ich irgendwo keine Zustimmung finde. Ich versuche zu spüren, was anderen Menschen gefallen könnte und ändere schon mal meine Meinung, wenn ich damit mehr Zustimmung finde. Ich sehe meinen Wert abhängig von den Wertschätzungen der anderen.

7. Ich will ein guter Mensch sein und stelle an mich höhere moralische Maßstäbe, als es die anderen bei sich tun. Manchmal sind die Maßstäbe sogar übermenschlich hoch, wenn ich einen Fehler für völlig unverzeihlich halte. Meine überhöhten Maßstäbe können mir das Gefühl geben, den anderen moralisch überlegen zu sein. Andere Menschen fühlen sich so durch mich öfter entmutigt.

8. Anforderungen des Lebens gegenüber bin ich häufig negativ eingestellt. Ich weiß besser, wogegen ich bin, als wofür. Ich kann dabei meine Ablehnung offen zeigen; ich kann sie aber auch zum Ausdruck bringen, indem ich mich passiv verhalte und die Wünsche und Forderungen der anderen überhöre oder umgehe.

9. Ich bin ein Pechvogel. Mit mir würde wirklich niemand tauschen. Anscheinend bin ich etwas Besonderes. Ich bin schon zu bedauern, aber da kann man eben nichts machen. Was ich schon alles an Unglücksfällen hatte und wie oft ich nur so eben noch daran vorbeigekommen bin! Ich hätte tatsächlich oft mehr Mitgefühl verdient!

10. Ich leide ähnlich wie der Pechvogel, aber ich leide für ein hohes Ziel (Sache oder Prinzip). Ich empfinde mich manchmal als ein Opfer all‘ des Unrechts, das es um mich herum gibt. Märtyrer könnten sich so gefühlt haben.

Manchmal demonstriere ich mein Leiden vor einem gleichgültigen Publikum.

11. Ich finde meinen Platz im Leben durch Charme und Witz. Oft sind die anderen damit ganz leicht dazu zu bewegen, das zu tun, was mir nützlich ist. (Vielleicht bin ich das Nesthäkchen der Familie gewesen. Vielleicht ist meine Stimme hoch und erinnert in Rhythmus und Klang an die eines Kindes).

12. Nichts gelingt mir richtig gut. Ich habe zwei linke Hände und ich bin unbeholfen. Deshalb beschränke ich mich, wenn irgend möglich, auf das, wobei ich Erfolg habe. Verantwortung kann mich so sehr belasten, dass ich gerade dann besonders versage. Andere nehmen mir vieles ab, da es ihnen ja leichter fällt. Ich fühle mich wirklich weniger fähig als die anderen und ihnen unterlegen.

13. Ich halte meine Gefühle und spontanen Reaktionen zurück. Ich fürchte, dass ich sonst die Situation vielleicht nicht mehr kontrollieren könnte. Wer weiß, was dann daraus wird! Ich verlasse mich lieber auf meinen Verstand. Probleme sind eben nur mit Vernunft zu lösen. Ich schätze den Intellekt, die Logik und eine vernünftige – nicht gefühlsbestimmte – Sprache. Für Gemeinschaft habe ich nicht sehr viel Sinn.

14. Ich hasse Routine und suche Abwechselung, Spannung, Abenteuer. Ich könnte ein Spieler sein. Wenn das Leben monoton wird, scheue ich oft keine Mühe, damit wieder etwas los ist. Ich brauche andere Menschen; besonders halte ich mich an solche, die für mich interessant sind, und von denen ich Spannung und Action erwarten kann. Manchmal ziehe ich mich auch von anderen Menschen zurück und suche Aufregung in einem Buch oder im Film, auch in Träumereien oder erotischen Fantasien.

✎ Anleitung:
a) Suchen Sie die Typen heraus, welche am besten auf Sie zutreffen. Kreuzen Sie diese an! Etwaige nicht zutreffende Behauptungen können Sie ausstreichen.
b) Suchen Sie Ergänzungen. Unterstreichen Sie in den anderen Typen Sätze und Wörter, welche auch auf Sie zutreffen.

Fügen Sie das alles zusammen. Vielleicht ist das eine treffende Beschreibung Ihrer Person.

Anhang B

„Ich komme zu kurz“

Er passt ständig auf, dass er nicht zu kurz kommt. Er könnte sich zu einem Sammler entwickeln. Er wird nie arm sein. Er könnte sogar reich sein und doch das Gefühl haben, weniger zu haben als andere. Er könnte sich leicht übergangen fühlen, und das als ungerechte Behandlung deuten und feindselige Gedanken hegen. Er könnte auch aus Vorsicht und aus Angst vor ungerechter Behandlung, andere Menschen auf Abstand halten.
Er wird immer Gründe haben, an selbst erfahrenem Unrecht oder an dem Unrecht in der Welt zu leiden. Sein Denken ist erfüllt von Recht und Unrecht.
Er ist nicht leicht im Umgang, da er aufgrund der Fiktion „zu kurz zu kommen“ den anderen den Eindruck vermittelt, dass sie schlecht sind.

Diese Beschreibungen sind Möglichkeiten. Der Mensch ist aber sehr kreativ und kann aufgrund seiner Meinungen auch ganz anders leben.

Danksagung

Ich danke Julitta, meiner Frau für die Gestaltung dieses Buches, für die vielen wertvollen Verbesserungsvorschläge und inspirierenden Gespräche, die dazu führten, dass ich in einigen Fällen nicht unterscheiden kann, was von ihr und was von mir stammt.

Literatur

Abel, Arthur M.: Gespräche mit berühmen Komponisten. Flensburg 1962 / 1981, 4. Aufl.

Abdu'l-Baha: In: Hasan M. Balyuzi, Abdu'l-Baha Band 1 S. 433. Bahai-Verlag, Hofheim-Langenhain 1983

Abdu'l-Bahá: Kleine Auswahl aus seinen Schriften. Bahá'í-Verlag, Hofheim-Langenhain 1980

Abdu'l-Bahá: Sonne der Wahrheit XIII /10

Adler, Alfred: Der Sinn des Lebens. 1933 Fischer Taschenbuch Nr. 6179

Adler, Alfred: Lebenskenntnis. Fischer Taschenbuch Nr. 6392

Adler, Alfred: Menschenkenntnis. Fischer-Taschenbuch Nr. 6080

Adler, Alfred: Praxis und Theorie der Individualpsychologie. München 1920

Adler, Alfred: What life should mean to you. New York 1931

Adler, Alfred: Wozu leben wir. Fischer Taschenbuch Nr. 6708

Adler, Alfred: Zwangsneurose. Int. z. Indiv.psychol. 9, 1931

Ansbacher, H. L. und Ansbacher R. R..: Alfred Adlers Individualpsychologie.

Aurel, Marc: Zu dir selbst. Regensburg 1993. S. 47

Bishop, Jim: Individual Psychology News Letter. Vol. 23, Nr. 6-1974

Boländer, Lothar: „Der 1-Minuten Körper-Check", Bio Ritter Verlag 82327 Tutzing, ISBN 3-920788-35-4

Bottome, Phyllis: Prof. Alfred Adler. Amsterdam 1939

Davidson, Adele K.: In: The collected works of Lydia Sicher. Ft. Bragg California 1991. S. 82, 83

Dreikurs, R.: Die Ehe, eine Herausforderung. Klett-Cotta

Dreikurs, R.: Grundbegriffe der Individualpsychologie. Klett-Cotta

Dreikurs, R.: Selbstbewusst. Dtv 35094

Dreikurs, R. / Mosak, H. H.: *The fourth life task.* In: Individual Psychologist 4, 51-55. 1967.

Ellis, A.: Die rational-emotive Therapie. Das innere Selbstgespräch bei seelischen Problemen und seine Veränderungen. Leben lernen Nr. 26, München 1977

Ellis, Albert und Grieger, Russell: Praxis der rational-emotiven Therapie. 1979

Endres, Wolfgang: Geschwister... Sie haben sich zum Streiten gern. Beltz-Verlag 1997

Farau, Alfred: The legacy of Alfred Adler. Vortrag in the Pirquet society of Clinical Medicine. NY 1970

Glasser, W.: Choice theory 1999 NY. S. 14/15

Grotius, Hugo: Drei Bücher vom Recht des Krieges und des Friedens. Tübingen 1950

Guggenbühl, Urs: Hugo Grotius, der Vater des Völkerrechts. In Museion 2000 12 Jg/1-2002

Huber, R. John: *Evolution*: Struggle or Synergy? Journal of Individual Psychology 1987/2

Huber, R. John: Auf der Suche nach Gemeinschaftsgefühl. Vortrag beim Forum für Individualpsychologie 2004. Illingen. In: Lichtblick 51, Feb. 05. S. 13-17

Jacobson, E.: Progressive Relaxation, American Journal of Psychology 36, 73, 1925

Jungblut, Christian: Geschwister. In: Zeitwissen Nr. 1, 2005. S. 10-18

Leman, Kevin: Geschwisterkonstellationen. Die Familie bestimmt ihr Leben. Taschenbuchreihe mvg-Verlag

Leman, Kevin & Carlson, Randy: Kindheitserinnerungen. Der Schlüssel zu Ihrer Persönlichkeit. Claudius Verlag München 1990

Manaster G.J. / Corsini R.J.: Individual Psychology. F.E. Peacock 1982.

Mansager, E. / Gold, L.: Three life tasks or five? Journal of Individual Psychology Nr. 2/2000 S. 155/171

McKay und Dinkmeyer: How you feel is up to you. Impact 1994

Mosak, H. H. / Dreikurs, R.: The fifth Life Task. In: The Individual Psychologist 1, 16-22. 1969

Nikelly, Arthur G.: Technics for Behavior Change. S. 77-81. Springfield. Ill 1971

Mosak, Harold, H.: Ha Ha and Aha 1987. 0-915202-65-4

Pew, M.L. und Pew, W. L.: Adlerian marriage counseling in The Journal of individual psychology 28, 192-202

Rietveld, E. und Wijma, N.: Humor als gereedschap voor managers. Baarn 2000. S. 88

Schoenaker, Theo: Die kreative Partnerschaft. Bocholt 2005

Schoenaker, Theo u. Julitta u. Platt, John: Die Kunst als Familie zu leben. Freiburg 2003

Schoenaker, Theo: Ja,... aber! Sinntal 2000

Schoenaker, Theo: Loslassen, damit das Leben weitergeht. Sinntal 2003

Schoenaker, Theo: Mut tut gut. Sinntal 1991/2004

Schoenaker, Theo: Worauf wartest du? Sinntal 2003

Schoenaker, Toni und Theo: Die neue Ehe. Horizonte 1987

Schottky, Albrecht: Die Bedeutung der Kindheit für das erwachsene Leben. Sinntal 1997

Schottky, Albrecht / Schoenaker, Theo: Was bestimmt mein Leben. München 1995

Southwick, C.: Primate social behavior. New York. Van Nostrand 1963

Stöbener, Dorothée: Meine Lehrjahre. AtV Berlin 2002

Schwartz, Morrie: Weisheit des Lebens. München 2001. S. 156

Verhaag, Bertram: Buch des Filmes „Blue-eyed. In: 3 Sat In der Reihe: Gemeinsam gegen Gewalt. Eine „Denkmal-Produktion“ 2005.

Institute, die mit Schoenaker-Konzepten arbeiten:

Aus- und Weiterbildungsinstitute

Adler-Dreikurs-Institut für soziale Gleichwertigkeit	www.adler-dreikurs.de
Adler-Schoenaker-Institut	www.adler-schoenaker-institut.de
M.U.T. Institut für angewandte Individualpsychologie	www.mut-institut.de
Akademie für Individualpsychologie GmbH Schweiz	www.akademie-individual-psychologie.ch
Rudolf-Dreikurs-Institut Austria	www.rudolf-dreikurs-institut.at
Adler-Schoenaker-Instituut Nederland	www.adler-schoenaker-instituut.nl
Schoenaker-Academie Nederland	www.schoenakeracademie.nl

Behandlungs- und Trainingsinstitute

Schoenaker-Institut Eresing	www.schoenaker-institut.de
Schoenaker-Institut Saar	www.schoenaker-institut-saar.de
Verein für praktizierte Individualpsychologie e.V. (VpIP)	www.vpip.de

... weitere Bücher des Autors

Schoenaker, Theo:

Zus. mit Schoenaker, J. u. Platt, J: ***Die Kunst als Familie zu leben*** – Ein Erziehungsratgeber nach Rudolf Dreikurs. Freiburg 6. Aufl. 2007.

Ja ..., aber! – Ein individualpsychologisches Konzept des Stotterns. 2. Aufl. Bocholt 2005.

Loslassen damit das Leben weitergeht – 4., korrigierte Aufl. Bocholt 2010.

Mut tut gut – Für eine bessere Lebensqualität. 16., überarbeitete Aufl. Bocholt 2011.

So wie du bist, bist du gut genug – Ermutigung für Eltern. Bocholt 2010.

Worauf wartest du? – Selbstbewusst in der Partnerschaft 3., korrigierte Aufl. Bocholt 2010.

Die kreative Partnerschaft – Das 3-Faktoren-Modell. 3. Aufl. Bocholt 2006.

Wenn die Kinder aus dem Hause sind... – Lebendige Partnerschaft im Alter. Bocholt 2008

Erfolg in der Schule – Die Kraft der Ermutigung zu Hause und in der Klasse. Bocholt 2010

Wie im Märchen – Kurzgeschichten zum Erfolg. Bocholt 2010.

... CDs mit Vorträgen des Autors

Life-Vorträge mit Theo Schoenaker zu verschiedenen Lebensthemen auf der Grundlage der Individualpsychologie.

Informieren Sie sich:
RDI-Verlag 46397 Bocholt
www.rdi-verlag.de

✐ Für Ihre persönlichen Notizen ____________________

✐ Für Ihre persönlichen Notizen ____________________

✐ Für Ihre persönlichen Notizen ____________________

Für Ihre persönlichen Notizen ____________________

✎ Für Ihre persönlichen Notizen ____________________

✎ Für Ihre persönlichen Notizen ____________________